북킷리스트
BOOKET LIST

일러두기

- 외래어 표기는 국립국어원 외래어 표기법을 따르되 일부 널리 쓰이는 관용적 표현에는 예외를 두었습니다.
- 여기서 소개한 12권의 책은 각 출판사로부터 소개·요약 허가를 받았습니다.
- 책 속의 다소 어려운 개념들은 작가의 다른 책을 참고해 추가 설명을 더했습니다.
- 책이 출간된 이후 기술 발전이나 사회적 변화에 따라 달라진 사실 중 필요한 부분은 현재 기준에 맞춰 자료를 수정 및 첨삭했습니다.

북킷리스트

초판 1쇄 발행 2020년 10월 15일

지은이 홍지해, 김나영, 김문주, 정윤서

펴낸이 조기흠
편집이사 이홍 / **책임편집** 최진 / **기획편집** 이수동, 박종훈
마케팅 정재훈, 박태규, 홍태형, 배태욱, 김선영 / **디자인** 이슬기 / **제작** 박성우, 김정우

펴낸곳 한빛비즈(주) / **주소** 서울시 서대문구 연희로2길 62 4층
전화 02-325-5506 / **팩스** 02-326-1566
등록 2008년 1월 14일 제25100-2017-000062호
ISBN 979-11-5784-450-0 03300

이 책에 대한 의견이나 오탈자 및 잘못된 내용에 대한 수정 정보는 한빛비즈의 홈페이지나
이메일(hanbitbiz@hanbit.co.kr)로 알려주십시오. 잘못된 책은 구입하신 서점에서 교환해드립니다.
책값은 뒤표지에 표시되어 있습니다.

hanbitbiz.com ⨍ facebook.com/hanbitbiz ℕ post.naver.com/hanbit_biz
▶ youtube.com/한빛비즈 ⊙ instagram.com/hanbitbiz

지금 하지 않으면 할 수 없는 일이 있습니다.
책으로 펴내고 싶은 아이디어나 원고를 메일(hanbitbiz@hanbit.co.kr)로 보내주세요.
한빛비즈는 여러분의 소중한 경험과 지식을 기다리고 있습니다.

21세기 지식인들이 선택한
인생 책 12

북킷리스트

BOOKET LIST

홍지해 · 김나영 · 김문주 · 정윤서 지음

HB 한빛비즈
Hanbit Biz, Inc.

그들의 말은 정확하면서도 사려가 깊었다. 그들의 생각은 늘 한 발 앞서나갔고, 동시에 한 발을 덜 나가면서 사람들을 배려했다. 이끌어주면서 생각해야 할 것을 짚어주었고, 질문을 통해 내 생각을 다시 정리해주었다. 이런 신박한 능력으로 나를 늘 감탄시켰던 네 명의 작가들이 12권의 인생책을 자신들의 언어로 재탄생시켰다.

이 책은 독자에게 끊임없이 질문하고 대답하며 요약하고 재구성한다. 우리가 책을 어떻게 대해야 하는지 제대로 가르쳐주는 지혜가 담겼다. 넘치는 재치를 만끽하면서도 읽는 내내 깊은 생각에 잠기게 된다. 이 책을 통해 심리학자가 제대로 한 수 배웠다. 바로 '생각하는 법'에 대해서.

— 김경일(인지심리학자, 《지혜의 심리학》 저자)

책은 현대인에게 영원한 숙제다. 누구나 끝내고 싶어 하지만 미루고 미루다 쌓아놓기만 하는 숙제. 대한민국 최고의 북도슨트인 〈책 읽어드립니다〉의 작가들이 그동안 쌓인 숙제를 끝마쳐줄 것이다.

— MC 전현무

보이는 게 전부는 아니다. 이 책은 보이지 않는 곳에서 〈책 읽어드립니다〉
를 이끌었던 작가들의 못 다한 이야기다. 고전을 우려내어 엑기스만 골라
담은 깔끔한 책 요리를 즐겨보시라.

— 김상욱(물리학자)

책은 읽고 싶은데 무슨 책부터 읽어야 할지 모르겠다면 이 책이 훌륭한 스
타터가 되어준다. 궁금하지만 엄두가 안 나는 책을 친절하게 풀어놔 순식
간에 읽힌다. 우리가 꼭 생각해봐야 할 주제들을 골고루 모아놓은 덕에
〈책 읽어드립니다〉의 여운을 다시 한 번 느끼게 된다.

— 배우 윤소희

'우리가 시간이 없지, 세상이 안 궁금하냐!'
편리함이 곧 프리미엄이 되는 시대에 《북킷리스트》는 더할 나위 없이 훌
륭한 '서머리summary 콘텐츠'다. 하고 싶은 건 많은데 시간이 부족하다고
외치는 세상 모든 사피엔스들의 욕구를 충족시켜 줄 책이다.

— tvN 〈책 읽어드립니다〉 정민식 PD

"사놓기만 하고 읽지는 못했다." "두꺼워서 읽을 엄두가 안 난다." "뭐부터 읽어야 할지 모르겠다." '책 읽기'라는 주제 앞에서 주변에서 많이 듣는 얘기, 우리가 자주 하는 얘기다. 그런데 이런 하소연에는 공통점이 있다. 읽고 싶고, 읽어야 하지만 아직 실행에 옮기지 못했다는 아쉬움이다. 우리는 왠지 늘 독서에 부채감을 갖고 있다.

〈요즘 책방: 책 읽어드립니다〉는 이런 생각에서 시작했다. 미처 읽지 못한 스테디셀러, 그중에서 엄두도 못 낼 만큼 두꺼운 책들, 소위 말하는 '벽돌 책'을 쉽게 소개하면 어떨까? 누군가에게는 방송만 봐도 마치 책을 읽은 것처럼, 누군가에게는 방송이 길잡이가 되어 책으로 다가가는 길이 좀 더 쉽게 이어졌으면 좋겠다는 의도였다.

물론 방송에서 소개한 책과 방송 후보로 올랐던 책 중에는 한 번 읽어서는 도무지 이해하기 어려운 책도 여럿 있었다. 그럴수록 작가들에겐 도전이 됐다. 누구라도 재미있게 읽을 수 있게, 어려운 책을 최대한 가볍게 소개하고 싶었다. 그런 고민 끝에 나온 방법이 '책 강독'과 '독서 토론'의 결합이다. 다행히 많은 분들이 이 형식을 좋아해주셨고, 재미와 흥미는 다시 책에 대한 관심으로 이어졌다. 방송을 통해 소개한 책이 역주행해서 연일 베스트셀러 순위에 오르는 일도 생겼다. 제작진의 예상을 뛰어넘는 일이었다.

방송을 마치고 그런 생각이 들었다. 여러 이유로 '진짜 독서'에 가닿는 과정을 힘겨워하는 사람들에게 도움이 되는 책을 만들어보면 어떨까? 네 명의 작가는 고전과 자기계발, 인문, 과학 등 여러 분야의 필독서들을 어떻게 하면 쉽게 전달할 수 있을지 고민하고 또 고민했다. 가능하면 방송에서 소개하지 않은 밀리언셀러, 혼자 읽기 어려운 책, 지금 이 시대에 의미 있는 책을 기준으로 세웠고, 무엇보다 '멈추지 않고 읽히는 글'이 되도록 신경 썼다.

'어떤 책을 먼저 봐야 하나'를 해결해주고 '망설이던 책의 문 앞까지 길을 깔아주는' 책이 되었으면 좋겠다는 바람으로 이 책을 썼다. 압축 정리된 내용만으로 책의 큰 줄기와 메시지를 이해했다면 일단 성공이다. 나아가 큰 줄기를 이해했으니 직접 세부 내용을 들여다보고 싶다는 마음이 들면 더 좋겠다. 그럼 더 놀라운 세상이 열릴 것이다.

《북킷리스트》는 〈요즘 책방: 책 읽어드립니다〉와 같은 결을 갖고 있다. '어려운 책을 쉽게, 두꺼운 책을 가볍게'를 모토로 한다. 여기에 하나의 바람을 더한다면, 부디 이 책을 읽는 독자들에게 시간이 아깝지 않은 책이 됐으면 한다. 《북킷리스트》가 나올 수 있도록 곳곳에서 도움을 준 제작진과 출연진, 출판사에 깊은 감사의 말씀을 전한다.

방송작가
홍지해, 김나영, 김문주, 정윤서

차 례

· Chapter 1 ·

유발 하라리

호모 데우스

신이 되려는 자, 그 무게를 견뎌라

도발적인 천재 사상가의 문제작!

— 〈뉴욕타임스〉

이 책은 당신을 놀라게도 즐겁게도 할 것이다.
하지만 무엇보다 당신이 생각하지 못한 것을
생각나게 할 것이다.

— 대니얼 카너먼(프린스턴대학교 명예교수)

별 볼일 없었던 유인원, 우리의 조상 호모 사피엔스는 어떻게 지구를 정복했을까? 동시대에 살던 형제들을 모두 살해했기 때문이다? 사피엔스가 살아남을 수 있었던 건 뒷담화 능력과 허구를 믿는 힘 덕분이다? 우리가 믿고 있는 종교와 화폐, 제국은 모두 상상의 산물이다? 인간이 한곳에서 정착하며 안정된 삶을 살 수 있게 만든 농업혁명은 알고 보면 거대한 사기극이다?

도발적 질문을 던진 책《사피엔스》로 전 세계를 경악하게 만든 이가 있다.《사피엔스》신드롬을 일으킨 장본인, 이스라엘 출신의 역사학자 유발 하라리다. 그는 인간을 완전히 새로운 각도에서 바라본다. 자신의 전공분야인 역사학을 넘어 지리학, 인류학, 사회학, 과학 등 여러 분야를 넘나들며 인류가 걸어온 길을 되짚어 나간다.

2011년 출간과 동시에 전 세계 베스트셀러로 이름을 올린 책《사피엔스》는 히브리어로 쓰인 젊은 무명작가의 글이었지만, 인류에 대한 통찰력을 인정받으며 지금까지 50개 언어로 번역되어 전 세계 1,000만 부 이상 판매됐다. 이후 출간된 인류 3부작 《호모 데우스》와 《21세기를 위한 21가지 제언》 역시 모두 베스트셀러 자리에 올랐다.

유발 하라리는 일반 독자뿐 아니라 마이크로소프트 창업자인 빌 게이츠, 퓰리처상 수상 작가이자 세계적 석학으로 손꼽히는 재레드 다이아몬드, 페이스북의 공동 창업자 중 하나인 마크 저커버그, 행동경제학 분야의 개척자인 대니얼 카너먼 등 내로라하는 지식인들의 찬사를 받았다.

특히 유발 하라리의 첫 출간작 《사피엔스》는 국내 각계각층 명사들의 '인생 책'으로 손꼽혔을 뿐 아니라 출간 이후 오랫동안 카이스트 도서관 대출 순위 1위, 교수 추천 도서 1위, 국립중앙도서관 대출도서 1위에 머물렀다. 이후 인류의 미래를 날카롭게 예측한 후속작 《호모 데우스》가 출간됐는데, 이 역시 대중의 극찬과 함께 현재까지 꾸준한 사랑을 받고 있다.

폭넓은 지식과 대담한 해석, 경쾌한 글 솜씨까지 3박자를 두루 갖춘 작가 유발 하라리는 인간이라는 종種이 문명과 진화의 과정을 거치며 나아가야 할 미래에 대한 질문을 던진다. 《호모 데우스》에서 유발 하라리가 그려낸 미래는 어떤 모습일까.

호모 사피엔스, 지구 정복의 비밀 ————

　우리의 조상은 어떻게 지구를 정복했을까? 지혜로운 사람을 뜻하는 말로 '호모 사피엔스'라 불렸던 인류의 조상은 다른 동물과는 달리 직립보행을 할 수 있었고, 도구를 사용할 줄 알았다. 또 '상상을 믿는 힘'을 바탕으로 함께 협력을 할 줄 알았다. 협력을 시작한 호모 사피엔스의 발전은 그야말로 놀라웠다. 나날이 영토를 넓혀가며 지구에 살고 있는 수많은 동물의 주인이 됐고, 자신을 신과 같은 능력을 지닌 새로운 종으로 업그레이드하기 시작했다. 기계를 몸에 이식하고 유전자를 조작해 새로운 생명체를 만들어내기에 이른 것이다.

　유전공학, 재생의학, 나노기술 등 과학기술의 발달과 함께 신의 자리에 성큼 다가가고 있는 호모 사피엔스의 미래는 어떻게 될 것인가? 이제 본격적인 호모 데우스의 시대가 열렸다.

호모 데우스의 '호모Homo'는 인간을 뜻하는 학명이고 '데우스Deus'는 라틴어로 신을 뜻한다. 말 그대로 신의 권능에 도전할 수 있는 신이 된 인간이라는 뜻이다. 윌리엄 셰익스피어는 "왕관을 쓰려는 자, 그 무게를 견뎌라"라는 유명한 말을 남겼다. 하지만 왕관의 무게는 실로 가늠하기 힘들다. 지구의 주인이 되어 왕관을 쓴 인류도 큰 책임을 떠안게 됐다. "신이 되고 싶은 자, 그 무게를 견뎌라."

오랫동안 호모 사피엔스는 스스로를 다른 동물과 동떨어진 존재라고 생각했다. 인류의 친척이라 볼 수 있는 침팬지, 고릴라, 오랑우탄에 비하면 훨씬 더 우월한 종이라고 여겼다. 하지만 인간이 다른 동물보다 나은 것이 무엇인가? 정말 인간은 우월한 종일까? 이 질문에 아마도 많은 과학자들은 아니라고 답할 것이다.

인간의 시력과 근력, 반사 능력은 다른 동물보다 떨어진다. 사자의 발톱, 뱀의 독이나 새가 가진 비행력을 가진 것도 아니다. 이렇게 허약한 인간이 어떻게 모든 동물을 지배하는 지구의 주인이 될 수 있었을까?

#인지혁명 **#상상과 협력의 힘**

현대 인류와 비슷한 동물은 약 250만 년 전 출현했다. 당시만 해도 인류는 다른 동물과 큰 차이가 없는 '별 볼일 없는' 동물 중 하나일 뿐이었다. 이후 수많은 진화과정을 거쳐 여러 종으로 나뉘었는데, 그중 하나가 호모 사피엔스다. 원래 지구에는 다양한 인간 종이 동시에 살았고, 호모 사피엔스 역시 그중 하나였다는 얘기다. 그런데 마지막에 살아남은 종이 왜 호모 사피엔스였을까?

인간이 진화의 규칙을 뒤바꿀 능력을 얻게 된 건 7만 년 전의 일이다. 7만 년 전에 일어난 인지혁명과 1만 2천 년 전에 일어난 농업혁명 덕분에 인류의 역사가 뒤바뀐 것이다. 우연의 산물로 일어난 유전자 돌연변이 덕분에 '인지혁명'이 일어났고, 그 때문에 인간은 다른 동물과 달리 새로운 사고방식과 의사소통을 누릴 수 있게 됐다.

인지혁명 덕분에 전에 없던 방식으로 생각할 수 있게 된 인간은 완전히 새로운 유형의 언어를 사용할 수 있게 됐다. 존재하지 않는 상상의 존재와 세계를 만들어놓고 언어를 통해 그것을 널리 퍼뜨리는 것, 이게 바로 호모 사피엔스만이 가진 특별한 능력이었다.

인지혁명 덕분에 인간은 실재하지 않는 신과 만져지지 않는 조국, 상상 속에만 존재하는 화폐, 누구도 이야기 나눠본 적 없는 이념이라는 허구를 믿으며 유연하고 체계적으로 단결하는 특성을 얻게 됐다. 새로운 유형의 언어 덕분에 인류는 몇 시간이고 계속해서 수다를 떨 수 있게 됐고, 더 긴밀하고 복잡한 협력 관계를 발달시킬 수 있었다. 인간만이 가진 능력 '허구를 믿는 힘' 덕분에 놀라운 협력이 가능해졌고, 다시 문화의 탄생으로 이어진 것이다.

허구를 믿는 힘, 협력의 힘은 오늘날 우리 역사에서도 여전히 중요하다. 로마가 그리스를 정복할 수 있었던 이유는 무엇일까? 머리가 더 좋아서? 더 좋은 도구를 사용해서? 아니다. 로마인이 다른 국민보다 더 효과적으로 협력했기 때문이다. 로마의 잘 훈련된 군대는 오합지졸인 적을 더 쉽게 물리칠 수 있었다. 또 자신들의 이익을 위해 협력할 줄 알았던 소수의 엘리트층은 무질서한 대중을 지배할 수 있었다.

유발 하라리 《호모 데우스》

인지혁명을 통해 더 크고 안정된 무리를 형성한 사피엔스에게 두 번째 혁명이 들이닥친다. 약 1만 2천 년 전 발생한 농업혁명이다. 농업혁명은 역사의 진전 속도를 보다 더 빠르게 만들었다.

우리는 지금까지 농업혁명에 대해 다음과 같이 배워왔다. 먹이와 안전한 곳을 찾아 이곳저곳 떠돌던 호모 사피엔스가 농업혁명을 통해 농사를 짓게 됐고, 한곳에 정착할 수 있었다. 한곳에 정착하며 지내다 보니 부족과 가족의 개념이 생겨났다. 또 농업을 통해 잉여생산물이 늘어나고, 그 풍족함 덕분에 정치와 질서, 경제관념, 문화와 종교가 탄생할 수 있었다.

우리가 배운 내용에는 틀림이 없다. 실제로 인간은 농업혁명 이후 동물을 누르고 독보적인 존재가 됐다. 그러나 인간에게는 빛이었던 농업혁명이 동물들에게는 아니었다. 농업은 '동물의 대량 멸종'을 불러일으키는 동시에 완전히 새로운 형태의 생물인 '가축'을 만들어냈다.

실제로 오늘날 지구에 살고 있는 동물은 주로 인간과 인간이 키우는 가축이다. 야생 늑대가 약 20만 마리인 데 반해 가축화된 개는 약 4억 마리나 되고, 야생에 사는 사자가 4만 마리에 불과한 데 반해 집고양이는 6억 마리나 된다. 가축화된 소는 15억 마리, 닭은 200억 마리나 된다. 전 세계 대형동물의 90% 이상이 인간 아니면 가축인 것이다.

#종교의 탄생 #신에게 주어진 임무

수렵채집 시절의 인간은 생태계에 큰 피해를 끼치지 않았다. 하지만 농업혁명 이후 농부가 된 인간은 달랐다. 지구의 수많은 동물을 멸종시키고 가축화한 농부들은 이를 정당화하기 위한 노력을 시작한다. 그 노력의 결과 탄생한 것이 종교다. 신의 뜻이라는 유신론적 종교의 미명 아래 자신의 행동을 정당화하기 시작한 것이다.

250만 년 전, 인간이 먹고살기 위해 사냥한 동물과 채집한 식물은 스스로 자라고 번식한 것들이었다. 거기에 인간의 개입은 없었다. 하지만 농업혁명 이후 인간이 주체가 되어 밀과 옥수수, 감자, 수수, 보리 등의 작물을 경작했고 가축을 기르기 시작했다.

안정적으로 식량이 조달되며 먹고사는 문제에 대한 걱정을 덜었으니 호모 사피엔스는 행복해졌을까? 아니었다. 수렵채집 생활을 하던 시기에는 미래가 중요하지 않았다. 배가 고프면 사냥을 나가면 됐고, 주변에 동물이 없다면 자연에서 과실을 따먹으면 됐다. 하지만 농부의 삶은 어떤가. 가뭄이 올 것을 대비해 농사에 필요한 물을 비축해야 했다. 많은 사람들이 미래를 걱정하기 시작했다. 홍수로 작물이 피해를 입진 않을지, 내가 키우는 가축을 누가 훔쳐가진 않을지 등을 말이다.

서로 모르는 사람들을 매일 협력하게 만드는 것도 골칫거리였다. 이를 해결한 것도 역시 종교였다. 농업혁명 이후 대규모로 증가된 사람들을 강하게 결집시키기 위해서는 신화가 필요했다. 유신론적 종교는 사람들의 걱정을 덜어주는 역할을 했을 뿐 아니라 사회 안정이라는 또 다른 역할을 부여받는다. 고대 이집트의 파라오나 중세 기독교 신의 신화가 담긴 성경이 그 예가 된다. 이때 신에게 주어진 임무는 크게 두 가지였다.

1. 사피엔스가 다른 모든 동물들을 지배하고 이용하는지 설명할 것

2. 인간과 생태계 사이를 중재할 것

신과 자연, 동물에 대한 특정 의무를 이행하는 조건으로 인간이 다른 동물을 통제할 권한을 부여받았다는 일종의 정당화가 필요했던 셈이다. 나아가 유신론적 종교들은 인간 역시 신성시하며 사피엔스를 우주의 주인공으로 만드는 데도 한몫했다. 농업사회의 유신론은 수렵채집 시절의 애니미즘과 달리 인간을 동물로부터 구별하고, 인간을 신성하게 만들고, 인간과 생태계의 관계를 설정했다.

#유전자 생존기계   #인간은 알고리즘?

진화론에 따르면 모든 동물은 유전암호를 반영한 선택을 한다. 영양분이 풍부한 음식을 고르고, 건강하고 생식력 있는 짝과 교미를 하는 이 모든 행위는 유전자의 지시에 따른 것일 뿐이다. 진화론의 이런 주장을 두고 인간은 반박한다. 유전자의 선택에 따르는 수많은 동물과 달리 인간에게는 '자유의지' 즉, 자신의 의사와 행동을 스스로 조절하고 통제하는 능력이 있다고 말이다.

하지만 지난 세기 과학자들은 판도라의 상자를 열어 인간의 주장을 재반박했다. 인간에게 영혼이나 자유의지, 자아 같은 것은 없으며, 단지 존재하는 건 유전자와 호르몬, 뉴런뿐이라는 것이다. 나아가 자신의 욕망에 따라 행동할 수 있는 자유의지가 있다고 믿었던 인간에게 과학자들은 다음과 같이 경고한다. "자유의지는 인간이 지어낸 상상

의 이야기 속에만 존재할 것이다."

배우자를 고르거나 국가 지도자를 선출할 때처럼 중요한 결정 앞에서 인간이 순간적인 느낌보다는 합리적으로 숙고해서 뽑지 않느냐고 반문할 수 있다. 하지만 틀렸다. 생각하는 나, 선택하는 나는 환상일 뿐이다. 지난 몇십 년 동안 생물학자들은 인간 역시 알고리즘이라는 결론에 이르렀다. 이를 증명하는 과학적 증거도 속속 쌓이고 있다.

그렇다면 알고리즘이란 무엇일까? 말 그대로 계산을 하고 문제를 풀 때 사용하는 방법이다. 대표적인 알고리즘으로는 요리 레시피를 들 수 있다. 채소 수프를 만든다고 가정해보자. 채소 수프를 만드는 알고리즘은 이렇게 명령할 것이다.

> 1. 기름 반 컵을 냄비에 넣고 달궈라.
> 2. 양파 네 개를 잘게 다진 뒤, 황금빛을 띨 때까지 볶아라.
> 3. 감자 세 개를 큼직하게 썬 뒤, 냄비에 넣어라.

인간이 알고리즘이라는 대표적인 증거로 뇌 영상을 이용해 사람의 욕망과 결정을 미리 예측하는 실험을 들 수 있다.

여기 거대한 뇌 스캐너가 있다. 피실험자는 양손에 스위치를 하나씩 쥐고 내킬 때마다 두 개의 스위치 중 하나를 누를 수 있다. 피실험자는 아무도 자신의 의도를 모를 것이라 생각하며 왼쪽, 오른쪽을 번갈아 무작위로 눌러댄다. 결과는? 과학자들은 피실험자가 행동을 하기 전에 뇌신경이 활성화하는 것을 보고 어떤 스위치를 누를지 정확하게

유발 하라리 《호모 데우스》

예측했다. 어떤 스위치를 누를지 선택하는 것도 '자유의지' 아니냐고? 틀렸다. 단지 생화학적 연쇄반응 때문에 특정 스위치를 누르고 싶었을 뿐, 이를 인간의 자유의지라고 볼 수는 없다. 바꿔 말하면 뇌의 자극이나 약물, 유전공학 등을 통해 우리의 욕망이나 믿음도 충분히 통제할 수 있다는 것이다.

물론 호모 사피엔스가 지구상에서 가장 막강한 종이라는 사실에는 의심의 여지가 없다. 하지만 다른 동물과 비교했을 때 특별히 더 가치 있는 생명을 가지고 있는 것은 아니다. 과거의 전통적인 일신교는 사피엔스에게 특별한 능력을 부과했다. "사피엔스만이 불멸의 영혼을 가졌다. 그래서 다른 동물들을 지배할 수 있게 된 것"이라고 말이다.

하지만 오늘날 과학자들은 인간에게 그 어떤 마법의 광휘(영혼)도 존재하지 않는다는 사실을 밝혀냈다. 또 인간집단이 돼지, 코끼리, 늑대와 달리 영혼을 가지고 있다는 과학적 증거도 발견하지 못했다. 단지 증거가 없을 뿐이라면 과학자들에게 계속 조사하라고 말하면 된다. 과학자들은 인간에게 영혼이 없다는 사실을 앞으로도 계속 증명해 나가겠지만 말이다.

☑ Insight Point

☐ 인간의 조상, 호모 사피엔스가 신이 될 수 있었던 두 가지 이유

　　1. 허구를 믿는 힘 2. 협력하는 힘

새로운 종교의 탄생 ──────

#20세기 새로운 종교   #인본주의

　고대의 농부들과 달리 산업혁명, 과학혁명을 거친 현대인들은 젖소들이 젖을 많이 생산하도록 신에게 기도하지 않았다. 그래서 더 이상 신이 필요하지 않은 시대가 됐다. 과학은 옛 신화를 밀어냈지만 신화 그 자체를 없애지는 못했다. 대신 또 다른 종교, 신을 인간으로 대체한 '인본주의' 종교를 탄생시켰다.

　인본주의란 무엇일까? 인간을 세상의 지배자로 여기며, 인간과 그의 욕망을 세상의 우선순위 가장 높은 곳에 두는 것을 말한다.

　과학 발전과 함께 근대 이후의 인간은 신이 부여하던 의미를 포기하고 스스로 창조자가 되는 인본주의 종교를 숭배하기 시작한다. 과거에는 신이 인간에게 우주를 보여주며 의미를 부여했지만 이제 신은 없다. 인본주의에서는 언제나 '내'가 기준이다. 그동안 그리스도교와 이슬람교에서 신이 맡던 역할, 불교와 도교에서 자연법이 맡던 역할을 인류가 맡게 된 것이다.

　내 경험과 생각을 우주의 중심에 두고 호모 사피엔스의 생명, 행복, 힘을 신성시하는 것이 인본주의 종교의 창립 이념이다. 인본주의 종교에 따르면, 호모 사피엔스는 특별하다. 우주의 모든 의미와 권위가 거기에서 나온다. 새로운 종교인 인본주의는 '내면의 목소리'에 귀를 기울이라고 말한다. 그렇게 인본주의는 우리의 자유의지가 최고의 권위라고 믿게 만든다. 인본주의 종교에 따르면 예술 역시 뮤즈나 영감이 아닌 내면의 목소리로부터 나오는 것이다. 경제시장을 굴러가게 원동력은 무엇인가? 고객의 마음이다.

그런데 한 가지 문제가 있다. 인간이 다른 동물과 달리 영혼이 있다는 과학적 증거는 없으며, 인간의 욕망 혹은 자유의지라 믿었던 것들도 사실 알고리즘일 뿐이라는 사실을 과학자들이 밝혀낸 것이다. 과학자들은 말한다. "주체적 선택, 인간의 욕망에 따른 선택으로 미래가 구성된다는 생각은 엄청난 착각이다. 우리의 생각과 감정을 우리보다 더 잘 이해하고 있는 생물학적 알고리즘에 따라 모든 것이 결정된다."

하지만 아직 우리에게는 하나의 무기가 남아 있다. 인지혁명 덕분에 인간은 대규모로 유연하게 소통하고 협력할 수 있는 힘을 갖고 있지 않던가. 그동안의 대규모 협력이 결국 상상의 질서에 대한 우리의 믿음에서 기반한 것처럼, 타고난 스토리텔러인 사피엔스는 새로운 종교인 인본주의에 영혼을 불어넣기 시작한다.

#인본주의의 세 갈래　　**#종교전쟁의 서막**

인본주의는 확산하고 진화하며 크게 세 갈래 분파로 쪼개졌다. 정통 분파라고 할 수 있는 '자유 인본주의', 사회주의와 공산주의를 아우르는 '사회주의적 인본주의', 나치를 가장 유명한 신봉자로 두는 '진화론적 인본주의'다.

```
┌── 자유 인본주의(자유주의)
├── 사회주의적 인본주의
└── 진화론적 인본주의
```

　자유 인본주의는 저마다의 인간은 내적 목소리가 있고 재생 불가능한 경험을 소유하고 있는 유일무이한 개인이라고 주장한다. 즉, 모든 권위와 의미가 개인의 경험에서 나온다는 것. 하지만 자유 인본주의에는 큰 약점이 있다. 각기 다른 경험들 간의 충돌을 어떻게 해결하느냐의 문제다.

　자유주의가 '나 자신'의 경험과 감정에 초점을 맞춘다면 사회주의는 타인이 어떻게 느끼고 내 행동이 타인의 경험에 어떤 영향을 미칠지에 관심을 둔다. 자유주의 경제에서 고객이 항상 옳다면 사회주의 경제에서는 노조가 항상 옳다. 마지막으로 진화론적 인본주의는 우월한 인간이 열등한 인간을 억압할 권리가 있다고 주장한다. 그래야 인류는 점점 더 강해지고 최적자가 되어 결국 초인간을 낳을 수 있다는 것이다.

　인본주의 세 분파 간의 차이를 이해했는지는 아래의 표를 통해 확인해볼 수 있다. 여기서 자유주의적 인본주의, 사회주의적 인본주의, 진화론적 인본주의 분파는 각각 어떤 경험을 가장 가치 있다고 여길까?

먼저 자유주의자들은 1, 2, 3의 경험이 모두 가치 있고 소중하다고 말할 것이다. 마지막 네 번째 경험은 왜 선택받지 못했을까? 늑대는 인간이 아니기 때문이다. 인간의 경험보다 늑대의 경험은 가치가 떨어질 수밖에 없다.

사회주의자의 선택도 크게 다르지 않다. 늑대의 경험은 그다지 가치가 없다는 자유주의자의 견해에 동의할 것이다. 하지만 각각의 경험을 바라보는 태도는 자유주의자와 다를 것이다. 아마 이렇게 주장하지 않을까? 음악의 진정한 가치는 개별 청자의 경험이 아니라 그 음악이 타인과 사회에 어떤 영향을 미치느냐에 달려있다고 말이다.

사회주의자들은 베토벤이 유럽의 아프리카 정복이 막 시작될 무렵, 유럽 백인 상류층을 위해 5번 교향곡을 썼다는 사실에 주목할 것이다. 그리고 로큰롤이 억압받는 미국 흑인 음악가들이 창시한 음악이라는 데 주목할 것이다. 또 콩고 피그미족 소녀들의 성인식 노래는 남성과 여성 모두를 억압적인 젠더 질서에 순응하도록 세뇌시키는 가부장적인 권력구조의 일환으로 볼지도 모른다. 그럼 사회주의자들이 꼽는 최고의 경험은 무엇일까? 답은 아마도 "나에게 묻지 말고 당 문화부장에게 물어라"일 것이다.

마지막으로 진화론적 인본주의자들은 자유주의자와 사회주의자가 모두 인간 외의 동물과는 선을 긋는다는 사실을 파악하고 인간이 늑대보다 더 우월하고, 따라서 인간의 음악이 늑대의 울음소리보다 훨씬 더 가치 있는 일이라 생각할 것이다. 하지만 인간의 문화 가운데서도 일부 문화가 다른 문화보다 더 수준이 높다고 생각할 확률이 높다. 진화론적 인본주의자들은 척 베리나 콩고 피그미족보다 훨씬 유명하고 더 나은 음악을 작곡한 베토벤의 손을 들어줄 것이다.

세 종교 간의 차이는 아주 사소해 보였으나 내부 균열은 더 심해졌다. 그 결과 역사상 가장 치명적인 종교전쟁으로 타올랐다. 1914년부터 1989년까지 인본주의의 세 분파는 살벌한 종교전쟁을 벌였다. 뒤집고 뒤집히는 혈전 끝에 승리를 거머쥔 건 자유주의 분파였다. 개인의 자유를 가장 신성하게 여기는 자유주의는 인간에게 항생제, 핵에너지, 컴퓨터, 페미니즘, 탈식민주의, 프리섹스를 선물했다. 21세기 현실 세계에서 자유주의 패키지(개인주의, 인권, 민주주의, 자유시장)를 대체할 만한 대안은 딱히 없어 보인다.

종교와 기술은 시종일관 아슬아슬한 줄타기를 할 수밖에 없다. 둘은 서로를 밀면서 서로에게 의존하지만 서로에게서 멀리 벗어날 수도 없다. 농업혁명 덕분에 전통 종교들이 탄생했지만, 과학혁명은 그 자리를 인본주의 종교로 대체해버렸다. 이제는 인본주의 종교의 자리도 위협받고 있다. 과거의 신기술이 오래된 신을 죽이고 새로운 신을 탄생시킨 것처럼 21세기의 신기술도 오랜 시간 전통 종교의 자리를 대신했던 인본주의의 자리를 위협하고 있는 것이다. 인본주의의 세 분파 중에서 자유주의가 살아남을 수 있었던 이유는 인간이 자아와 자유의지를 가졌다고 강력하게 믿기 때문이다.

☑ Insight Point

☐ 과학의 발전과 함께 인간의 가치를 주된 관심사로 삼는 인본주의 종교 탄생

☐ 인본주의 세 갈래 중 현재까지의 승자는 개인주의, 인권, 민주주의,
　 자유시장을 강조하는 자유주의적 인본주의

인류의 미래에 대한 예언 ————

#인류의 미래   #빅데이터와 AI의 습격

　인간이 생물학적 알고리즘에 따라 모든 것을 선택한다는 사실 때문에 큰 문제가 발생한다. 인류의 정보를 모은 빅데이터와 그것을 다룰 줄 아는 AI가 탄생한다면 그 기계는 나 자신보다 나를 더 잘 아는 알고리즘을 만들어낼 수 있다는 사실이다. 나의 생활패턴, 그동안의 소비

패턴 등 나의 모든 정보를 가진 알고리즘은 내가 무엇을 원하는지를 파악해 결정을 예상하고 그보다 더 나은 선택을 하게 만들 것이다.

빅 데이터를 기반으로 한 AI 알고리즘이 인간의 모든 것을 알고 예측할 수 있게 된다면 과거의 신神이 누렸던 영광의 자리를 AI가 대체하게 될 수도 있다. 물론 미래는 아직 오지 않았고 이 모든 것은 하나의 예언일 뿐이다. 우리가 어떻게 하느냐에 따라 결과는 달라질 것이다. 그렇다면 신이 된 사피엔스가 마주하게 될 미래는 유토피아일까, 디스토피아일까? 다음과 같은 질문을 마주하게 된 인류는 어떤 대답을 내놓을 것인가?

사피엔스에게 주어진 생명공학과 정보기술의 무한한 힘. 그 힘으로 무엇을 할 것인가? 우리는 죽지 않고 영원히 살 수 있을까? 마음먹은 대로 유전자를 조작할 수 있을까? 인간이 신이 된다면 세상은 어떤 모습일까? 과거 수많은 동물을 멸종시킬 수 있었던 '상상의 산물', 즉 인간의 기억과 생각이 조작될 수 있다면 우리는 어떤 운명을 맞이하게 될까? 이 책은 결국 신이 되고 싶은 인류를 향한 예언서다.

기아, 역병, 전쟁과의 싸움 ─────

#고대인을 괴롭힌 3가지 난제　**#기아 문제**

고대인은 수천 년 동안 기아와 역병, 전쟁이라는 세 가지 문제로 씨름했다. 과거에는 가뭄이 들면 인구의 5~10%가 사라지는 일이 다반사였다. 치솟는 식품값 때문에 거리 밖으로 내몰린 이들은 굶주림과 생활고로 죽어가야 했다. 지금은 어떤가? 우리는 지난 몇십 년 동안 이 문제를 어느 정도 극복할 수 있게 됐다.

건강한 몸, 날씬한 몸매를 위해 점심을 거르기도 하고 종교 기념일에 단식을 하기도 한다. 이미 세계에 자연적 기근은 거의 존재하지 않는다. 누군가 실직하거나 전 재산을 잃어도 굶어죽을 일은 많지 않다. 왜냐? 민영 보험제도, 정부 기관, 국제 NGO 단체에서 그 모습을 두고 보지 않을 거니까.

오늘날 대부분의 나라에서 더 심각한 문제는 과식이다. 2014년에 21억 명 이상이 과체중이었다. 전문가들은 2030년에 인류 절반이 과체중이 될 것이며, 비만으로 수백만 명이 죽을 거라고 예상한다.

과거에 가난한 이들이 더 많이 굶주리거나 열량이 낮은 음식을 먹었다면 오늘날은 반대의 상황이 펼쳐진다. 부자들은 샐러드와 퀴노아를 곁들인 칼로리 낮고 건강한 음식을 먹는 반면, 가난한 사람들은 패스트푸드처럼 칼로리가 높고 건강에 좋지 않은 음식을 먹는 경우가 많다. 탄수화물, 당분, 염분이 가득한 음식은 비만 위험을 높이고 당뇨, 고혈압 등 다양한 질병으로 이어진다. 기아보다 심각한 문제가 과식이라는 게 더 이상 결코 말뿐인 얘기가 아닌 것이다.

#세계를 바꾼 전염병　**#전염병은 신의 징벌?**

인류의 두 번째 강적이었던 전염병을 살펴보자. 전 세계를 공포에 몰아넣은 대표적인 질병으로 흑사병, 장티푸스와 천연두, 스페인 독감을 꼽을 수 있다. 먼저 1330년대 발생한 흑사병은 유라시아 전체 인구 중 4분의 1이 넘는 숫자인 7천5백만 명에서 2억 명에 이르는 사람을 죽게 만들었다. 20세기 들어 유행한 스페인 독감으로 적게는 5천만 명에서 많게는 1억 명 정도의 인구가 죽었다.

지금은 어떤가? 최초의 전염병인 천연두를 정복한 인류는 이후 눈부신 의학 발전을 이뤘다. 과거에는 전염병이 발생하면 신의 징벌로 생각하고, 그 분노를 풀기 위해 무던히 노력했지만 지금은 다르다. 에볼라, 에이즈 같은 자연재해와의 싸움에서 인류는 완전히 승기를 잡았고, 전염병은 지식과 도구로 통제할 수 있는 인간의 능력 문제임을 깨달았다. 물론 여전히 우리는 새로운 전염병에 시름하고 있지만 예방접종과 항생제를 비롯해 더 나은 의학 인프라로 이 역시 금세 정복해나갈 것이다.

#전쟁의 시대 #화약보다 위험한 설탕

마지막으로 전쟁은 어떤가? 안톤 체호프는 이런 말을 남겼다. "연극 1막에 등장한 총은 3막에서 반드시 발사된다." 지난 역사에서는 온전히 맞는 말이었다. 하지만 이제 그 법칙은 깨졌다. 제2차 세계대전 이후 인류는 무기 사용의 유혹에 저항할 수 있게 됐다. 무기를 사용해 땅을 빼앗고 물자를 얻는다 해도 그로 인해 생기는 이익보다 국제 평화를 파괴한 죄로 잃는 것이 더 크기 때문이다.

2012년 62만 명이 폭력으로 사망했는데, 그중 전쟁에서 죽은 사람은 12만 명이었다. 한편 자살은 80만 명, 당뇨병은 150만 명을 죽였다.

유발 하라리 《호모 데우스》

전쟁은 더 이상 인류 사망의 가장 큰 원인이 아니다. 우리는 지금 화약보다 설탕이 더 위험해진 시대에 살고 있다.

☑ Insight Point

☐ 고대 인류를 괴롭혔던 문제적 사건 세 가지

　: 기아(식량난), 전염병, 전쟁

21세기 인류의 세 가지 의제 ————

#불멸을 꿈꾸는 인간　#불멸은 기술적 문제?

　인류는 이제 기아와 전염병, 전쟁이라는 세 가지 문제를 어느 정도 통제할 수 있게 됐다. 그렇다면 21세기 인류의 새로운 의제는 무엇일까? 바로 불멸, 행복, 신성이다.

　세 가지 의제는 과학의 엄청난 발전과 함께 급진전하고 있다. 과학은 이제 전염병 대신 불멸, 즉 죽음과 싸운다. 과연 죽음과의 사투에서 과학이 승리할 수 있을까? 질문에 대한 답은 예스에 가깝다. 과학자들은 죽음을 단지 기술적 결함의 문제로 본다. 극복할 수 있는 문제라는 것이다.

1) 혈액을 펌프질하던 심장이 멈춘다.

원인: 심장근육에 산소가 충분히 공급되지 않는다.

해결: 기계를 통해 심장근육에 산소를 충분히 공급한다.

2) 간에 암세포가 번졌다

원인: 우연한 돌연변이가 유전 명령을 바꾼다.

해결: 그 돌연변이 유전자를 찾아 제거한다.

원인을 분석할 수 있다는 건 기술적 문제가 있다는 것이고, 기술적 문제는 시간이 걸리더라도 반드시 해법이 나오기 마련이다. 오늘날 암, 세균, 유전학, 나노기술을 연구하는 데 엄청난 투자를 한 덕분에 우리는 10년씩 죽음을 따돌리고 있다. 나아가 단순히 질병을 치료하는 데 그치지 않고 노화하는 조직을 재생하고 눈, 뇌, 손의 성능을 높이려고 한다. 물론 당장 그 일을 해낼 수 있을지는 미지수다. 죽음을 극복하려는 시도는 끊임없는 실패에 부딪치게 되겠지만, 인간은 실패하면서 그 목표에 한 걸음씩 가까이 다가가게 될 것이다.

#행복이란 무엇인가　#행복의 열쇠 찾기

21세기 인류의 두 번째 의제는 '행복의 열쇠 찾기'다. 철학자 에피쿠로스는 "행복이 유일한 인생의 목적"이라고 설파했다. 고대인은 그의 생각을 우습게 여겼지만, 오늘날 이런 주장은 모든 인간의 당연한 권리가 됐다. 기아, 역병, 전쟁은 사라지고 있고, 인류는 비교적 평화롭고 번영을 누리는 사회에 살고 있다. 기대수명은 몇십 년 전에 비해 급격히 늘어났다. 그렇다면 인간은 몇 배 더 행복해졌을까? 아니다. 조건이 나아질수록 기대는 높아지고, 기대가 높아질수록 불만도 커지기 때문이다. 그럼 우리는 어떻게 행복해질 수 있을까?

오늘날의 생명과학에 따르면 행복은 단지 그 순간에 어떤 신체감각이 우세한가의 문제다. 뇌 속에서 일어나는 생화학적 반응을 통해 몸에서 일어나는 유쾌한 감각, 그것이 곧 행복이다. 그래서 오늘날 국가와 시장, 과학계에서는 세상 모든 사람의 행복 증진을 목표로 한다. 각성제와 우울증 치료제를 개발하고, 통증을 완화하고 황홀경에 빠지게 하는 약제들을 만들어낸 이유가 여기에 있다.

과학자들은 동물도 우울과 행복, 배고픔, 포만감을 느낄 뿐 아니라 '의식'이 있다고 주장한다. 인간만이 의식을 갖고 있는 유일한 생물이 아니라는 얘기다. 실제로 많은 제약회사에서는 인간의 우울증 약을 개발할 때 쥐를 실험대상으로 삼는다.

그 실험은 이런 것이다. 물을 채운 유리그릇에 쥐 100마리를 넣는다. 물 밖으로 빠져나오기 위해 발버둥치던 쥐들은 15분이 지나면 대부분 포기한 채 물 위에 둥둥 떠 있다. 또 다른 그룹의 쥐 100마리가 있다. 과정은 똑같지만 쥐들이 절망에 빠지기 직전인 14분에 건져낸다. 이후 물기를 말리고, 먹이를 주고, 휴식을 준 뒤 다시 실험을 반복한다. 결과는?

두 번째 그룹의 쥐들은 20분 동안 발버둥친 다음에 포기하고 물 위에 둥둥 떠다녔다. 두 번째 그룹의 쥐들이 5분을 더 버틸 수 있었던 이유는 뭘까? 과거 무사히 빠져나온 기억이 뇌에 어떤 생화학 물질을 분비시켰고, 그 때문에 절망을 느끼는 시점이 더 늦어졌기 때문이다. 쥐의 뇌에서 나오는 그 생화학 물질을 분리해낼 수만 있다면 인간을 위한 항우울제로 사용할 수도 있을 것이다.

물론 인간과 쥐의 뇌에는 분명한 차이가 있지만, 쥐의 뇌에서 분비되는 특정 생화학 물질을 찾아내는 방법만 알아낸다면 그것을 인간에게 적용하기는 그리 어렵지 않을 것이다. 인간도 쥐와 똑같은 알고리즘으로 이루어진 존재이기 때문이다.

인간의 신체에 대한 기술적 문제와 생화학적 문제에 대한 실험은 지금도 계속 이어지고 있다. 인간은 계속 성능을 업그레이드 해 신의 자리에 성큼 다가서고자 한다. 지금까지 주로 외적 도구를 이용했다면, 이제는 몸과 마음을 직접 업그레이드할 준비를 하고 있다.

#미래 인간 #인간과 기계의 결합

21세기 인류의 마지막 의제인 신성은 어떨까? 인간을 신으로 업그레이드하는 방법에는 크게 세 가지가 있다. 생명공학, 사이보그 공학(인조인간), 비유기체 합성이다.

먼저 생명공학은 유기체로서 인간의 잠재력이 아직 완전히 발휘되지 않았다는 통찰에서 출발한다. 생명공학을 통해 탄생한 신인류는 새로운 DNA, 호르몬 체계, 뇌 구조로 무장해 지금과는 다른 사피엔스가 될 것이다. 사이보그 공학은 한 걸음 더 나아가 유기체와 비유기적 장치들의 결합을 시도한다. 예를 들어 생체공학적 손, 인공 눈, 혈관을 따

유발 하라리 《호모 데우스》

라 수술하는 나노로봇을 유기체에 결합하는 것이다. 이렇게 사이보그 공학으로 탄생한 인간은 어떤 유기체보다 뛰어난 능력을 발휘할 수 있다. 마지막으로는 더 과감하게 유기적 부분이 전혀 없는 비유기적인 존재를 설계하려 한다. 신경망은 지능 소프트웨어로 대체하고, 이렇게 완성된 소프트웨어는 유기적, 생화학적 한계를 벗어나 가상세계와 비가상 세계를 자유롭게 누빌 수 있게 될 것이다.

☑ Insight Point

☐ 21세기 인류의 세 가지 의제: 불멸, 행복, 신성

☐ 인간의 성능을 업그레이드하기 위한 방법:

생명공학, 사이보그 공학, 비유기체 합성

로봇에게 밀려난 인간 ——————

#욕망덩어리 #인간의 자유의지는 있는가?

자유의지는 진화론, 즉 자연선택과 들어맞지 않는다. 만약 인간이 자유의지를 가지고 있다면 자연선택은 인간의 모습을 바꾸지 못했을 것이다. 하지만 사람들은 계속해서 자유의지에 대해 논쟁을 벌인다. 왜일까?

과거 전통적인 종교였던 그리스도교, 이슬람교, 유대교 학자들은 수

백 년 동안 영혼과 의지의 관계에 대해 논쟁했다. 모든 사람은 영혼을 지닌 존재이고, 그것이 진정한 나라고 주장했다. 나아가 인간은 옷, 자동차, 집을 소유하는 것처럼 욕망을 소유하는 존재라고 이야기한다. 욕망 또한 나의 자유의지로 선택할 수 있고, 내 운명은 그 선택에 따라 결정된다고 말이다.

과학자들은 이렇게 질문한다. "당신은 정확히 어떻게 욕망을 선택하나?" 무척 복잡한 말처럼 들리겠지만 이 개념을 검증하는 일은 놀라울 만큼 쉽다. 마음속에 어떤 생각이 갑자기 떠오르면 이렇게 자문해 보라.

Q. 내가 왜 이 생각을 했을까?

Q. 이 생각을 하겠다고 1분 전에 결정한 다음에 선택했나?

Q. 나의 지시나 허가를 받은 뒤 생각이 떠올랐나?

Q. 내 생각과 결정의 주인이 나라면, 60초 동안 아무 생각도 하지 않겠다는 결정도 스스로 내릴 수 있지 않을까?

내가 내린 결정은 뇌의 생화학적 과정에 의존한다. 실제로 많은 과학자들은 인간도 실험실의 쥐처럼 조정할 수 있다는 사실을 밝혀냈다. 뇌의 적소를 자극해 사랑, 분노, 두려움, 우울 같은 복잡한 감정들을 일으키거나 없앨 수 있다는 것이다. 욕망이란 뉴런 발화의 한 패턴일 뿐이고, 인간이 자유의지라 믿었던 건 생화학적 연쇄 반응이라는 이야기다. 예를 들어 유기체가 자유의지를 가지고 있지 않다면 약물, 유전공학, 직접적인 뇌 자극을 통해 그 유기체의 욕망을 조작하는 것은 물론 통제까지 할 수 있다는 것을 뜻한다.

과학의 발전과 함께 자유주의 철학의 근간이 뒤흔들리게 됐고, 동시에 21세기 인류는 다음의 세 가지 주요한 위협을 마주하게 됐다.

1. 기술 발전이 인간을 경제적·군사적으로 무용지물로 만들 것이다.

지금까지 자유주의가 성공할 수 있었던 건 정치, 경제, 군사적으로 그 이론이 타당했기 때문이다. 바꿔 말하면 그것이 정치, 경제, 군사적으로 타당하지 않으면 결국 무용지물이 되고 말 것이라는 얘기다. 기술이 발달해 인간보다 훨씬 더 기능적으로 우수한 로봇이 인간의 자리를 대신하게 된다면 잉여인간은 무엇을 해야 하는가?

2. 미래 시스템이 여전히 인간을 필요로 한다고 해도 개인을 필요로 하지는 않을 것이다.

인간의 자리를 시스템이 대체하기 시작하면 어떤 문제가 생길까? 컴퓨터 알고리즘이 교통을 독점하게 되면 인간이 모는 택시를 타는 사람이 있을까? 알고리즘이 조종하는 자동차가 오히려 사고 확률도 적고 교통 체증도 줄어들 것이다. 경제학자들은 성능을 높이지 못한 인간은 조만간 무용지물이 될 것이라 경고한다. 로봇과 3D 프린터는 단순 육체노동을 대체하게 될 것이고, 지능적인 알고리즘은 수많은 사무직의 일자리를 빼앗아 갈 것이다.

이미 지능적인 알고리즘에 의해 대체된 자리는 많다. 머지않은 미래에 지능적 알고리즘의 표적이 될 또 다른 직업은 뭐가 있을까? 대표적으로 변호사, 의사, 경찰, 교사 등을 꼽을 수 있다. 불가능할 것이라고 생각하는가?

만약 정교한 검색 알고리즘이 인간이 평생 동안 찾을 수 있는 판례, 법적 허점, 증거를 짧은 시간 안에 찾아낼 수 있다면 어떻게 될까? 변호사가 설 자리는 사라질 것이다. 인공지능이 의사보다 더 빨리 환자의 병을 진단하고 내 부모와 형제자매, 사촌들의 병력을 분석해 미리 질병을 예방할 수 있게 해준다면 어떨까? 의사가 설 자리 역시 사라지고 말 것이다. 표정과 어조만으로 범인의 거짓말을 완벽하게 탐지할 수 있는 기계가 만들어진다면 경찰이 설 자리도 점점 좁아질 것이다. 아마 학교로 돌아가 새로 직업교육을 받아야 할지도 모를 일이다. 그 교실에는 교사 대신 알고리즘이 대기하고 있을 것이고, 이미 당신의 장단점과 흥미를 파악해 맞춤형 교육을 진행할 것이다.

이쯤 되면 '기계나 알고리즘이 대체할 수 없는 분야도 있지 않을까?' 생각하게 될 것이다. 인간의 마지막 성역을 당신은 뭐라고 생각하는가? 많은 사람들이 '예술'이라고 답한다. 하지만 예술 역시 알고리즘의 위협 앞에 안전하지 않다. 컴퓨터도 훌륭한 글을 쓸 수 있고 베토벤이나 바흐 만큼 위대한 곡을 작곡할 수 있다.

실제로 캘리포니아의 한 교수는 협주곡, 합창곡, 교향곡, 오페라를 작곡하는 프로그램을 만들었다. 그가 만든 프로그램은 하루에 5,000곡씩 바흐풍의 음악을 작곡했다. 이 프로그램으로 만든 곡을 사람들에게 공개했을 때 반응은 어땠을까? 사람들은 심금을 울리는 인간의 작품과 기계의 생기 없는 음악을 명확하게 구분했을까? 결과는 그렇지 않았다. 사람들은 기계가 만든 곡을 바흐의 곡이라고 생각했고, 경이로운 연주에 열광하며 찬사를 보냈다.

머지않아 나보다 나를 더 잘 아는 알고리즘의 시대가 올 것이다. 나의 혈압과 뇌 활성 상태, 수많은 생체 데이터를 분석해 내 기분이 어떤지, 어떤 말을 듣고 싶은지 파악하고 내 상태에 맞는 최선의 반응을 해줄 것이다. 시카고의 한 고객센터에서는 이미 이런 알고리즘 프로그램을 개발해 실행에 옮기고 있다.

1. 요구사항이나 불만사항을 접수하기 위해 고객센터에 전화를 한다.
2. 당신의 전화를 알고리즘과 연결해 단어와 어조를 분석한다.
3. 고객의 현재 감정 상태와 성격을 분석해 상담원을 연결해준다.

당신이 내성적인지 혹은 외향적인지, 반항적인지 혹은 의존적인 성격인지 알고리즘이 파악해 필요한 상담원과 연결해주는 것이다. 이렇게 '거의 모든 것'을 인간보다 알고리즘이 더 잘할 수 있는 시대가 오면 인간은 어떻게 될까? 시스템이 개인에게서 권한과 능력, 자유를 박탈하지 않을까?

21세기의 과학기술은 사람을 해킹해 나보다 나를 훨씬 더 잘 알게 되고, 스스로 더 능력 있는 알고리즘을 만들 것이다. 알고리즘에게 자리를 내주게 된 '나'라는 개인은 어디로 가야 하는가? 인간이 외부 알고리즘의 관리를 받는, 알고리즘에게 지배당하는 날이 올지도 모른다.

3. 초인간적 집단이 등장할 것이다.

한편 인간은 생명공학의 힘을 빌려 수명을 대폭 연장하고 몸과 마음을 업그레이드할 것이다. 하지만 이런 기술 발전의 혜택이 누구에게나 공평하게 돌아갈까? 일부 사람은 업그레이드되어 필수불가결한 동시에 해독 불가능한 존재로 남아 소규모 특권 집단을 이룰 것이다. 이런 초인간적 집단은 전대미문의 능력과 전례 없는 창의성을 얻게 되겠지만, 초인간과 평범한 인간 사이의 격차는 더 심해질 예정이다.

과학과 기술은 인류를 쓸모없는 대중과 소규모 엘리트 집단으로 나눌 것이다. 그동안의 역사에서도 부자들은 사회적으로 많은 이점을 누렸지만, 부자와 가난한 사람 간에 생물학적 차이는 크지 않았다. 하지만 21세기에는 다르다. 부자와 가난한 사람 간의 생물학적 격차는 점점 더 벌어질 가능성이 크다. 막대한 부와 기술을 통해 업그레이드된 초인간들이 모든 권한을 가져갈 것이고, 사회는 소수의 상위 계급과 사회의 나머지 구성원으로 나뉠 것이다.

육체적·인지적으로도 큰 차이가 생긴다. 1등 칸에 탄 엘리트 집단은 최고의 의료 혜택과 교육, 소득을 갖게 되겠지만 3등 칸에 타고 있는 보통의 시민들은 여전히 다양한 질병과 가난 속에 고통받을지 모를 일이다. 특별한 육체적·인지적 능력을 가진 초인간이 출현해도 자유주의적 믿음은 살아남을 수 있을까? 아마 자유주의는 서서히 붕괴하고 말 것이다.

인간은 점점 더 소수의 사람에게 이런 기술이 집약될 가능성을 깨달아야 한다. 머지않아 우리는 자유의지를 전혀 신봉하지 않는 장치와 도구, 구조의 홍수와 직면하게 될 것이다. 민주주의, 자유시장, 인권이 과연 이 홍수 속에서 살아남을 수 있을까? 우리는 지금 중대한 혁명을 눈앞에 두고 있다.

21세기 진보의 열차가 '호모 사피엔스'라 불리는 정거장을 빠져나가고 있다. 막차의 좌석을 얻기 위해서는 21세기 기술을 이해해야 한다. 그중에서도 특히 생명공학과 컴퓨터 알고리즘에 대한 이해가 필요하다. 지금까지의 인류는 자신들을 효율적으로 관리할 수 있는 외부 알고리즘을 갖지 못했다. 이제는 다르다.

앞으로 펼쳐질 시대는 '시스템의 시대'다. 나와 인류를 그 누구보다 잘 파악하는 알고리즘으로 이루어진 시대 말이다. 시스템의 시대가 시작되고, 유전공학과 인공지능이 자신들의 잠재력을 온전히 드러내면 자유주의, 민주주의, 시장경제는 전통적인 종교의 역할이나 공산주의만큼 낡은 것으로 전락하게 될 것이다. 새로운 종교는 이미 떠오르기 시작했다. 새로운 종교의 탄생지는 어디일까? 그곳은 실험실이다.

☑ Insight Point

☐ 과학의 발전과 함께 흔들리기 시작한 자유주의 철학

☐ 오늘날 인류를 위협하는 문제들

   : 직업의 붕괴와 초인간 등장에 의한 경제적 격차 심화

나보다 나를 더 잘 아는 시스템의 시대 ————

#21세기 신흥 종교　**#기술 인본주의**

신흥 종교들은 기존의 종교들이 약속한 보상, 행복과 번영 그리고 영생을 사후가 아닌 지상에서 기술을 통해 이루겠다고 약속한다. 인본주의 종교가 사라진 자리에 새롭게 떠오르는 신흥 종교는 어떤 것이 있을까?

21세기 신흥 종교로 떠오르고 있는 건 기술 인본주의와 데이터교다. 기술 인본주의는 진화론적 인본주의가 오래전에 품었던 꿈의 최신 변종이다. 1세기 전 초인간을 창조하자고 제안했던 니체, 히틀러의 말처럼 21세기 기술 인본주의는 유전공학, 나노기술, 뇌와 컴퓨터를 연결하는 인터페이스의 도움으로 이 목표에 도달하려 한다. 인간의 본질적 특징은 그대로 갖고 있지만, 육체적·정신적으로 향상되어 매우 정교한 비의식적 알고리즘 앞에서도 당당히 자기 자리를 지킬 수 있을 것이다.

기술 인본주의도 기존 인본주의 종교와 마찬가지로 인간의 의지를 신성하게 여긴다. 하지만 기술이 발전하면서 스스로의 욕망을 조작할 수 있게 되면 어떤 일이 일어나게 될까? 당장 우울증을 극복하는 방식을 떠올려보라. 내면에 귀를 기울이라는 충고보다 적절한 용량의 적절한 화학물질이 더 많은 우울증을 해소했다. 수백만 명의 행복감을 높였다. 세계에 의미를 부여해 온 인간의 욕망이 조절될 수 있다면 우리는 무엇에 근거해 욕망을 조절해야 하는가?

더 과감한 기술 종교는 그 대답을 데이터에서 찾는다. 나아가 인본주의의 탯줄을 아예 끊어내려 한다. 데이터교는 "우주가 데이터(정보)의 흐름으로 이루어져 있고, 어떤 현상이나 실체의 가치는 데이터 처리에 기여하는 바에 따라 결정된다"고 말한다. 동물과 기계 사이의 장벽이 허물어지고, 알고리즘 분석, 해독, 그리고 조절로 방향을 통제하게 되는 것이다.

초창기 자본주의처럼 데이터교도 가치중립적인 과학 이론으로 시작했지만 이제는 옳고 그름을 결정할 권한을 주장하는 하나의 '종교'로 변화하고 있다. 새로운 종교가 강조하는 최고의 가치는 정보의 흐름이다. 데이터가 끊임없이 생성되고 분석되고 공유되고, 이런 과정이 점점 그 힘을 극대화할 것이다.

이미 데이터는 우리 일상을 지배하고 있다. 대표적으로 구글, 페이스북, 인스타그램처럼 막대한 빅데이터를 보유한 기업을 꼽을 수 있다. 잘 생각해보라. 우리는 이미 지배당하고 있다. '곧 여자 친구 생일인데 무슨 선물을 사면 좋을까요?' '내일 날씨는 어떨까?' '주말에 무슨 영화를 볼까?' '조용하고 깨끗한 여름 휴양지' 등의 정보를 인터넷에 검색하고 컴퓨터 알고리즘이 제공하는 데이터에 의존하고 있지 않은가. 실제로 페이스북 알고리즘은 당신이 누른 '좋아요' 70개로 친구보다 당신을 더 잘 예측할 수 있다.

구글은 보건당국보다 더 빠르게 유행병을 파악할 수 있다. 유행병이 퍼져나가고 있다는 정보를 어떻게 알았을까? 시민들이 이메일과 검색

엔진에 입력한 단어들을 추적 관찰해 데이터베이스와 비교하기만 하면 된다. 두통, 열, 구토, 재채기 같은 단어를 평소보다 더 많이 사용했다는 것을 파악한 구글은 지금 독감이 유행하고 있다고 결론내릴 것이다. 그리고 보건당국보다 더 빠르게 우리에게 유행병 주의보를 내릴 것이다. 하지만 구글이 이런 마법을 부리기 위해서는 사적인 메일을 읽고 그 정보를 당국과 공유하는 데 대해 사람들의 동의를 받아야 한다. 이 값비싼 데이터를 구글은 어떻게 입수했을까? 우리가 무료로 제공했다. 이메일 서비스와 웃긴 동영상을 제공받는 대가로 말이다.

데이터교 입장에서 보면, 인간은 단일처리 시스템이고 개인은 시스템을 이루는 칩에 불과하다. 인간의 경험은 신성하지 않고, 호모 사피엔스는 창조의 정점도 아니다. 인간은 그저 만물인터넷을 창조하는 도구이며, 앞으로의 역사는 데이터교의 시스템 효율을 높이는 과정으로 이루어질 것이다. 이 과업이 완수되면 호모 사피엔스는 사라질지도 모른다.

물론 지금까지의 서술은 모두 예측에 불과하다. 예측을 받아들이고 어떻게 행동하느냐에 따라 인류의 미래가 달라질 수 있을지도 모른다.

☑ Insight Point

☐ 21세기 신흥 종교의 탄생

　1. 기술로 인간의 능력을 향상시키는 기술 인본주의

　2. 정보의 흐름이 최고의 가치인 데이터 교

종말을 향해 달려가고 있는 호모 사피엔스의 운명을 두고만 볼 것인가? 신이 되고자 하는 욕망에 눈이 먼 인류를 위해 누가 브레이크를 밟을 것인가?

생각해봅시다

✳ 의식은 없지만 지능이 매우 높은 알고리즘이 우리보다 우리 자신을 더 잘 알게 되면 사회, 정치, 일상에 어떤 일이 일어날까?

✳ 모든 것들이 알고리즘화된 세계가 오면 범죄, 교통사고, 자살 등 현존하는 사회문제를 모두 제어할 수 있을까?

✳ 인간보다 우월한 DNA를 가진 '사이보그 인간'이 탄생한다면 인간은 지금 같은 지위를 유지할 수 있을까?

✳ 신이 된 인간이 바라는 미래는 어떤 것일까?

· *Chapter 2* ·

장 지글러

왜 세계의 절반은 굶주리는가

아무도 알려주지 않은 기아의 숨은 진실

단숨에 읽을 수 있으면서도 무게가 느껴지는 책.
지금 이 시대를 사는 사람으로서 알고 있어야 하는 이야기!

– 한비야(국제구호활동가)

해답을 얻기 위해서는 먼저 제대로 물어야 한다.
《왜 세계의 절반은 굶주리는가》는 제대로 묻고 있는 책이다.

– 팟캐스트 〈이동진의 빨간책방〉

여러분은 기아에 대해 생각해본 적 있는가? 기아로 고통을 받는 사람들은 얼마나 되며, 기아는 대체 왜 생기는 것일까? 여기 기아의 실태와 그 원인을 적나라하게 알린 사람이 있다. 기아 문제 연구자이자 유엔 식량특별조사관이었던 장 지글러다.

현재 유엔인권위원회 자문위원인 장 지글러는 국제법 분야에서 인정받는 학자이자 실천적인 사회학자의 대표주자다. 그는 사회구조 속에서 발생하는 빈곤과 불평등 문제에 깊은 관심을 갖고《탐욕의 시대》《빼앗긴 대지의 꿈》《왜 세계의 가난은 사라지지 않는가》등의 저서를 통해 우리 시대의 불쾌한 진실을 도마 위에 올렸다.

특히 장 지글러는《왜 세계의 절반은 굶주리는가》를 발간한 이후 2000년부터 2008년까지 유엔인권위원회의 최초 식량특별조사관으로 활동하며 기아가 도사리는 국가를 직접 방문해 기아의 실태를 파헤치는 데 총력을 기울였다.

《왜 세계의 절반은 굶주리는가》는 기아 문제에 대한 경종을 울린 책으로 국내에서만 40만 부가 넘게 판매됐고, 사회과학 분야의 스테디셀러이자 장기 베스트셀러에 올랐다.

이 책은 장 지글러가 아들에게 들려주는 문답 형식을 취하고 있지만, 여기서는 내용을 좀 더 쉽게 정리하기 위해 평서문으로 대체했다. 또 책에 등장하는 수많은 통계 수치가 1999년 기준으로 현재와 상당한 차이가 있어 필요한 몇몇의 자료는 최근 통계로 바꾸었다.

수치는 달라졌지만 저자가 말했듯 세계의 기아 문제는 여전히 해결되지 않고 있다. 왜 세계의 절반이 굶주리고 있는지, 이제 장 지글러의 이야기를 들어보자.

기아로 인한 대량학살은 현재 진행 중 ─────

#세계는 극심한 기아 위기 **#국제기구의 기아 극복 목표**

2000년 유엔 본부 청사에 192개 회원국 정상들이 모였다. 이들은 인류를 괴롭히는 주요 비극을 어떻게 하면 타파할 수 있을지 전략을 모색했다. 여기서 인류를 괴롭히는 주요 비극이란 무엇이었을까? 바로 '기아'였다. 유엔 회원국 정상들은 '밀레니엄 개발 목표'라는 이름을 내세워 2015년까지 기아로 인한 희생자의 수를 절반으로 줄이자는 목표를 세웠다. 결과는 어떻게 됐을까? 이 목표는 완전히 실패했다.

2015년 유엔의 새로운 사무총장직을 맡게 된 반기문은 세계가 처한 상황에 분노하며 '어젠다 2030'이라는 새로운 목표를 내세웠다. 어젠다 2030의 목표는 굶어 죽는 사람의 숫자를 줄이는 차원이 아니라 기아로 인한 대량학살을 완전히 멈추자는 것이었다. 국제기구는 왜 이런 목표를 세웠을까?

장 지글러 《왜 세계의 절반은 굶주리는가》

지금 우리는 먹을 것이 넘쳐나 날로 심각해지는 비만과 음식쓰레기 문제에 대해 걱정하는 세상에 살고 있다. 그런데 아프리카나 아시아, 라틴아메리카 등 수많은 나라에서는 아이들이 굶어 죽어가고 있다. 특히 동아프리카 소말리아에서는 극심한 기근으로 시체가 산을 이루고 있다. 이처럼 세계의 절반은 기아로 고통받고 있는데 왜 우리는 이를 체감하지 못할까? 언론에서 기아 상황을 보도하고 있지만 아주 드물게 보도하고 있고, 보도에서 밝히는 바도 실은 기아의 극히 일부이기 때문이다.

전 세계 얼마나 많은 사람들이 기아로 고통받고 있을까? 유엔개발계획에 따르면, 2018년 기준 지구상에는 13억 명이나 되는 사람이 빈곤 속에 살고 있다. 2011년에 22억 명이었던 것에 비하면 많이 줄었지만, 여전히 전 세계 인구의 4분의 1 정도가 빈곤 상태에 내몰려 있다. 그리고 빈곤층 13억 명 중 46%는 극도의 빈곤이라고 부르는 처참한 삶을 살고 있다. 극빈자들은 하루 1.9달러(약 2,260원) 또는 1년에 694달러(약 83만 원)로 살아간다.

유엔식량농업기구FAO에 따르면, 2018년 기준 전 세계 굶주림에 시달리는 기아 인구는 8억 2160만 명이다. 전년 대비 1천만 명이 증가한 수치다. 전 세계 인구 가운데 약 11%가 극심한 영양 부족을 겪고 있는 것이다. 이들은 영양 부족으로 회복할 수 없는 신체적 손상을 입은 채 평생 시각 장애나 구루병, 뇌기능 장애 등에 시달린다. 그렇게 살다가 서서히 죽어간다. 1980년 이후 영양실조나 저개발로 인해 매년 평균 700만 명이 실명하는데, 대부분 아이들이다.

지역별로는 아프리카의 대부분 지역이 기아로 인한 문제를 겪고 있다. 약 22%의 인구가 영양실조를 겪고 있고, 카리브해 지역에서는 약 18%가 굶주리고 있다. 아시아는 최근 대단히 발전했음에도 남아시아 지역은 아직 영양실조 인구가 높아서 총인구의 약 14%에 달한다. 서아시아가 뒤를 이어 12.4%를 기록했다. 영양실조 인구로 따지면 아시아가 5억 명으로 가장 많았고, 아프리카는 2억 6천만 명, 중남미가 4천 250만 명으로 뒤를 이었다. 이처럼 전 세계적인 기아의 고통은 계속되고 있다. 기아는 왜 생기는 것일까?

☑ Insight Point

☐ 유엔식량농업기구 2018년 기준 기아 인구 실태

- 빈곤 인구: 13억 명

- 아프리카 기아 인구: 2억 6천만 명

- 아시아 기아 인구: 5억 명

- 중남미 기아 인구: 4,250만 명

기아가 발생하는 원인 ─────

#기아 발생은 필연적   #자연도태설

기아가 발생하는 이유를 한때 자연도태설이라고 주장하는 사람들이 있었다. 자연도태설은 점점 높아지는 지구의 인구밀도를 기근이 적당히 조절해준다는 것으로, 이 개념은 18세기 말 영국국교회 성직자였던 토머스 맬서스가 1798년 처음 사용했다.

맬서스는 세계 인구가 기하급수적으로 성장해 25년마다 두 배가 되지만, 식량은 산술급수적으로 증가하기 때문에 가난한 가정은 자발적으로 산아제한을 해야 한다고 주장했다. 또 가난한 사람들에게 사회보조나 지원은 중단되어야 한다고 말했다. 맬서스는 질병과 배고픔이 사회에 필수적인 기능을 한다고 말하며, 결국 기아는 지구의 인구를 줄여주는 자연적 수단이라고 주장했다.

전형적인 유럽·백인 우월주의 정당성을 내포하는 이러한 주장은 유럽의 지배층들과 산업화 초기 기업인들에게 상당한 영향을 끼쳤다. 부자와 권력자들은 자신들이 절대로 굶어 죽지 않을 거라는 걸 알고 있었다. 하지만 이 이론은 틀렸다. 지구는 현재보다 두 배나 많은 인구도 모두 먹여 살릴 수 있을 만큼 식량 생산이 가능하다.

그런데도 많은 지식인이나 정치가, 국제기구 책임자들이 맬서스의 이론을 믿고 있다. 왜일까? 심리적 기능을 충족하기 때문이다. 날마다 기아에 시달리는 사람들과 구호시설에서 웅크린 채 죽어가는 아이들을 지켜보는 건 괴로운 일이다. 그래서 양심의 가책을 줄이고 불합리한 세계에 대한 분노를 몰아내기 위해 맬서스의 이론을 신봉하는 것이다.

그렇다면 기아가 발생하는 진짜 이유는 무엇일까? 첫 번째는 전쟁이다. 특히 아프리카 대륙에서 일어난 내전은 수많은 기아를 발생하게했다. 2018년 기준 아프리카 인구는 세계 인구의 14.8%로 15%에도 못미친다. 그런데도 기아 인구의 약 22%가 아프리카에 집중되어 있다. 전쟁으로 집과 밭, 가축을 잃고 고향을 떠났지만 국경을 넘지 않는 실향민들이 생겨난 것이다. 약 4천만 명의 실향민 대부분은 분쟁 지역의 사람들이다.

전쟁으로 도로가 끊기면 국제 원조물자의 운송과 배급이 제대로 이루어지지 못해 기아 상황은 더 심각해진다. 1998년 유엔의 수송기가 앙골라 내전으로 고향을 떠난 40만 명 이상의 실향민들에게 식량 지원을 하기 위해 앙골라의 수도 루안다로 가고 있었다. 하지만 도착 지점을 40㎞ 앞둔 상공에서 수송기가 반군 세력에 의해 격추되어 탑승자 전원이 목숨을 잃었다. 전쟁은 실향민을 만드는 것뿐만 아니라 실향민을 도와주려는 시도조차 불가능하게 만든다. 악순환이다.

기아가 발생하는 두 번째 이유는 사막화다. 2011년 통계에 따르면 세계적으로 전체 육지 면적 중 3분의 1에서 매년 서울 면적의 100배인 6만㎢가 사막으로 바뀌고 있다. 사막화가 진행되는 곳의 인구는 약 6억 명이며, 사막화의 직접적인 영향을 받는 인구도 약 2억 명이나 된다. 아프리카 대륙의 3분의 2는 사막을 포함한 건조지대라서 경작이 가능한 건조지대의 73% 정도가 사막화의 영향을 받고 있다. 아시아는 경작이 가능한 건조 지역의 71% 정도에서 사막화가 진행되고 있다.

사막화 때문에 수억의 인구가 생존에 필요한 식량과 식수 부족을 겪는 것이다.

사막화는 왜 생겨나는 것일까? 두 가지 요인으로 구분된다. 극심한 가뭄과 장기간에 걸친 건조화 현상 같은 자연적 요인, 그리고 과도한 경작 및 방목, 산림 벌채, 환경오염으로 인한 기후 변화 등의 인위적 요인이다.

특히 원시림의 대규모 벌채는 사막화에 심각한 영향을 끼치고 있다. 말레이시아나 콩고민주공화국, 가봉, 남미 아마존 일대에는 원시림이 남아 있지만, 매년 수만 헥타르씩 사라지고 있다. 대규모 농장이 들어서거나 목재 회사들이 불법으로 벌채를 해서 숲이 파괴되기 때문이다. 한번 파괴된 산림을 다시 조성하는 건 대단히 어려운 일이다. 나무는 사막의 바람을 막아주고, 서서히 뿌리를 내려 흙을 지탱해주기 때문에 사막화를 늦추는 데 있어 매우 중요하다.

전 세계 국가들은 사막화를 막기 위해 유엔 사막화방지협약에 참여했다. 그들은 사막화 방지를 위해 긴급히 실행해야 할 사항을 결정했다. 그리고 예상 비용이 추산되었는데 무려 430억 달러가 필요하다는 결론이 나왔다. 유엔은 사막화로 인해 고향을 떠날 사람들을 도울 능력이 없음을 절감했고, 이들을 환경난민으로 명명했다. 환경난민은 국제사회가 정한 난민조약에 규정된 난민으로서의 권리를 인정받지 못해 또 한 번 고통을 받고 있다.

기아는 원인에 따라 두 가지 형태로 나뉜다. 첫 번째는 경제적 기아다. 이는 가뭄이나 허리케인 때문에 마을이 파괴되거나 전쟁으로 터전이 사라지는 것처럼 돌발적이고 급격한 사건 때문에 경제적 위기가 발생해 갑자기 식량이 바닥나고 수백만의 인구가 굶어 죽을 위기에 처하는 상황을 말한다.

두 번째는 구조적 기아다. 구조적 기아는 나라를 지배하는 사회구조로 인해 빚어진다. 즉, 국가의 경제 발전이 더뎌 발생하는 생산력 저조, 인프라 미정비, 주민 다수의 극심한 빈곤 때문에 장기간에 걸쳐 식량 공급이 지체되는 경우를 말한다.

먼저 경제적 기아가 발생하면 국제적인 도움의 손길이 재빨리 이루어져야 한다. 에티오피아의 예를 들어보자. 해발 2,400m 고지에 있는 바르카 지방의 중심 도시인 아고르다드는 지난날 에티오피아에서 가장 넉넉한 곳이었지만, 가뭄으로 경제적 기아를 겪고 있다. 이를 해결하기 위해 식량을 배급하고 의료 처치를 해주는 난민캠프가 세워졌다. 수많은 피난민이 난민캠프 앞에 길게 줄을 서 자신의 차례를 기다린다. 하지만 슬프게도 이들 전부가 치료를 받을 수는 없다. 난민캠프 앞에서 간호사들이 1차적으로 피난민을 선별한다. 긴 여정에서 살아남아 아고르다드 난민캠프에 도착한 피난민은 특별한 영양 섭취와 집중 치료를 받아야 한다. 그런데 식량과 의약품은 한정되어 있다. 간호사들은 순간의 상태를 보고 누가 살아남을 가능성이 있는지, 누구를 죽게 내버려 두는 것이 좋을지 결정할 수밖에 없다. 무자비한 작업이지만 어쩔 수 없다. 이러한 상황은 지금도 매일 전 세계 수백 개 병원과 난민캠프 입구에서 되풀이되고 있다.

구조적 기아는 아프리카, 아시아, 라틴아메리카 등 세계 곳곳에서 발생한다. 구조적 기아를 겪는 아프리카에서는 매년 16만 5천 명의 여성이 아이를 낳다가 죽는다. 체력이 너무 약해져서 사소한 감염증에 대항할 수 없기 때문이다. 또 구조적 기아에 시달리는 사람들은 선진국에는 없는 질병, 이미 오래 전에 퇴치된 전염병 등에 의해 고통받는다. 이들은 도시의 부자들이 버린 쓰레기를 뒤져 나온 고기 조각, 빵 조각, 반쯤 썩은 채소 등으로 하루하루를 연명하는데, 오래된 음식물에서 나오는 기생충으로부터 공격받기도 한다. 더 안타까운 것은 이러한 현실이 한 세대에서 끝나지 않고 다음 세대로 대물림된다는 사실이다.

☑ Insight Point

☐ 기아가 발생하는 원인: 전쟁과 사막화

☐ 기아의 형태

---

　　1. 천재지변이나 전쟁으로 하루아침에 식량난을 겪는 경제적 기아

---

　　2. 낮은 수준의 국가 경제로 인해 장기간 굶주림을 겪는 구조적 기아

기아 해결이 어려운 이유 ─────────

#국제기구 역할의 한계 #세계 시장의 잔인함

기아가 사라지지 않는 이유는 무엇일까? 국제기구가 전 세계에 식량을 공평하게 분배하면 되지 않을까? 하지만 국제기구는 그럴 수 없다. 국제기구 또한 자금 부족에 시달리고 있기 때문이다. 세계식량계획WFP 조직은 지원국들이 자금을 지원하면, 그 돈으로 이웃 나라에서 남아도는 식량을 사들여 식량이 부족한 나라를 지원하는 방식으로 일한다. WFP는 자금의 3분의 2를 긴급 구호에 사용하고, 나머지 3분의 1은 해당국 정부와 조정해 그 나라에 필요한 인프라 정비에 사용한다. 하지만 모든 국가를 돕기에는 자금이 부족해 일부 국가를 선택해야 하는 참극이 벌어진다.

WFP는 세계시장에서 곡물을 살 때도 어려움을 겪는다. 세계시장에서 거래되는 거의 모든 농산품의 가격이 투기의 영향을 받아 가격이 인위적으로 부풀려지고 있기 때문이다. 미국 시카고에는 세계 주요 농산물이 거래되고 있는 시카고 곡물거래소가 있는데, 몇 안 되는 거물급 금융 자본가들이 전 세계 곡물의 매매가를 결정한다. 이 때문에 자금 부족에 시달리는 WFP는 충분한 식량을 구매하지 못한다.

WFP가 지원국으로부터 추가 지원금을 받더라도 식량을 마음대로 확보할 수 없다. 세계 곡물시장에서 사들일 수 있는 식량이 제한되어 있기 때문이다. 전 세계에서 수확되는 옥수수의 4분의 1은 부유한 나라의 소들이 먹고 있다. 프랑스의 농학자인 르네 두몽은 캘리포니아

'피드롯feedlot'이라는 거대한 시설에서 사육되는 소의 연간 옥수수 소비량이 옥수수를 주식으로 하면서 만성적인 기아에 허덕이고 있는 잠비아 같은 나라의 연간 필요량보다 더 많다고 말한다.

부유한 나라들은 식량을 대량으로 폐기 처분하거나 법률이나 그 밖의 조치를 통해 농산물의 생산을 크게 제한하고 있다. 유럽연합은 자국의 농민들을 살리기 위해 농산물 가격을 높게 유지해야 한다고 말한다. 배고픈 사람을 돕는 것은 FAO나 WFP의 과제로 남는다. 하지만 국제기구는 우선적으로 긴급한 지역만 도울 수 있을 뿐이다. 식량의 가격이나 생산량의 결정, 식량의 공평한 분배 등과 관련해 FAO나 WFP는 아무것도 할 수 없다.

#정치적 목적 **#무기로 변한 기아**

기아 해결이 어려운 두 번째 이유는 정치적 목적에 있다. 몇몇 나라에서는 국민들을 폭력적으로 복종시키려고 의도적으로 식량을 끊고 있다. 국가적인 폭력을 자행하며 배고픔을 무기로 삼는 것이다. 서아프리카 라이베리아 테일러 대통령은 군대를 움직여 수천 명의 적대 세력을 포위해 굶어 죽게 만들기도 했다.

국제기구에서도 배고픔을 무기로 삼고 있다. 유엔 회원국들은 안전보장이사회의 위법적인 선언에 근거해 10년 넘게 이라크에 대해 치명적인 경제봉쇄 정책을 강행했다. 이라크는 쿠웨이트 침공으로 인한 피해를 보상할 때까지는 제한된 양의 석유를 수출했다. 그리고 국제적 감시 아래 석유 수출로 얻은 수익의 일부로 식량이나 의약품을 구입했다. 하지만 이걸로는 부족하다. 경제봉쇄 때문에 이라크에서는 1994년 이후 매년 6만 명의 어린이들이 영양실조와 의약품 부족으로 죽고 있다. 5세 미만의 아이들이 매달 약 6천 명씩 생명을 잃고 있다. 이라크에서는 유엔이 민족 살인의 주범이다.

기아는 국가 테러의 무기로도 이용된다. 서아프리카 기니는 숲과 해안, 사바나로 이루어진 나라다. 인구는 약 1,200만 명으로 말렝케족이나 풀라니족 등의 고대 문화가 지금까지도 이어지고 있다. 기니의 초대 대통령인 세쿠 투레는 권좌에 오른 뒤 독재자로 변했다. 그는 자신의 독재 정치에 걸림돌이 된다고 생각되면 개인뿐 아니라 풀라니족 같은 부족까지 박해했다. 세쿠 투레는 수도 코나크리 근처에 수용소를 세우고 남녀노소 할 것 없이 반대자로 찍힌 사람들은 모두 이곳에 가두었다. 이 수용소는 완벽하게 폐쇄된 곳으로 이곳에 갇히면 마실 것도 먹을 것도 없이 극심한 고통 속에서 죽었다.

#교육의 부재

기아 문제가 사라지지 않는 세 번째 이유는 학교에서 기아 상황에 대해 제대로 가르쳐주지 않기 때문이다. 학교에서는 기아 상황을 파악하고, 그 원인이 무엇인지 분석하고 어떤 수단으로 극복할 수 있는지 알려주지 않는다. 왜 기아에 대해 교육하지 않는 것일까? 사람들은 기아의 실태를 아는 것을 부끄럽게 여긴다. 그래서 침묵하는 것이다. 그런 탓에 학생들은 모호한 이상이나 현실과 동떨어진 인간애를 가지고 졸업할 뿐이다. 기아의 구체적인 원인과 끔찍한 결과에 대해서는 제대로 알지 못하는 셈이다.

#기아로 인해 떠도는 사람들

기아로 인해 고향을 떠나는 실향민과 환경난민은 꾸준히 늘고 있다. 노르웨이 환경난민 보고서에 따르면, 2010년 기준 전 세계 환경난민의 수는 약 4천만 명이며 2050년에는 약 10억 명까지 늘어날 것으로 예상된다. 그렇다면 환경난민들은 고향을 떠나 어디로 갈까?

환경난민들은 고향을 떠나 도시 빈민촌으로 간다. 도시 인구는 빠르게 증가해 현재 전 세계 도시 인구의 비율은 평균 55퍼센트다. 2050년에는 68%에 이를 것으로 전망하고 있다. 도시 인구가 빠르게 증가하는 원인은 농지의 피폐화나 사막화, 농산물 수출 확대 정책에 있다. 농업의 기계화와 공업화가 추진되면서 농업 생산이 확대되는 한편, 인력이 불필요해진 농촌에서 농민들이 방출되어 대도시로 흘러든 것이다. 대도시로 유입된 인구 중 압도적인 다수는 빈민촌에 거주한다.

브라질을 예로 들어보자. 브라질의 도시인 리우데자네이루에는 호시냐라는 남미 최대의 슬럼가가 있다. 2000년 기준으로 이곳에는 50만 명이 넘는 주민이 살았는데, 대부분 브라질 북동부에서 온 기아 난민이었다. 유엔에서는 슬럼가 주민들을 가리켜 '비공식 부문'이라 일컫는다. 비공식 부문이란 정해진 일자리나 거주지가 없고 사회보장 자격이 없는 사람을 말한다. 이들은 정기적인 수입이 없고 의료 혜택이나 교육을 받지 못한다. 전염병이나 만성 영양실조에도 그대로 노출되어 있으며 만성적인 실업과 자연재해, 슬럼가를 지배하는 범죄 조직에

무방비로 맡겨져 있다.

☑ Insight Point

☐ 기아 해결이 어려운 이유 ⟶ 국제기구의 자금 부족, 곡물의 부족과

농산물 생산 제한, 교육의 부재, 국민을 복종시키기 위한 정치적 목적

기아를 극복하는 방법 ─────────

#가장 가난한 나라의 성장   #상카라의 개혁

지금까지의 이야기를 봤을 때 기아 해결은 쉬운 일이 아닌 게 분명하다. 기아를 극복할 수 있는 방법은 전혀 없을까?

서아프리카 사하라 사막 남쪽 가장자리에 위치한 부르키나파소는 세계적으로 가장 가난한 나라로 꼽는다. 과거 프랑스의 지배를 받았던 부르키나파소는 1960년에 독립했지만 구종주국인 프랑스에 휘둘렸다. 부르키나파소 정부는 무능력했고 정치 부패가 심해 경제적으로나 사회적으로나 혼란스러웠다. 세계은행 통계를 보면 국민총생산은 170개국 가운데 124위, 1인당 국민소득은 164위였다. 또 가뭄으로 대부분의 작물이 말라죽어 수확량은 없다시피 했다. 그러자 1983년에서 1987년에 걸쳐 정치개혁 운동이 펼쳐졌다.

이 정치개혁을 성공으로 이룬 인물은 토마스 상카라이다. 그는 부르키나파소 출신의 군사지도자로 33살이라는 젊은 나이에 정치, 사회,

경제, 복지 교육 등 모든 영역에서 개혁을 펼치며 부르키나파소를 성장시켰다. 그는 대통령에 취임한 지 4년 만에 식량을 자급자족할 수 있게 만들었다. 만연했던 정치 부패의 고리를 끊으며 '아프리카의 체 게바라'라고 불리기도 했다. 상카라는 어떤 방법으로 정치개혁을 이루었을까?

상카라는 첫 번째로 자주관리 정책을 채택했다. 당시 부르키나파소에는 공무원이 무려 3만 8천 명 있었지만, 대개 아무 일도 하지 않았다. 상카라는 자주관리 정책을 채택해 국내 30개 행정구를 자치제로 전환하고 주민들 자신이 그 지역을 다스리게 했다. 관리도 직접 뽑을 수 있게 하여 도로 건설이나 수도 사업, 보건의료 사업 등 자신들의 실제 생활에 필요한 공공서비스를 실시해나가도록 했다.

두 번째로 수도 와가두구에서 탐바오까지 철도를 건설하는 대규모 프로젝트에 착수했다. 아프리카에서 철도 건설 프로젝트는 과거 식민지 지배 시대의 착취 기억을 떠올리게 하는 사업이었다. 하지만 주민들은 금전적인 보수가 없는데도 자발적으로 나섰다. 상카라를 믿고 이 일이 자신들을 살릴 것이라 믿었기 때문이다. 수천 명의 주민들이 작열하는 태양 아래 $450km$의 철도를 만드는 작업을 이어갔다.

상카라는 세 번째 정책으로 납세 능력에 근거하지 않고 각 개인에게 일률적으로 부과하는 인두세를 폐지했다. 부르키나파소의 모든 국민은 매년 인두세를 내야 했다. 하지만 대부분 그런 세금을 납부할 능력이 없었다. 그러면 마을의 징세 담당자는 소나 양, 비축해둔 곡식을 강제로 가져가거나 미납분의 대가로 여성을 요구하기도 했다. 그마저도 감당할 수 없는 농민들은 마을의 권력자 토지에서 강제노동을 해야 했다. 상카라는 인두세를 폐지해 주민의 삶을 크게 개선시켰다.

　마지막으로 상카라가 추진한 정치개혁은 개간 가능한 토지를 국유화로 돌리는 것이었다. 그전에는 마을의 운영 책임자들이 마음대로 땅을 할당하고 농사 일정을 결정했다. 파종과 추수 의식을 주관하고 돈이나 수확물, 강제노동의 형태로 대가를 징수했다. 상카라는 이러한 문제를 없애고자 농업부에서 토지대장을 작성해 토지를 각 가정의 수요에 따라 재분배했다. 그리하여 농민들은 어떠한 강제적 징수도 없이 안심하고 농사에 전념할 수 있게 되었다.

상카라가 추진한 정치개혁

1. 자주관리

2. 철도 건설

3. 인두세 폐지

4. 토지 국유화

　상카라의 정치개혁은 놀라운 성과를 이루었다. 부르키나파소는 4년도 지나지 않아 농업 생산량이 크게 늘어 자급자족이 가능한 나라가 되었다. 국가 지출도 줄어 자금이 도로나 상수도 건설, 농업 교육의 보급, 지역의 수공업 촉진 사업 등에 투자될 수 있었다. 다민족으로 이루어진 복잡한 사회 구성이 한층 민주적이고 정의로워진 것이다.

　상카라의 개혁으로 불평등이 줄어들면서 부르키나파소의 국민들은 인간다움과 자부심을 되찾고 희망에 불타올랐다. 이 희망은 서아프리카는 물론 중부아프리카 지역에 이르기까지 빛을 발했다. 그러자 코트디부아르, 가봉, 토고 등의 부패한 권력자들이 충격에 빠졌고, 프랑스 본국 정부의 일부 세력은 상카라의 개혁을 반기지 않았다. 결국 상카라는 자신의 동지이자 참모였던 콩파오레에 의해 살해되었다. 그의 나이 39세였다.

부르키나파소는 콩파오레의 지배 아래 다시 보통의 아프리카로 돌아갔다. 또다시 부패와 기아, 수탈이 일상이 된 것이다. 그러나 상카라의 개혁이 우리에게 주는 의미는 특별하다. 수많은 사람의 이익 때문에 기아를 극복하는 것이 힘들 수 있지만, 불가능한 일이 아님을 보여줬기 때문이다.

#진정으로 기아를 해결하는 방법

기아를 근본적으로 해결하기 위해서는 각국이 자급자족 경제를 스스로의 힘으로 이룩해야 한다. 그러기 위해서는 다음의 세 가지 방법이 함께 이루어져야 한다.

우선 인도적인 구호 조처를 더 효율적으로 만들어야 한다. FAO와 WFP는 도움을 주고자 하는 나라의 사회구조를 파악하지 않은 채 사회적, 정치적, 경제적 구조가 부실하고 부패한 나라에 도움을 주는 경우가 많다. 그렇게 되면 기득권 세력은 강화되고 부당한 사회구조를 고착시켜 기아는 더 늘어나게 된다. 그 나라에 맞는 맞춤형 원조 계획을 세워 다양한 프로그램으로 원조해야 한다.

두 번째, 원조보다 개혁이 먼저 이루어져야 한다. 혁명적 행동은 인도적 구호를 뛰어넘기 때문에 단순히 물건을 주기보다는 주민과 지도자를 개혁해 역사의식을 가진 주체로 변화시키는 것이다.

마지막으로는 제3세계 국가들의 인프라 정비를 위해 시급하게 지원을 해야 한다. 제3세계 국가들은 자본, 도로, 적당한 종자, 비축 식량, 농경 전문지식 등 모든 것이 부족하므로 선진국은 그들을 위해 새로운 종류의 씨앗, 제방, 물 그리고 사막화의 진행을 막기 위한 삼림 조성을 해야 한다. 이 모든 조처가 실행되기 위해서는 세계 여론이 동원되어야 하며, 현재의 경제 지배자들이 각성하고 연대의식을 가져야 한다.

☑ Insight Point

☐ 기아를 극복하는 방법

　　→ 각 나라에 맞는 효율적 인도적 자원, 혁명적 개혁, 인프라 정비

생각해봅시다

❋ 기아를 생각했을 때 어떤 모습이 가장 먼저 떠오르는가?

❋ 기아가 생기는 주된 원인은 무엇이라 생각하는가?

❋ 기아 문제를 해결하기 위해 개인이 해야 할 일은 무엇인가?

❋ 전 세계의 기아는 사라질 수 있을까?

· Chapter 3 ·

셸리 케이건

죽음이란
무엇인가

철학으로 풀어낸 죽음과 삶의 의미

이 책은 죽는다는 게 어떤 것인지,
생명은 왜 가치 있는 것인지에 대한
다양한 철학적 주장에 대해 명쾌한 가이드를 제공한다.

— 〈월스트리트저널〉

죽음의 본질에 대한
부드럽지만 매우 이성적이고 합리적인 접근.

— 〈한겨레신문〉

누구나 피하고 싶어 하지만 누구도 피해갈 수 없는 것이 있다. '나도 언젠가 반드시 죽는다'는 사실이다. 우리는 반드시 죽을 것이다. 그럼 죽음을 맞이하는 우리는 어떻게 살아야 하는 걸까? 예일대학교 철학교수이자 미국을 대표하는 현대철학자 셸리 케이건의 강의에서 그 답을 찾을 수 있다. 그의 교양철학 강의 '죽음Death'은 17년 연속 예일대학교 최고 명강의로 선정됐다.

예일대학교 지식공유 프로젝트 '열린예일강좌'의 대표 강의인 셸리 케이건의 '죽음Death'은 1995년 시작됐다. 이후 하버드대학교 마이클 샌델의 '정의JUSTICE', 탈 벤-샤하르의 '행복HAPPINESS'과 함께 '아이비리그 3대 명강의'로 손꼽힌다.

강의의 힘은 셸리 케이건 특유의 유머 감각과 입담에 있다. 그는 무겁고 어둡게 흘러갈 수 있는 죽음이라는 주제를 참신한 비유를 통해 해학적으로 풀어냈다. 어려운 철학 용어를 거의 사용하지 않으면서 방대한 철학사를 다뤄 대중이 쉽게 접근할 수 있도록 했다. 셸리 케이건의 강의는 미국을 넘어 영국 및 유럽은 물론 중국과 러시아에서도 큰 반향을 불러일으켰다.

《죽음이란 무엇인가》는 셸리 케이건의 강의를 새롭게 구성한 책으로, 출판되자마자 베스트셀러에 올랐다.《죽음이란 무엇인가》는 그동안 우리가 생각해온 심리적 믿음과 종교적 해석을 완전히 배제하고, 오직 논리와 이성으로 죽음의 본질과 삶의 의미를 고찰한다. 셸리 케이건이 말하는 죽음이란 무엇일까?

인간이란 무엇인가 ─────

#사후의 삶은 있는가?   #육체적 죽음의 과정

먼저 여러분에게 묻고 싶은 질문이 있다. 인간은 반드시 죽는다. 그럼 죽음 이후에는 어떻게 되는 것일까? 죽은 다음에도 존재할 수 있을까? 사후의 삶이 있다고 생각하는가? 이 질문은 인류 최대의 미스터리이자 심오한 철학적 수수께끼다. 그러나 진지하게 고민해보면 그럴 수 없다는 사실을 알 수 있다.

일반적으로 죽음은 삶의 끝이다. '사후의 삶이 존재하는가'라는 질문은 '삶이 끝난 후에도 삶은 존재하는가'라는 의미와 마찬가지다. 당연히 답은 '아니오'다. 죽은 다음에도 살아간다는 것은 자기모순적인 말이다. 그렇다면 나는 죽음으로부터 살아남을 수 있을까? 이에 대한 대답도 역시 '아니오'다. 삶이 끝난 상태에서 삶은 존재할 수 없다. 따라서 우리는 죽음으로부터 살아남을 수 없다.

그렇다면 죽음이 닥쳐올 때 우리에게 어떤 일이 벌어질까? 인간은 매우 다양한 방식으로 죽을 수 있지만, 죽음에 이르는 과정은 일반적인 단계로 요약할 수 있다. 원인이 무엇이든 죽음의 과정이 시작되면 혈액 순환이 멈추면서 산소 공급이 중단되고, 곧 뇌의 산소 포화도가 떨어진다. 산소 결핍으로 세포들이 신진대사 기능을 제대로 수행하지 못하고, 이로 인해 다양한 형태의 조직 손상이 영구적으로 일어난다. 그리고 생존에 필요한 필수 아미노산과 단백질을 더 이상 만들어내지 못한다. 결국 부패가 시작되면서 세포 조직이 허물어진다. 세포들이 정상 상태로 되돌아가지 못하면서 주요 조직이 파괴된다. 마침내 사망에 이르게 된다.

#인간을 바라보는 관점　**#이원론과 물리주의**

앞에서 던진 질문을 다시 해보겠다. 육체적 죽음이 이루어지고 나면 나는 살아있을까? 사람들은 '아니오'라고 답하겠지만 장담할 수는 없다. 이 질문에 답하기 위해서는 인간이 어떤 존재인지 알아야 한다. '인간이란 무엇인가'에 답하기 위해 인간을 두 가지 관점에서 바라보고자 한다.

첫 번째 관점은 인간이 육체 그리고 육체와는 전혀 다른 정신의 조합으로 이루어졌다는 것이다. 즉, 인간은 육체와 영혼으로 이루어져 있고, 이 두 가지가 인간을 구성하는 요소이다. 이러한 관점을 '이원론二元論, dualism'이라고 한다. 이원론적 관점의 핵심 개념은 인간이 서로 다른 차원의 육체와 영혼으로 구성되어 있다는 것이다. 여기서 육체는 다양한 분자와 원자로 이루어져 있는 물질적 존재이고, 영혼은 우리의 생각과 의식, 인격이 자리 잡고 있는 공간 또는 기반으로 비물질적 존재라 할 수 있다.

이원론적 관점에서 보면 육체와 영혼은 서로 작용한다. 영혼은 몸에게 일어서라, 앉아라 명령한다. 한편 육체가 자극을 받으면 영혼은 이를 인식하고 느낀다. 이처럼 영혼은 육체를 조종하고, 육체는 영혼에 영향을 미친다. 영혼과 육체는 서로 강력하게 이어져 있다. 하지만 서로 다른 존재다.

이원론자에게 '죽음 이후에 나는 존재할 수 있을까?'라고 묻는다면 그들은 뭐라고 답할까? 이원론자들은 육체적 죽음 이후에도 계속 살아남을 수 있다고 말할 것이다. 영혼은 육체와 마찬가지로 존재하며 비물질적인 존재이기 때문이다. 하지만 인간이 영혼과 육체의 조합으로 이루어진 존재라면, 육체가 소멸될 때 그 조합도 함께 소멸되는 것이 아닌가 하는 의문이 든다. 이러한 의문에 이원론자들은 영혼과 육체는 긴밀하게 연결되어 있지만, 인간이 영혼과 육체의 조합은 아니라고 대답한다. 인간은 순수하게 영적인 존재이기 때문에 연결고리가 끊어지더라도 영혼인 인간은 계속 존재한다는 것이다. 그리고 육체는 인간의 일부일 뿐 중요한 부분이 아니기 때문에 육체가 소멸돼도 인간은 얼마든지 존재할 수 있다고 말한다.

자동차로 예를 들어보자. 자동차에는 휠 캡이 있다. 그런데 어느 날 오른쪽 앞바퀴 휠 캡이 사라졌다. 휠 캡은 자동차의 일부다. 자동차 전부가 사라진 것은 아니다. 휠 캡은 자동차의 본질적 부분이 아니다. 즉,

인간의 육체는 본질적인 부분이 아니기 때문에 육체가 사라진다 해도 인간은 그대로 존재한다는 것이다.

자, 이제 두 번째 관점을 살펴보자. 인간이 육체라는 한 가지 기본 요소로만 이뤄져 있다고 주장하는 '일원론一元論, monism'이다. 일원론적 관점에서 인간은 곧 육체다. 일원론은 인간이 특정 형태의 물질적 존재에 불과하다고 주장한다. 그래서 '물리주의物理主義, physicalism'라고도 한다. 인간을 육체적 존재라고 말할 때, 뼈와 살로 이뤄진 덩어리라는 의미가 아니다. 다른 물질적 존재들은 하지 못하는 회상, 의사소통, 사랑, 창작 등 다양하고 특별한 기능을 수행하는 육체인 것이다. 이런 특별한 기능을 'Person'의 약자를 써서 'P기능'이라고 하자. 물리주의자들에게 인간은 다양한 P기능을 하는 육체다.

일원론적 관점을 지닌 물리주의자들에게 '죽음 이후에 나는 존재할 수 있을까?'라고 묻는다면 뭐라고 답할까? 물리주의자들에게 죽음은 P기능의 종말이기 때문에 존재할 수 없다고 말한다. 그들은 이원론자들이 믿는 영혼의 존재를 인정하지 않는다. 물리학적 관점에서 정신이라는 용어를 사용하지만, 그렇다고 해서 정신이 육체와 별도로 존재한다는 뜻은 아니다. 정신은 육체의 다양하고 어려운 기능들에 관한 논의를 이끌어가기 위한 편의적 도구에 불과하다. 생각, 의사소통, 계획, 고민, 창조, 사랑 등 육체적 기능에 대해 이야기를 나누기 위한 도구적 용어인 것이다. 그래서 육체적 기반이 망가지면 정신도 불가능해진다.

지금까지 인간 존재를 바라보는 두 가지 주요한 관점에 대해 알아봤다. 당신은 어떤 관점에 동의하는가? 두 관점의 차이는 영혼의 존재 여부다. 영혼은 정말 존재하는 것일까?

영혼은 존재하는가? ─────

`#영혼을 증명하는 방법` `#최선의 설명으로의 추론`

영혼의 존재를 어떻게 입증할 수 있을까? 영혼은 비물질적 존재이기 때문에 맛보기, 만지기, 냄새 맡기, 소리 듣기 등으로 느낄 수 없다. 누군가는 마음의 눈으로 볼 수 있다고도 하지만 내 안의 영혼은 보이지 않는다. 결국 내적 감각으로도 영혼을 확인할 수는 없다. 외적, 내적 감각으로 관찰이 불가능한 영혼의 존재를 증명하기 위해서는 다른 방법이 필요하다.

오감을 이용해도 인지할 수 없는 것을 설명할 때 추론의 과정으로 그 존재를 증명할 수 있다. 이게 바로 '최선의 설명으로의 추론inference to the best explanation'이다. 누구도 엑스레이 자체를 볼 수는 없지만, 내 몸의 뼈가 찍힌 사진을 보고 엑스레이가 존재한다고 받아들일 수 있는 것이다.

그럼 영혼 존재 여부에 대해 최선의 설명으로의 추론을 시작해보자. 이원론자들은 영혼을 볼 수는 없지만 영혼의 존재를 가정해야만 설명할 수 있는 특성이 있기 때문에 영혼의 존재를 받아들여야 한다고 주장한다. 이를 '특성F'라고 하자. 그럼 영혼의 존재를 인정해야만 설명할 수 있는 특성F는 어떤 것들일까?

영혼의 존재를 확인할 수 있는 특성F

1. 목적에 맞게 육체를 움직이게 하는 능력

2. 욕망, 믿음, 감정 등을 표현하는 이성적인 능력

3. 창조적인 능력

4. 자유의지

위와 같이 다른 물질적 존재에서는 찾아볼 수 없는 특성F 때문에 이원론자들은 영혼이 존재한다고 주장한다. 이 중 가장 대표적인 특성F인 이성적인 능력을 통해 영혼의 존재 여부를 논의해보자.

#이성적인 능력과 감정 **#거대한 미스터리 의식**

인간은 다른 물질적인 존재가 할 수 없는 특별한 기능, 이성적인 능력을 지니고 있다. 인간은 믿음과 욕망을 가지고 있어서 어떻게 자신의 욕망을 충족시킬 것인가에 관한 믿음을 바탕으로 계획을 세우고 전략을 짠다. 어떤 기계도 이와 같은 능력을 갖지 못한다는 게 이원론자들의 주장이다.

그렇다면 정말 어떤 기계도 믿음과 욕망을 갖고 있지 않을까? 헤어드라이기와 같은 단순 기계들을 생각하면 당연하다. 하지만 극도로 정교한 프로그램을 구동할 수 있는 컴퓨팅의 시대를 살아가고 있는 지금은 상황이 많이 달라졌다. 최첨단 기기들이 욕망과 판단, 계획을 할 수 있게 된 것이다.

예를 들어 인공지능 프로그램인 알파고가 있다. 알파고는 사람과의 바둑 대결에서 이겨 승률 99.8%를 기록했다. 알파고는 게임에서 이기기 위한 궁극적인 욕망을 갖고 있고, 목표 달성을 위한 분명한 전략을 갖고 있다. 물론 알파고는 바둑이라는 지극히 제한된 범위에서만 작동하지만, 슈퍼컴퓨터들이 합리적으로 판단할 수 있는 범위를 지속적으로 확장해나가면서 앞으로 다양한 프로그램을 동시에 구동하는 모습을 상상할 수 있을 것이다. 이처럼 판단하고 계획을 세우는 고차원적기능을 설명하기 위해 적어도 컴퓨터에 대해서는 비물질적 존재인 영혼을 가정할 필요도, 매달릴 이유도 없다.

이에 이원론자들은 아무리 컴퓨터를 인간처럼 욕망과 믿음을 갖고 있는 존재로 바라본다 하더라도 컴퓨터는 절대로 진정한 욕망과 믿음을 가질 수 없다고 반박한다. 욕망은 감정적 측면과 관계가 있는데 컴퓨터와 로봇은 감정을 느낄 수 없다는 것이다. 맞는 말이다. 컴퓨터나 로봇이 감정을 느끼진 않는 것 같다. 하지만 수많은 SF영화에 등장하는 로봇들이 예언하듯 앞으로 감정을 느끼는 로봇을 개발할 수도 있다. 그렇기에 물리주의자들은 감정을 설명하기 위해 굳이 영혼에 의존할 필요가 없다고 설명한다.

물리주의자들의 반론에 이원론자들은 다시 반론을 제기한다. 감정에는 감각 혹은 느낌이라고 하는 또 다른 측면이 있다는 것이다. 감각과 느낌은 행동적인 반응이 진행되는 동안 내부에서 느껴지는 것이다. 예를 들어 갑자기 공포가 몰려오면 내면에서 일종의 서늘함을 느끼는데, 그러면 가슴이 두근거리면서 혈액 순환이 빨라진다. 두려움은 특이한 내면의 느낌이다. 사랑하고 걱정하고 우울할 때도 마찬가지다. 특정 감정에 해당하는 특정 경험이 존재하는 것이다.

로봇이 최첨단 기능을 탑재하고 감정을 갖고 있다 하더라도 느낌과 경험의 차원에서 감정은 가질 수 없다. 그리고 경험 속에는 질적인 측면이 있다. 세상만물은 색깔을 띠고 소리를 내며 냄새를 풍기고, 우리는 그 모든 자극을 인식할 수 있다. 반면에 로봇 같은 기계는 색을 인식하지 못하고 냄새를 맡지 못하기 때문에 경험의 질적인 측면을 가질 수 없다는 것이다.

이러한 정신적 활동의 질적인 측면을 '의식意識, consciousness'이라 하는데 물리주의자 관점에서 의식은 거대한 미스터리다. 물리주의자들에게 의식이라는 존재는 아직까지 설명할 수 없는 영역이다. 하지만 의식의 존재를 아직 알지 못하고 있다고 해서 앞으로도 절대 설명하지 못한다고 장담할 수는 없다. 단지 의식을 설명하기 위해 영혼의 존재를 끌어들일 생각이 없는 것이다.

이에 이원론자들은 영혼은 물리적인 존재와 차원이 달라 의식을 가질 수 있는 존재라고 말하며 영혼의 존재를 인정하면 의식을 설명할 수 있다고 한다. 의식에 대해 물리주의보다 더 뛰어난 설명을 제시하고 있기 때문에 영혼을 믿어야 한다고 주장하는 것이다. 하지만 물리주의자들이 마땅한 설명을 하지 못한다고 해서 영혼의 존재를 인정하면 된다는 식의 이원론적 관점의 주장은 타당하지 않다.

영혼의 존재에 대해 최선의 설명으로의 추론을 해보았을 때, 영혼의 존재를 주장하는 이원론적 관점의 설명에는 의문이 있고 충분히 물리적 존재인 육체로 설명할 수 있다. 물론 어떤 현상을 설명하거나 최선의 설명을 제시하기 위해 영혼의 존재를 인정할 수밖에 없다고 결론을 내려야 하는 시점이 찾아올 수도 있다. 그러나 아직까지 영혼이 존재한다는 이원론자들의 설득력은 떨어진다.

#세상에 존재하지 않는 사실을 증명하는 방법

영혼은 정말 있는 것일까? 세상에 존재하지 않는다는 사실을 증명하고자 할 때 우리는 어떻게 해야 할까? 존재하지 않는다는 근거를 어디서 찾아야 하는 걸까? 어떤 존재를 믿지 않을 때 그 존재를 정당하게 부정할 수 있는 근거는 어디에 있는 걸까?

여러분은 용이 있다고 생각하는가? 용이 존재할 수도 있지만 대부분의 사람들은 용의 존재를 믿지 않을 것이다. 용은 존재하지 않는다고 주장하고자 용의 존재를 반박해야 할까? 존재하지 않는 것을 증명하기 위해 근거를 제시할 의무는 없다. 지적 의무에 대해 언급할 때 매우 신중해야 한다는 것이다. 용이 존재한다는 주장에 대해 조목조목

반박하기만 해도 된다. 책에 용의 그림과 사진이 있다고? 존재하지 않아도 얼마든지 상상력을 동원해 그릴 수 있는 거라고 설명하면 되는 것이다.

또 개념 자체가 성립 불가능하다고 반박할 수도 있다. 용의 존재를 믿을 만한 타당한 근거가 없다고 주장하는 것이 아니라 용이 가진 특성을 과학적으로 설명해 불가능하다고 말하는 것이다. 용은 입에서 불을 내뿜을 수 있다는데 그러기 위해서는 배 속에 불을 품고 있어야 한다. 하지만 산소와 접촉이 차단된 상태에서는 불가능하다. 몸속에서 불이 활활 타오르고 있는데 화상을 입지 않는 것도 말이 안 된다. 이렇듯 용의 존재를 부정할 수 있는 증거를 추가할 수 있다. 뭔가를 믿지 않는다고 해서 그것이 존재하지 않는다는 사실을 밝혀야 할 의무는 없다.

영혼의 존재를 믿지 않는다고 해서 영혼이 존재하지 않는다는 증명을 할 필요는 없다. 영혼이 존재한다고 말하는 다양한 주장을 살펴보고 반박하면 된다. 지금까지 영혼이 존재한다고 말하는 다양한 주장들 모두 충분한 설득력을 갖고 있지 않다. 여러분은 어떻게 생각하는가?

☑ Insight Point

☐ 영혼이 존재해야만 설명할 수 있는 특성F

: 기계는 가지고 있지 않은 인간만의 이성적인 능력

☐ 물리주의자들의 반론 : 인간만이 가능했던 특성F 영역까지 기계에

탑재하는 기술력은 꾸준히 개발 중

인간의 정체성 ————

죽음 뒤에 살아남을 수 있다는 말은 무엇을 의미할까? 내가 계속해서 존재한다는 말은 어떤 의미일까?

당신은 지금으로부터 40년 후인 2060년까지 살아남았다. 그렇다면 그 사람은 당신일까? 그렇다. 지금의 당신과 2060년에 살아있는 당신은 동일 인물이다. 그렇다면 나를 나라고 할 수 있는 근거는 어디에 있을까? 다른 두 시점에서 두 사람이 동일 인물이라고 말하는 것이 어떤 의미인지 묻는 이 질문은 인간의 정체성에 관한 문제다. 여기서 주목해야 할 개념은 시간을 초월한 '인간의 정체성'이다.

자, 당신이 기차 옆을 지나고 있다고 가정해보자.

기차의 왼쪽 끝에서부터 걸어가는데 당신은 가장 먼저 눈에 띄는 객실을 가리키며 "저기 기차가 있군"이라 말하고 오른쪽으로 쭉 걸어간다. 5분 후 기차의 오른쪽 맨 끝에 달려있는 기관실을 가리키며 "정말 기차가 길다. 5분 전에 봤던 그 기차가 여기까지 이어져 있어"라고 말한다. 이때 5분 전에 본 객실과 지금 본 기관실은 같은 기차가 아닐까? 물론 기관실과 객실이 똑같지는 않다. 하지만 객실을 가리키며 기차가 있다고 말한 것은 객실 한 량이 아니라 공간적으로 길게 이어진 기차 전체다. 객실은 기차의 일부다. 그리고 5분 뒤 기관실을 보고 기차가 길다고 말했다. 기관실을 가리키며 공간적으로 길게 이어진 기차 전체를 언급한 것이다. 5분 전에 본 기차와 지금 보고 있는 기차는 동일한 기차다. 아무도 이 사례에서 착각을 하지 않겠지만 자칫 잘못하면 쉽게 함정에 빠질 수 있는 유형이다. 시간을 기준으로 한 동일성 사례의 경우 함정에 빠질 위험은 더욱 높아진다.

당신이 기차를 따라 걷는 동안 큰 창고가 나타나 당신의 시야를 막았다고 가정해보자.

당신은 다시 걸어가면서 객실을 발견하고 "기차가 있군"이라고 말한다. 그리고 계속 걷는데 거대한 창고 때문에 한동안 기차를 볼 수 없다가 창고를 지나고 나서야 기관실을 발견하고 "저기 기차가 있군"이라고 말했다. 이때 지금 본 기차는 아까 본 기차와 같은 기차일까? 아무리 창고로 가려져 있다고 하더라도 처음에 봤던 기차와 5분 후에 본 기차는 공간적으로 이어져 있는 동일한 기차다.

다음 사례를 살펴보자. 당신이 2000년에 자동차 한 대를 샀다고 가정해보자. 그때 당신이 산 차는 새 차라 번쩍번쩍 빛이 났다. 하지만 몇 년 몰고 다니니 흠집도 나고 칠도 벗겨졌다. 2010년이 되자 외관은 엉망이 됐고, 상태도 안 좋아졌다. 엔진까지 말썽을 부려 결국 2016년에 폐차했다.

2000년의 새 자동차와 2016년에 폐차된 자동차는 동일한 자동차다. 시간에 따른 차의 서로 다른 상태를 의미하는 것이 아니라, 시간적으로 이어진 하나의 자동차라는 뜻이다.

자, 그렇다면 2016년에 자동차를 폐차하고 4년 후인 2020년에 우연히 폐차장을 지나가다가 당신의 자동차로 보이는 자동차를 봤다고 가정하자. 그 차는 당신의 차일까? 2020년의 자동차가 과거 당신의 소유였던, 시간적으로 이어진 전체적인 자동차와 동일한 자동차일까? 정확히 알 수 없다. 당신의 차는 바로 폐차되어 2020년에 발견한 차는 다른 자동차일 수도 있고, 과거 당신의 자동차가 어떤 경로를 거쳐 그 폐차장에 와 있을 수 있다. 동일한 자동차일 수도 있다는 얘기다. 만약 그

차가 당신이 소유했던 동일한 차라면 상태는 각각 다르지만 시간적, 공간적으로 연장된 하나의 단일한 자동차다. 마치 긴 애벌레처럼 보이는 현상을 철학자들은 '시공간 벌레'라고 한다. 자동차가 공간과 시간을 통해 이어진 존재라는 것이다.

이처럼 서로 다른 상태들이 하나로 뭉쳐 한 마리의 시공간 벌레를 이루기 위해서는 무엇이 필요할까? 자동차의 2000년 상태와 2016년 상태가 동일한 시공간 벌레를 구성하고 있다는 말은 모두 동일한 금속과 플라스틱 및 전선 등의 덩어리여야 한다. 시간적 차원에서 정체성의 핵심을 이루고 있는 연결은 자동차가 동일한 조합의 덩어리라는 것이다. 덩어리가 파괴되어 더 이상 자동차라고 할 수 없다면 연결은 당연히 끊어진 셈이다. 헤드라이트나 타이어 같은 비중 있는 부품을 교체한다고 해도 그 물체는 여전히 자동차다.

자, 2000년에서 2016년까지 당신의 차는 끊임없이 변해가면서도 동일한 물질 덩어리를 그대로 유지했다. 세월이 흘러 2020년에 한 폐차장에서 발견된, 내 차로 추정되는 자동차는 당신의 차일까, 아닐까?

이제 인간의 정체성 문제로 넘어가자. 지금 당신은 책을 보고 있다. 세월이 흘러 2060년에 어떤 사람이 살고 있는데, 그 사람은 당신과 동일 인물일까? 지금의 당신을 설명하는 시공간 벌레와 2060년의 사람을 설명하는 시공간 벌레는 같은 존재일까? 대답을 하기 전에 우선 시간에 따른 인간의 정체성을 그대로 유지하기 위해 무엇이 필요한지 알아야 한다.

인간의 정체성은 세 가지 관점을 통해 알 수 있다. 첫 번째는 영혼 관점의 정체성, 두 번째는 육체 관점의 정체성, 세 번째는 인격 관점의 정체성이다. 먼저 영혼 관점의 정체성부터 알아보자.

#영혼 관점의 정체성

영혼의 존재를 믿는다고 가정했을 때 인간의 정체성에서 핵심은 동일한 영혼이다. 즉, 영혼이 같으면 같은 사람이고 영혼이 다르면 다른 사람이다. 어떤 존재가 당신의 육체로부터 지금의 영혼을 분리해 다른 영혼을 연결시킨다고 하자. 다음 주 월요일에 다른 영혼이 들어와 책을 읽고 있다면 그 사람은 당신이 아니다. 영혼이 다르기 때문이다. 내 영혼이 그대로 내 육체를 움직이고 있다면 그 사람은 나다. 이번 주말에 내 육체가 죽는다고 해도 동일한 영혼이 존재한다면 나는 살아남은 셈이다. 영혼이 그대로 존재한다면 비록 육체가 죽었다 하더라도 살아남은 것이다. 이런 생각을 바탕으로 이원론자들은 육체의 죽음 후에도 살아남을 수 있다고 기대하는 것이다.

일요일 새벽에 누군가 당신의 영혼을 바꿔치기해서 원래의 영혼을 파괴했다면 당신은 죽었다. 일요일 아침에 깨어난 사람은 당신이 아니다. 그런데 그 사람은 자기가 다른 사람인 줄 전혀 모른 채 생활할 수도 있다. 그가 자신이 아니라는 사실을 눈치 챌 방법이 없다. 영혼 관점에서 인간의 정체성을 결정하는 핵심은 동일한 영혼을 갖는 것인데 영혼이 같은지 확인할 수 있는 방법이 없다. 신이 계속해서 매분 매초마다 기존의 영혼을 파괴하고 새로운 영혼을 주입한다면 우리는 1분만 살다가 죽는 존재일지도 모른다.

17세기 영국의 위대한 철학자 존 로크는 매일, 매시간, 매분마다 내가 계속해서 존재하고 있다는 사실을 확인할 방법이 없기 때문에 영혼 관점을 받아들일 수 없다고 말했다. 그렇다면 또 다른 대안인 육체 관점의 정체성으로 눈을 돌려보자.

#육체 관점의 정체성

육체 관점에서 인간의 정체성을 결정하는 핵심은 동일한 육체다. 당신은 목요일에 책을 읽고 있고, 다음 주 월요일에도 책을 읽고 있다. 그렇다면 두 사람은 동일 인물일까? 이 질문은 육체 관점에서 볼 때, 살과 뼈로 이뤄진 특정 육체가 책을 읽고 읽던 육체와 같은 육체인지 묻는 것이다. 동일한 육체를 갖고 있기 때문에 둘은 동일 인물이다. 영혼 관점과 달리 육체 관점에서는 동일한 육체가 계속해서 존재하고 있는지 분명히 알 수 있다.

육체의 모든 부분이 똑같이 중요한 것은 아니다. 육체의 가장 중요한 부분은 인격을 관장하는 기관인 뇌다. 믿음, 욕망, 기억, 야망, 목표 등 한 사람의 인격을 구성하는 모든 요소가 뇌에 들어 있다. 당신이 간 이식을 받았다고 가정해보자. 수술 후 간이 바뀌었지만 여전히 당신이다. 폐나 심장을 이식받아도 마찬가지다. 당신이 철수라는 사람의 뇌를 이식받았다면 당신은 철수의 몸통을 받은 셈이다. 육체 관점에서는 뇌가 같으면 같은 사람이고, 뇌가 다르면 다른 사람인 것이다.

인간의 정체성에 대한 핵심을 영혼 관점과 육체 관점으로 알아봤다. 하지만 이 두 개가 유일한 선택지는 아니다. 영혼의 존재를 믿는다고 해서 영혼이 인간의 정체성을 결정하는 핵심이라고 생각해야 하는 것도 아니고, 영혼이 존재하지 않는다고 해서 육체적 관점으로만 생각해야 하는 것은 아니다. 그래서 대안으로 나온 것이 인격 관점의 정체성이다.

#인격 관점의 정체성

인격 관점의 정체성에서 핵심은 육체적 동일성이 아니라 인격적 동일성이다. 인격은 믿음, 기억, 욕망, 목표 등의 집합체다. 인격 관점에서 인격은 그 일부가 변해도 전체적으로 동일한 인격을 유지할 수 있다. 인격은 끊임없이 변화하고 진화한다. 계속해서 새로운 기억, 목표, 믿음이 등장하고 과거의 기억, 목표, 믿음은 사라진다. 이처럼 기억, 목표, 믿음은 처음과 많이 달라지지만, 그 변화는 한순간에 일어나는 것이 아니라 점진적인 형태로 이루어진다. 올바른 형태의 중복 및 연속성의 패턴이 지속적으로 이어지고 있다면, 끊임없이 진화하는 하나의 동일한 인격이라고 말할 수 있다.

지금까지 인간의 정체성을 결정하는 세 가지 관점을 살펴봤다. 이제 당신은 어떤 관점을 선택하겠는가? 그 전에 마지막으로 중요한 질문을 던져야 한다. 생존에서 정말 중요한 것은 무엇일까? 중요한 것을 얻기 위해서는 우선 생존해야 한다. 하지만 단지 영혼의 상태로 생존하거나 육체적으로 생존한다는 것은 중요하지 않다. 생존 그 자체를 유지하는 것, 시간적으로 진화하는 동일한 인격보다 지금 나와 비슷한 인격을 유지하면서 생존하는 것이 중요하다. 지금의 인격과 비슷하다고 말할 정도에서 생존할 때 원하는 것을 얻을 수 있다. 즉, 지금의 인격일 때 인간의 정체성을 가질 수 있는 것이다. 그러니 죽고 나서 몸이 부활하거나 인격이 이식될 거라고 기대하지 말자. 죽음이 진정한 종말이다. 죽음은 그야말로 모든 것의 끝인 것이다.

☑ Insight Point

- ☐ 인간의 정체성에 대한 세 가지 관점
  - 1. 동일한 영혼을 지닌 영혼 관점의 정체성
  - 2. 동일한 육체를 지닌 육체 관점의 정체성
  - 3. 동일한 인격을 지닌 인격 관점의 정체성
- ☐ 인간의 정체성에서 가장 중요한 점은 지금의 인격과 비슷한 인격을 유지하며 생존하는 것

죽음에 관하여 ──────

#죽음이 나쁜 이유   #박탈 이론

누군가 "당신도 언젠가 죽을까요?"라고 묻는다면 뭐라고 답할 것인 가? 우리는 모두 죽을 운명에 처해 있고, 언젠가는 죽을 것임을 알고 있다. 하지만 정작 죽음과 맞닥뜨리면 충격과 혼란에 빠진다. 사람들 은 죽음을 나쁜 것이라고 말한다. 죽음은 왜 나쁜 것일까? 죽음은 사실 죽은 사람에게 아무 영향을 끼치지 못하기 때문에 죽은 사람에게 나 쁜 것이 될 수 없다. 죽음이 나쁘다고 할 수 있는 이유는 그 뒤에 남겨 진 사람들 때문이다. 죽음은 남겨진 사람들에게서 사랑하는 사람을 앗 아간다. 그러나 죽음이 나쁜 핵심적인 이유를 찾으려면 죽음이 어떻게 죽은 이에게 나쁠 수 있는지 알아봐야 한다.

죽고 나면 우리는 존재하지 않는다. 내가 존재하지 않는다는 사실, 비존재가 어떻게 내게 나쁜 것이 될 수 있을까? 이 질문에 답을 하기 위해 무언가가 나에게 나쁜 것이 되는 상황을 세 가지로 구분해보자.

1. 본질적
2. 도구적
3. 상대적

첫째는 본질적으로 내게 나쁠 수 있다. 머리가 아프다거나 발가락을 찧는다거나 고통은 본질적으로 나쁘다. 그래서 우리는 고통을 피하려

한다. 우리는 종종 본질적으로 나쁜 것을 경험하는데, 그런 경험은 그 자체로도 나쁘다.

둘째는 도구적으로 나쁠 수 있다. 그 자체로는 나쁘지 않지만 그것으로 인해 본질적으로 나쁜 것을 겪을 수 있는 것이다. 해고는 그 자체로 나쁘지 않지만 해고를 당하면 가난과 빚으로 이어지고, 다시 고통이나 우울함 같은 본질적으로 나쁜 것으로 이어진다. 그래서 해고는 도구적으로 나쁘다.

셋째는 어떤 것을 가지기 위해 다른 좋은 것을 놓친다는 점에서 상대적으로 나쁠 수 있다. 누군가 당신에게 두 가지 봉투를 내밀면서 하나를 선택하라고 했다. 당신은 첫 번째 봉투를 선택했다. 그 안에는 만 원이 들어 있었다. 만 원을 받은 것은 좋은 일이다. 그런데 두 번째 봉투에 100만 원이 들어있다는 사실을 알았다. 그럼 첫 번째 봉투를 선택한 건 나쁜 일이 된다. 상대적으로 나쁜 것이다.

이제 죽음으로써 내가 존재하지 않는다는 사실, 즉 비존재가 어떻게 내게 나쁜 것이 될 수 있는지 확인해보자. 비존재는 본질적으로 나쁘지 않다. 세상에 존재하지 않는다면 그 어떤 고통도 느낄 수 없기 때문이다. 그리고 비존재는 도구적으로도 나쁜 것이 아니다. 고통과 같이 본질적으로 나쁜 것으로 이어지지 않는다. 그러나 비존재는 상대적으로 나쁜 것이 될 수 있다. 존재하지 않는다는 말은 '결핍'을 의미한다. 삶이 선사하는 모든 좋은 것이 결핍된 상태다. 살아있으면 누릴 수 있었던 모든 좋은 것을 박탈해버리기 때문에 죽음은 나쁘다. 이를 '박탈 이론'이라고 한다.

죽음에는 박탈 이외에 또 다른 측면이 존재하는데, 이러한 측면이 죽음을 더 나쁜 것으로 만드는지 아니면 더 좋은 것으로 만드는지 살펴보자.

죽음의 네 가지 측면

1. 필연성 – 반드시 죽는다.
2. 가변성 – 얼마나 살지 모른다.
3. 예측 불가능성 – 언제 죽을지 모른다.
4. 편재성 – 어디서 어떻게 죽을지 모른다.

위의 네 가지 측면이 죽음을 더 나쁘게 만드는가, 좋게 만드는가? 우리는 언젠가 모두 죽을 것이고, 평균수명보다 더 짧게 살 수도 있고, 언제 어떻게 죽을지 모른다는 사실이 죽음을 나쁜 것으로 만든다. 그러나 그 슬픈 사실이 내게만 주어진 운명이 아니라는 생각으로 위안을 받는다. 나 혼자 죽는 것이 아니고, 내가 평균수명보다 더 오래 살 수도 있다는 점에서 죽음을 좋은 것으로 만들어주기도 한다.

그럼에도 불구하고 인간은 언제, 어디서, 어떻게 죽을지 모르기 때문에 죽음에 대해 두려움이라는 감정을 느낀다. 젊은 나이에 죽을지도 모른다는 가능성 때문에 두려움을 느낀다고 생각해보자. 당신이 이미 중년의 나이로 접어들었다면, 가능성의 시기가 지났기 때문에 젊은 나이에 죽을 수도 있다는 두려움은 말이 되지 않는다. 하지만 젊은이들에게도 그 가능성은 매우 낮다. 갓 스무 살이 된 젊은이가 앞으로 5년,

10년, 20년 안에 죽을 가능성은 무시해도 될 정도로 낮다. 죽음이 너무 일찍 올 수 있다는 사실에 대한 두려움은 어떤가? 심각한 병을 앓고 있거나 나이가 많은 사람들에게 적절한 감정이지만, 일반적으로 대부분의 사람에게 이런 두려움은 적절하지 않다.

☑ Insight Point

☐ 박탈 이론

　: 살면서 누리는 좋은 것들을 박탈하기 때문에 죽음은 나쁜 것

☐ 죽음의 네 가지 측면

　: 필연성, 가변성, 예측 불가능성, 편재성

삶에 관하여 ————————

#영생

　사람들은 죽음이 삶의 모든 것을 앗아가기 때문에 죽음을 두려워하고 나쁘다고 생각한다. 그렇다면 영생은 좋은 걸까? 초콜릿을 좋아하는 당신에게 누군가 초콜릿을 주었다. 다 먹었더니 몇 개를 더 권한다. 그렇게 10개, 15개, 20개를 먹었다. 이제 좀 질리는데 그 사람은 계속 먹으라고 한다. 결국 더 이상 먹지 못했다. 삶도 마찬가지다. 삶은 좋은 것이었는데 50살, 80살, 100살로 넘어가는 어떤 시점에서 나쁜 것으로

변할 수 있다. 그 시점에 도달했을 때 영생을 반드시 좋은 것으로 받아들여야 한다고 말할 수는 없다.

우리는 영생을 어떻게 바라봐야 할까? 오래 살면 오래 살수록 좋을까? 나이가 들어가면서 육체적으로 나타나는 노화의 속도가 그대로 이어진다고 생각해보자. 육체는 늙지만 죽지 않는다면? 조너선 스위프트의 〈걸리버 여행기〉에서 걸리버는 영원히 죽지 않는 사람들이 살고 있는 나라에 가게 된다. 걸리버는 영원히 죽지 않고 사는 사람들에 대해 처음 들었을 때 환상적이라며 좋아한다. 하지만 걸리버는 곧 진실을 보게 된다. 삶이 계속해서 힘들어지고, 노화 현상이 뚜렷해지고, 정신은 희미하고, 병들어 아무것도 할 수 없지만 모두 죽지 않고 살아간다. 이 이야기 속에서 스위프트는 영생을 끔찍한 형벌로 묘사한다. 영생이 정녕 이런 것이라면 죽음이 오히려 축복일 것이다.

우리가 바라는 영생은 언제나 건강하고 활기차게 살아가는 삶이다. 하지만 영국의 철학자 버나드 윌리엄스는 말했다. "어떤 형태의 삶이 영원히 지속된다면 그 매력을 잃어버리게 될 것이다." 지구상의 모든 일을 다 한다고 해도 영원한 삶 속에서는 순간일 뿐이다.

앞서 머나먼 미래에 나라고 부를 수 있는 사람이 존재하려면 나와 비슷한 인격을 가진 사람이 존재해야 한다고 했다. 하지만 영원히 살게 된다면 세월이 흐를수록 그 사람은 점점 다른 사람으로 변해간다. 인격은 변화하고 진화하기 때문에 영생하는 동안 나라는 존재의 인격이 변하는 것이다. 미래의 나라고 부를 수 있는 사람이 존재한다고 해도 지금의 나와 전혀 다른 존재라면 아무 의미가 없다.

셸리 케이건 《죽음이란 무엇인가》

그래서 우리는 영생이 최고 형태의 삶이며, 영원히 갈망할 만한 가치가 있는 삶이라고 할 수 없다. 최고의 삶이란 자신이 원하는 만큼 충분히 오래 사는 삶이다.

#삶과 죽음의 상호효과

죽음은 반드시 삶이 끝난 다음에 따라온다. 결국 존재한다는 것은 삶과 죽음의 특정한 조합으로 이뤄진 형이상학적 합성물이다. 여기서 주목할 것은 삶과 죽음이 조합으로써 만들어내는 가치다. 삶 이후에 죽음이 따른다는 진실에 대해 전체 가치를 높이는 긍정적인 상호효과와 전체 가치를 떨어뜨리는 부정적인 상호효과를 고려해야 한다.

긍정적인 상호효과로 꼽을 수 있는 것을 먼저 확인해보자. 언젠가 죽을 것이라는 운명 때문에 우리 삶은 한정돼 있다. 인간의 조건에 의해 희소성이 나타나고 이런 희소성 때문에 우리는 삶을 더 가치 있는 것으로 바라본다. 무언가 수량적으로 시간적으로 아주 희귀할 때 우리는 거기에 대단히 높은 가치를 부여한다. 마찬가지로 삶이 영원하지 않을 거라는 사실 때문에 우리는 삶을 더 가치 있는 것으로 바라보는 것이다.

이제 부정적인 상호효과를 보자. 인간은 아주 짧은 세월을 산다. 그 속에서 삶은 인간에게 환상적인 것들을 여럿 선사하는데, 얼마 지나지 않아 그것을 모두 도로 빼앗아버린다. 배고픈 사람에게 진수성찬을 차려준 후, 딱 한 숟가락만 맛보게 하고는 상을 치워버리는 셈이다. 또 인간은 우주에서 특별한 존재일지 모르지만, 언젠가는 죽어서 시체로 썩어간다. 가치 있는 존재인 인간이 별 볼일 없고 가치 없이 썩어가는 살덩이로 끝나게 되는 것이다. 여기서 우리는 어떤 상호효과를 선택해야 할까?

#죽음에 대한 태도

상호효과를 살펴봤을 때, 우리는 언젠가 죽는다는 깨달음이 삶의 방식에 큰 영향을 끼친다. 우리는 죽음에 대해 이론적인 차원에서 세 가지 태도를 취해볼 수 있다.

첫 번째 태도는 우리가 죽을 것이라는 사실을 부정하는 것이다. 하지만 인간은 언젠가 죽기 때문에 이 사실을 부정하는 태도에 대해서는 할 말이 없다. 두 번째 태도는 죽음에 관한 사실을 그대로 인정하고 이에 따라 살아가는 것이다. 우리가 죽을 것이라는 사실을 직면하고 가장 바람직한 방향으로 살고자 노력하는 것이다. 세 번째 태도는 무시다. 죽음을 완전히 무시해버리는 것이다. 죽음에 관한 사실을 마음속에서 완전히 몰아내어 죽음을 아예 잊고 살아가는 태도다. 충분히 이해할 수는 있지만, 죽음에 관한 사실을 무시하는 태도는 결코 바람직하지 않다. 죽음은 우리에게 매우 중요하기 때문이다.

죽음에 대한 세 가지 태도

1. 부정
2. 인정
3. 무시

우리는 죽음에 대해 어떤 태도를 가져야 할까? 죽음을 부정하거나 무시하는 태도는 이성적인 차원에서 받아들일 수 있는 합리적인 태도로 보이지 않는다. 우리는 죽음의 본질을 인정하면서 그에 따라 어떻게 살아가야 할지 고민해야 한다. 죽음에 대해 두려움이나 분노, 부정적인 느낌을 느낄 필요가 없다. 살아있다는 사실에 감사하며 다행이라고 생각해야 한다.

#어떻게 살아야 할까? #삶의 세 가지 전략

언젠가 죽을 것이라는 사실에 직면한 우리는 어떻게 살아가야 할까? 우리에게 그리 많은 시간이 주어져 있지 않기에 할 수 있는 한 최대한 많은 축복을 누려야 한다. 실천을 위해 세 가지 전략이 있다.

첫 번째는 목표가 너무 높으면 그만큼 실패의 위험도 높아진다는 것을 항상 기억하는 것이다. 즉, 현실적으로 충분히 성취할 수 있는 목표를 선택해야 한다. 또 일상적으로 얻을 수 있는 즐거움에 집중하라는 뜻이다. 내일까지 살아있다는 보장은 어디에도 없기 때문에 현실에서 확실하게 얻을 수 있는 즐거움에 집중해 우리의 인생을 가능한 많은 것들로 채워 넣어야 한다.

두 번째는 우리가 진정으로 바라는 것들은 성취 가능성이 매우 낮다는 사실을 항상 기억하는 것이다. 인생에서 정말로 가치 있는 것들은 실패 가능성이 아주 높다. 성공 가능성이 높지만 의미 없는 즐거움으로 가득 찬 삶보다는 이러한 인생이 더 나을 것이다.

세 번째는 일상적이고 가치 있는 목표들을 적절한 비율로 혼합한 것이다. 보다 가치 있는 삶을 만들어나가려면 어느 정도 중대한 성취를 추구해야 한다. 하지만 인생에서 자신이 뭔가를 얻었다는 확실한 성취감을 위해 일상적인 목표들도 적절한 비율로 추구해야 한다.

☑ Insight Point

☐ 죽음에 대한 가장 적절한 태도는 죽음의 본질을 인정하는 것

☐ 죽음이 인간에게 주는 가장 중요한 의미는 '삶'이라는 가치

지금까지 죽음이란 무엇인지에 대해 알아봤다. 결국 중요한 건, 우리는 죽기 때문에 잘 살아야 한다는 것이다. 죽음을 제대로 인식한다면 인생을 어떻게 살아야 하는지에 대해 지금보다 더 행복한 고민을 할 수 있다.

생각해봅시다

✳ 여전히 죽음은 나쁜 것이라고 생각하는가?

✳ 영생을 원한다면, 노화 문제는 어떻게 받아들일 것인가?

✳ 당신이 삶의 가치에서 최우선으로 두는 것은 무엇인가?

✳ 죽기 직전 꼭 이루고 싶은 것은 무엇인가?

· Chapter 4 ·

대니얼 카너먼

생각에 관한 생각

우리의 행동을 지배하는 생각의 반란

이 책을 천천히 되풀이해서 읽으라!
직장과 가정, 일상을 사는 당신의 세계관과 사고방식이
180도 바뀔 것이다.

— 리처드 세일러(시카고대학교 교수, 《넛지》 저자)

인간의 합리성과 불합리성을 다룬 좋은 책은 많다.
그러나 명작은 단 하나, 《생각에 관한 생각》이다.

— 〈파이낸셜타임스〉

우리는 항상 합리적인 생각을 하고 이성적인 판단을 할까? 행동경제학의 대부이자 생존하는 학자 중 세상에서 가장 영향력 있는 심리학자로 평가받는 대니얼 카너먼은 이렇게 말한다. "우리는 스스로 합리적이라고 믿지만 생각만큼 합리적이지 않고, 이성적인 판단을 하지 못해 실수를 저지른다."

대니얼 카너먼은 심리학과 경제학의 경계를 허물며 '인간은 합리적으로 사고하는 존재'라는 300년 전통경제학의 프레임을 뒤엎고 행동경제학을 통해 세상이 생각하는 방식을 새롭게 제시했다.

행동경제학이란 무엇일까? 경제 및 사회활동의 주체인 인간의 행동을 연구해 어떻게 행동하고 어떤 결과가 발생하는지 규명하는 학문이다. 행동경제학에서 가장 중요한 것은 개인으로서의 인간, 그 인간의 행동 그리고 그 행동을 조종하고 이끄는 '생각'이다.

대니얼 카너먼은 동료 아모스 트버스키와 함께 1969년부터 지속적으로 협업과 연구를 진행했다. 두 학자의 논문과 연구는 발표되는 건마다 학계에 신선한 충격을 던져줬고, 〈인간의 사고는 시스템적 오류에 취약하다〉는 논문은 사회과학 분야에 엄청난 영향을 끼쳤다. 또 '불확실한 상황에서 이루어지는 인간의 판단과 선택'을 설명한 '전망이론'으로 행동경제학을 완성하며 2002년 심리학자 최초로 노벨경제학상을 수상했다.

그는 평생을 심리학에 바쳐 이룩한 공로를 인정받아 미국 심리학협회에서 공로상을 받았고, 경제 전문 뉴스 〈블룸버그〉에서 '세계 금융 분야에서 가장 영향력 있는 50인'에 이름을 올렸다. 2015년 〈이코노미스트〉에서 선정한 '세계에서 일곱 번째로 영향력이 막강한 경제학자'이기도 하다.

대니얼 카너먼은 2011년 자신의 연구 결과를 집대성해 행동경제학과 인지심리학의 바이블 《생각에 관한 생각》을 출간했다. 이 책에서 그는 인간 사고의 특징을 자신의 연구와 연결해 설득력 있게 제시했다. 이 책의 원저는 《Thinking, Fast and Slow》로 인생의 근원인 생각이 직관을 뜻하는 '빠르게 생각하기fast thinking'와 이성을 뜻하는 '느리게 생각하기slow thinking' 두 가지로 구분됨을 의미한다. 합리적 인간이 어떻게 비합리적인 결론에 이르는지를 이해할 수 있는 책이다.

두 시스템에 의해 움직이는 생각

#생각의 시스템 #시스템 1과 시스템 2의 개념

①   ②

$$17 \times 24$$

여기 그림①과 ②가 있다. 각각을 보고 어떤 생각이 들었는가? 그림
①을 보자마자 바로 '징그럽다, 무섭다, 싫다'는 생각이 들었을 것이다.
거미를 보고 '공포와 혐오'의 생각이 드는 것은 당신이 어찌할 새도 없
이 순식간에 이루어진다. 이는 빠르게 생각하기의 한 예로, 이러한 정
신 체계를 시스템 1이라 부르겠다. 시스템 1은 노력을 전혀 들이지 않

고 저절로 빠르게 작동하며 자발적인 통제가 불가능하다. 어떤 느낌이나 인상이 저절로 발생하고, 기억에 저장된 지식이 무의식적으로 또는 힘들이지 않고 아무 때나 떠오르는 것은 시스템 1 때문이다.

자, 이제 그림②를 보자. 이 곱셈 문제를 봤을 때 종이와 펜이 있다면 풀 수 있고, 그게 없으면 풀 수 없다고 생각했을 확률이 높다. 계산을 할까 말까 고민했을 수도 있다. 아직 계산하지 않았다면 한번 계산해보라. 당신은 곱셈을 기억에서 *끄집어내고* 실행하는 과정을 겪는다. 느리게 생각하기에 돌입한 것이다. 곱셈 문제처럼 복잡한 계산을 비롯해 노력이 필요한 정신체계를 시스템 2라 부르겠다. 시스템 2는 흔히 주관적 행위, 선택, 집중과 관련한 활동을 한다. 다음은 시스템 1과 시스템 2가 작동하는 행동사례다.

시스템 1과 시스템 2가 작동하는 활동

시스템 1
- 소리가 났을 때 소리 난 방향을 감지
- '빵과 …' 다음 문구를 완성
- 목소리에서 적대감을 감지
- 1+3=?
- 대형광고판에 적힌 글씨 읽기
- 텅 빈 도로에서 자동차 운전
- 단순한 문장 이해

시스템 2
- 달리기 할 때 출발 신호를 대비
- 시끄러운 방에서 특정인의 목소리에 집중
- 내 행동이 사회적으로 적절한지 점검
- 책 한 페이지에서 나오는 '가' 세어 보기
- 상대에게 내 전화번호 말하기
- 비좁은 공간에서 주차
- 세금신고서 작성

두 시스템의 사례를 보면 시스템 1은 저절로 일어나는 즉흥적인 활동에서, 시스템 2는 주의를 집중해야 하는 활동에서 작동한다. 시스템

1과 시스템 2가 공동으로 담당하는 부분도 있다. 바로 주의 집중 조절인데, 갑자기 소리가 난 방향에 주목하는 것은 부지불식간에 시스템 1이 작동한 결과이고, 그 결과로 시스템 2가 작동해 자발적으로 주의를 집중하게 된다. 어딘가에 집중할 때 그 상태를 꾸준히 유지하려면 계속 신경을 써야 한다.

그럼 신경을 써야 하는 여러 일이 충돌하면 어떻게 될까? 우리는 동시에 여러 일을 수행하기 어려워한다. 17 곱하기 24를 계산하면서 동시에 꽉 막힌 도로에서 좌회전하는 건 불가능한 일이다. 여러 일을 동시에 할 수 있는 건 힘들이지 않아도 되는 쉬운 일을 할 때다. 집중력에는 한계가 있어 한 가지 일에 고도로 집중하다 보면 평소라면 주목했을 자극도 모르고 지나치게 된다.

두 시스템은 상호작용을 이뤄 일하기도 한다. 시스템 1은 인상, 직관, 의도, 감정을 시스템 2에 지속적으로 전달하고, 시스템 2가 이를 승인하면 인상과 직관은 믿음이 되고 충동은 자발적 행동이 된다. 모든 게 순조롭다면 시스템 2는 시스템 1의 제안을 수정하지 않고 받아들이는 것이다.

하지만 시스템 1이 해결할 수 없는 문제에 부딪히면 시스템 2에게 당장 문제를 해결해달라고 요청한다. 그래서 17 곱하기 24 같은 문제를 만났을 때 시스템 1이 아닌 시스템 2가 작동하는 것이다. 시스템 1은 우리가 노력이나 정신적 압박 없이도 운전을 하면서 사소한 결정을 내리게 하고, 시스템 2는 우리 자신의 행동을 계속 감시해 화가 났을 때도 예의 바르게 행동하게 하고, 밤에 운전할 때 긴장하게 만든다.

결국 우리의 생각과 행동 대부분은 시스템 1에서 일어난다. 하지만 상황이 복잡해지면 시스템 2가 처리한다. 최종 발언권은 시스템 2의 몫이다.

이처럼 시스템 1과 시스템 2는 효율적으로 역할을 분담해 최소의 노력으로 최대의 성과를 올린다. 이는 시스템 1이 제 몫을 잘 해낼 때 가능한 것이고, 특정 상황에서는 체계적 오류인 편향을 보이기도 한다. 아래 실험을 직접 해보자.

1. 양쪽의 단어들을 위에서 아래로 내려가면서
각 단어의 크기가 작으면 '작다', 크면 '크다'고 말하기

2. 양쪽의 단어들을 위에서 아래로 내려가면서
각 단어가 왼쪽에 있으면 '왼쪽', 오른쪽에 있으면 '오른쪽'이라고 말하기

어땠는가? 두 가지 작업을 거의 틀리지 않고 잘 해냈겠지만, 어떤 경우는 쉽고 어떤 경우는 어려웠을 것이다. '왼쪽, 오른쪽'을 말할 때는 우측에 있는 단어는 쉽지만 좌측에 있는 단어는 어렵다. '크다, 작다'를 말할 때 좌측 단어는 쉽지만 우측에서는 속도가 느려지거나 더듬거리게 된다. 왜 이런 결과가 나온 것일까?

이러한 작업을 할 때 시스템 2가 관여하는데 '크다, 작다' 혹은 '왼쪽, 오른쪽'이라고 말하는 것은 위 단어를 훑어 내려갈 때 머릿속에서 일어나는 일과 맞지 않기 때문이다. 머릿속에서 준비한 단어가 나열되어 있어 무시하기가 쉽지 않다. 속도가 느려질 수밖에 없다. 즉, 두 시스템이 갈등을 겪는 것이다.

두 시스템의 갈등은 우리 삶에서 흔히 일어난다. 식당에서 옷차림이 특이한 사람을 보고 그를 계속 쳐다보지 않으려고 애썼던 경험, 화가 나는 상황에서 상대에게 욕하지 않기 위해 꾹 참았던 경험 말이다. 결국 시스템 2는 시스템 1의 충동을 억제해 자기통제를 한다. 두 시스템은 상호작용을 통해 도움을 받기도 하고 갈등을 빚기도 한다. 그럼 각각의 시스템이 우리 사고 과정에 어떤 영향을 미치는지 알아보자.

☑ Insight Point

☐ **시스템 1과 시스템 2로 움직이는 인간의 생각**

- **시스템 1: 저절로 빠르게, 노력이나 자발적인 통제 없이 작동**

- **시스템 2: 느리게, 노력과 집중을 해야 하는 활동에서 작동**

대니얼 카너먼 《생각에 관한 생각》

단순하고 빠른 시스템 1 ──────

#논리적 연관성   #자기강화

시스템 1의 기능을 알아보기 위해 아래 단어를 살펴보자.

딸기   음식물쓰레기

두 단어를 봤을 때 무슨 생각이 들었나? 단어를 보자마자 1~2초 사이에 당신에게 많은 일이 일어나게 된다. 실제로 그것을 봤을 때 나타날 법한 반응과 비슷하게 불쾌한 냄새가 떠오르면서 얼굴이 일그러지고 역겨운 표정이 나타날 수도 있다.

이 모든 것은 내 통제를 벗어나 저절로 이루어진다. 특별히 그럴 이유가 없는데도 우리는 자동적으로 딸기와 음식물쓰레기의 인과관계를 떠올리면서 딸기에 대해 혐오감이 발생한다. 시스템 1이 작동했기 때문이다. 순식간에, 자동적으로, 힘들이지 않고 일어난 것이다.

이 복잡한 정신 작용의 본질적 특징을 '논리적 일관성'이라 한다. 단어는 기억을 끄집어내고, 기억은 감정을 불러일으키며, 감정은 표정과 긴장, 회피 성향 같은 반응을 이끌어낸다. 표정과 회피 동작은 그와 연관된 기분을 상승시키고, 그 기분은 다시 비슷한 다른 생각을 부추긴다. 이 모든 과정이 눈 깜빡할 사이에 일어나는데 이를 통해 인지적, 감정적, 신체적 반응이 얽혀 '자기강화'가 만들어진다.

특정 행동이 특정 반응이나 보상, 벌 등의 자극으로 이어질 때 그 자극을 이용해 애초의 행동을 촉발하는 행위 혹은 그 자극을 강화라고 한다. 강화를 일으키는 주체가 외부가 아니라 자기 자신인 경우 '자기 강화'라고 한다. 자기강화는 연상적 일관성, 즉 다양하면서도 통일된 형태로 나타난다.

#행동과 감정을 좌지우지　　**#점화 효과**

시스템 1의 또 다른 기능을 살펴보자. 아래 빈칸을 채워 단어를 완성해보라.

SO_P

어떤 단어로 완성했는가? 최근에 '먹다'라는 단어를 보았거나 들었던 사람은 순간적으로 SOUP(수프)가 떠올랐을 것이다. '씻다'라는 단어를 본 사람은 SOAP(비누)를 먼저 떠올리기 쉽다. 이런 현상을 '점화 효과'라고 한다. 먼저 본 정보에 의해 떠올려진 개념이 나중에 접한 정보를 해석할 때 영향을 끼치는 현상이다.

점화 효과는 여러 형태로 나타난다. '먹다'라는 개념 때문에 '수프'란 말이 떠오른 다음 '고기, 배고프다, 뚱뚱하다, 다이어트' 등 음식과 관련한 수많은 단어가 떠오르는 것이다.

점화 효과는 개념이나 단어에 국한되지 않는다. 내가 인지하지 못한 사건이 내 행동과 감정을 촉발하기도 한다. 행동을 좌우하는 점화 효과의 실험을 보자.

어느 사무실의 사람들은 양심 상자에 직접 돈을 넣고 차나 커피를 마셨다. 벽에는 가격표가 붙어 있었는데, 어느 날 가격표 위에 경고나 설명 없이 추가로 그림이 붙었다. 그림은 10주 동안 매주 바뀌었는데 어떤 때는 누군가 지켜보는 눈 그림이, 어떤 때는 꽃 그림이었다.

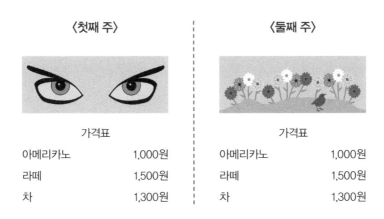

⟨첫째 주⟩		⟨둘째 주⟩	
가격표		가격표	
아메리카노	1,000원	아메리카노	1,000원
라떼	1,500원	라떼	1,500원
차	1,300원	차	1,300원

그림에 따라 양심 상자의 금액에 차이가 있었을까? 큰 차이가 났다. 실험 첫째 주 눈 그림이 붙어 있을 때는 70펜스가 모였다. 둘째 주에는 꽃 그림이 붙었는데, 이때는 15펜스로 뚝 떨어졌다. 사람들은 눈 그림이 있을 때 누군가 자신을 지켜본다는 생각 때문에 행동을 개선한 것이다.

점화 효과는 시스템 1에서 일어나는데, 시스템 1은 의식적인 접근이 불가능한 영역이다. 그래서 시스템 1이 작동하면 내가 눈치 채지 못하는 사이에 내 행동이 통제되어 충동적으로 선택하거나 행동하게 된다. 시스템 1은 나와 내 주변에서 일어나는 일들을 소리 없이 해석하고 현재를 가까운 과거의 경험이나 미래에 대한 예상과 연결한다. 빠르고 정확한 직관적 판단의 원천인 것이다. 하지만 시스템 1은 이러한 직관 때문에 체계적 오류를 범한다.

#인지적 편안함과 압박감   #친숙함이라는 착각

우리 머리는 한꺼번에 여러 계산을 하면서 새로운 일이 일어나지 않았는지, 위협은 없는지, 모든 일이 순조롭게 진행 중인지, 주의를 다른 곳으로 돌려야 하는지 등 주요 질문에 계속 답을 하고 매번 그 답을 새롭게 고친다. 이와 같은 수많은 판단은 시스템 1이 작동해 자동으로 수행하는데, 그 판단 중 하나가 시스템 2의 노력이 투입되어야 하는가를 결정하는 것이다. 이때 어떤 위협이나 별다른 뉴스가 없고, 주의를 돌릴 필요나 더 애쓸 필요가 없이 모든 것이 순조롭다면 우리는 편안함을 느낀다. 이를 '인지적 편안함'이라고 한다.

반대로 현재의 노력이 충분치 않거나 요구 조건이 충족되지 않을 때 등 문제가 있을 때 우리는 압박감을 느낀다. 이를 '인지적 압박감'이라고 부른다. 시스템 2가 작동되어야 할 때다.

인지적 편안함은 다양한 원인과 결과가 얽혀 연결되어 있다.

인지적 편안함의 원인과 결과

반복해서 듣거나 보기		친숙하게 느낌
깔끔한 서체로 표시		진실이라고 느낌
머릿속에 점화된 생각	⟶ 머리가 편안해짐 ⟶	좋다고 느낌
기분 좋은 상태		수월하다고 느낌

　우리는 깔끔한 서체로 인쇄된 문장, 반복된 문장, 머릿속에서 점화된 문장을 인지적으로 편안하게 받아들인다. 인지적으로 편안하면 대개 기분이 좋고, 보이는 것이 마음에 들고, 현재 상황을 친숙하게 느낀다. 그리고 비교적 대충 생각하기 쉬워진다.

　반면, 사용설명서가 깔끔하지 않은 서체거나 복잡한 말로 표현되어 있고, 기분이 좋지 않으면 인지적 압박을 느낀다. 그렇게 되면 경계하고 의심하기 쉬워서 하는 일에 공을 들여 오류가 적어진다. 하지만 평소보다 직관력과 창조력이 떨어진다.

　만약 당신이 누군가를 믿게 하고 설득하려면 인지적 압박을 줄여야 한다. 인지적 압박을 줄이면 글의 설득력이 높아지기 때문이다. 인지적 압박을 줄이려면 어떻게 해야 할까? 먼저 다음 두 문장을 비교해보고 어떤 것이 맞는지 맞혀보라.

아돌프 히틀러는 1892년에 태어났다.

아돌프 히틀러는 1887년에 태어났다.

사실은 둘 다 틀렸지만, 대부분은 진하게 인쇄한 위의 문장을 신뢰할 확률이 높다. 가독성을 극대화해야 인지적 압박을 줄일 수 있고 설득력이 높아질 수 있다. 가독성을 극대화하는 방법은 다음과 같다.

- 글자를 선명하게 쓰기
- 질 좋은 종이를 사용해 글자와 배경의 대비를 극대화하기
- 간단한 말로도 충분할 때 괜히 어려운 말을 쓰지 말기
- 전달하려는 내용을 간결하게 표현하고, 기억하기 좋게 표현하기
- 자료를 인용할 때 발음하기 쉬운 출처 사용하기

우리는 친숙함이라는 착각 때문에 어떤 대상을 편안하게 인식하기도 한다. 그래서 낯익다 싶으면 그게 정답이려니 추측하는 것이다. 낯익다는 느낌은 시스템 1에서 나오고, 그 느낌에 기대어 참 또는 거짓을 판단하는 것은 시스템 2다. 사람들에게 거짓을 믿게 하는 확실한 방법은 거짓을 반복하는 것이다. 어떤 말에 일부만 친숙해져도 전체를 친숙하게 느끼고, 나아가 전체를 옳다고 여기기 충분하기 때문이다.

어떤 신문 1면에 몇 주 동안 박스 기사가 실렸다. 여기에는 카디르카, 사리시크, 비욘즈니, 난소마, 이르티타프 같은 단어가 있었다. 각 단어가 등장하는 빈도는 모두 달랐다. 한 번 나온 단어도 있고, 스물다섯 번 나온 단어도 있었다. 알 수 없는 광고가 끝난 뒤 좋은 의미로 받아들이는 단어는 무엇인지, 나쁜 의미로 받아들이는지 물어보았다. 그 결과, 여러 번 등장한 단어가 한두 번 등장한 단어보다 훨씬 좋은 의미

로 받아들여졌다.

어떤 대상에 반복해 노출되면 인지적 편안함과 친숙함을 느끼고, 나아가 호감을 느끼게 된다. 이를 '단순 노출 효과'라 부른다. 단순 노출 효과는 의식과는 무관하며, 어떤 단어나 그림이 빠르게 반복돼 그것을 봤다는 사실조차 모를 때 나타나 그 대상을 좋아하게 만든다.

우리는 스스로를 의식적이고 자율적으로 판단하는 인간이라고 생각하지만 자기강화, 점화 효과, 인지적 편안함 같은 시스템 1의 기능에 의해 저절로 작동하는 생각을 한다. 그럼 시스템 2의 기능은 무엇일까?

게으르고 정신노동이 필요한 시스템 2 ————

#시스템 2의 작동방식 **#동공으로 알 수 있는 것**

시스템 2의 기능을 보기 전에 간단한 문제 하나를 풀어보자. 문제를 풀려고 하지 말고 가급적 직관에 기대어 보자.

야구 방망이와 공 세트가 11,000원이다.

방망이는 공보다 10,000원 더 비싸다.

공은 얼마겠는가?

머릿속에 어떤 숫자가 떠올랐나? 바로 1,000원이 떠올랐는가? 그럼 당신은 틀렸다. 차근차근 계산해보자. 공이 1,000원이라면 방망이는 그보다 10,000원 비싼 11,000원이다. 그럼 총금액은 12,000원이다. 공의 가격은 1,000원이 될 수 없다. 정답은 500원이다.

이와 똑같은 문제를 하버드, MIT, 프린스턴대학 학생 수천 명이 풀었는데 50% 이상이 직관적 오답을 말했다. 그 외 대학생들의 오답률은 80%나 됐다. 이 문제는 그럴듯한 틀린 답을 직관적으로 유도한다. 우리는 머리 쓰는 일이 썩 달갑지 않아 되도록 피하려는 것이 분명하다. 문제를 본 사람들은 그럴듯한 답을 머릿속에 재빨리 떠올린다. 머릿속에 떠오른 답을 피하려면 수고를 해야 하지만, 그 답이 맞다는 집요한 생각이 들어 논리를 따지기 힘들게 된다. 그리고 이 문제를 애써 더 고민하려 하지 않으려고 한다. 시스템 2가 직관적 답을 그대로 인정한 것이다.

시스템 2는 작동하는 데 노력이 들어가고 게으르다. 그래서 꼭 필요한 만큼의 노력만 쏟는다. 그러다 보니 시스템 2가 작동한 것 같은 행동이 사실은 시스템 1의 작동으로 이루어지는 때가 많다. 그러나 시스템 2만 할 수 있는 중요한 일이 있다.

시스템 2가 어떻게 풀가동하는지 다음의 작업을 해보자. 서로 다른 네 자릿수를 여러 개 만들어 카드에 그 숫자를 하나씩 적는다. 그 카드 한 벌 위에 아무것도 안 쓴 카드를 하나 올려놓는다. 이제 일정한 박자에 맞춰 각 자리마다 3을 더한 수를 말해보자.

예를 들어 카드에 적힌 수가 5294라면 8527라고 말해야 한다. 더하기 3 작업을 할 때 신체의 변화는 어떨까? 동공의 크기가 변한다. 동공

　　　　　　　　　　　　　　　　대니얼 카너먼 《생각에 관한 생각》

은 정신적 노력을 보여주는 민감한 지표다. 어려운 문제를 풀 때 동공은 커지는데, 답을 구하거나 포기를 하면 곧바로 작아진다. 동공은 정신력 소모에 따른 신체 흥분을 나타내는 좋은 척도이며 동공의 크기 변화로 정신이 어떻게 작동하는지 이해할 수 있다.

동공은 정신에너지 소모 상황을 보여준다는 점에서 전기계량기와 공통점이 있다. 동공과 전기계량기를 작동시키는 시스템 2와 일반 전기는 모두 용량에 한계가 있다. 하지만 과부하 위험에 대처하는 방식은 다르다. 전기계량기에서는 전류 흐름이 지나치면 차단기가 작동해 회로에 연결된 모든 장치에 전력을 공급하지 않도록 끊어버린다. 반면 정신적 과부하가 걸리면 시스템 2는 가장 중요한 활동에 주목해 여기에 필요한 에너지를 우선 공급하고, 이후에 남은 여유분을 초 단위로 다른 작업에 할당한다.

우리는 어떤 일에 능숙해지면 필요한 에너지를 줄인다. 어떤 활동에 능숙해질수록 활동 유형도 바뀌고 거기에 개입하는 두뇌 영역도 줄어드는 것이다. 재능도 비슷해서 대단히 똑똑한 사람은 같은 문제를 풀 때도 힘이 적게 든다. '최소 노력 법칙'이 적용되는 것이다. 목표를 달성하는 방법이 여러 개일 때 사람들은 가장 힘이 덜 드는 방법에 끌리게 된다.

#시스템 1을 억제하는 자기통제　**#자아고갈**

게으른 시스템 2만 할 수 있는 중요한 일은 무엇일까? 우리는 보통 운전을 하면서 사소한 결정을 내리기도 하고, TV를 보며 정보를 흡수하고, 길을 걸으며 생각하기도 한다. 이건 쉬운 일이고 노력이 필요 없다. 하지만 극한 상황에서는 어려운 일이다. 길을 걷다가 당장 암산으로 23 곱하기 78을 풀려고 한다면 어떻게 행동할까? 틀림없이 가던 길을 멈출 것이다. 산책할 때 간단한 생각은 할 수 있지만 정신 작업은 불가능하다. 생각에 생각을 조리 있게 이어갈 때나 신경 써서 무언가를 생각할 때 대부분 '자기통제'가 필요하다. 자기통제에는 집중력과 정신력이 필요하다. 사고와 행동 통제는 시스템 2가 수행하는 작업이다.

하지만 이런 인지적, 감정적, 육체적 이외 모든 형태의 자발적 노력에는 정신에너지가 소모된다. 의지를 발휘하거나 자기를 통제하는 것은 피곤한 일이기 때문이다. 한 실험에서 참가자들에게 영화를 보게 하고, 이들 중 일부에게 감정이 고조될 때 감정 반응을 억누르라는 지시를 내렸다. 이후 악력계를 손으로 얼마나 오래 쥐고 있는지 체력시험을 진행했는데 감정을 억누른 팀은 그렇지 않은 팀보다 체력시험에서 낮은 점수를 받았다. 앞서 감정을 억누르다 보니 근육 수축 능력이 떨어져 체력시험을 포기하고 싶은 마음이 커진 것이다. 이처럼 무언가 억지로 해야 했다면 다음 작업에서는 자기통제력을 발휘할 의지나 능력이 줄어든다. 이를 '자아고갈'이라 부른다.

시스템 2를 많이 사용해야 하는 행위에는 자기통제가 필요한데, 자기통제는 힘들고 귀찮다. 그래서 자아고갈은 보통 동기 상실로 이어진다. 어느 한 가지 일에서 자기를 통제한 뒤에는 다른 일에서 힘을 쏟고 싶은 마음이 사라지는 것이다.

대니얼 카너먼 《생각에 관한 생각》

지금까지 시스템 1과 시스템 2의 기능을 살펴봤다. 서로 다른 성향을 가졌지만 두 시스템은 상호작용하며 작동해야 한다. 시스템 1이 속단하면 직관적 오류를 저지를 수 있는데 이 오류를 막기 위해 시스템 2가 의도적으로 개입한다. 또 저절로 작동하는 시스템 1은 일단 믿고 보는 속성 때문에 일부 상황을 최대한 좋게 해석해 앞뒤가 맞지 않은 말에도 휩쓸린다. 이때 불신과 의심을 담당하는 시스템 2가 작동한다. 만약 시스템 2가 다른 일에 매달려 있으면 우리는 무엇이든 다 믿게 될 것이다.

시스템 1과 시스템 2의 단어

시스템 1	시스템 2
좋은 기분	슬픔
직관	경계심 & 의심
창조성	분석적 접근
잘 속는 성향	노력

논리적 일관성을 추구하는 시스템 1과 게으른 시스템 2가 결합한다는 것은 시스템 1에서 나온 첫인상이 반영된 직관적 믿음을 시스템 2가 인정한 것이다. 시스템 1은 개입하지 않는 곳이 없을 정도로 신중한 결정에까지 영향을 미친다.

하지만 시스템 1은 첫인상과 직관을 불러일으키는 정보의 양과 질에 예리하지 못하다. 제한된 증거로 서둘러 결론을 내리는 성향을 '보이는 것이 전부'라고 하는데 보이는 것에만 의존하면 논리적 일관성을 유지하기도 쉽고 인지적 편안함도 느껴 그것이 진실이라고 받아들인다. 그래서 빠르게 생각하고, 부분적인 정보로 복잡한 세상을 이해할 수 있다. 하지만 보이는 것에만 의존하게 되면 판단과 선택을 할 때 다양한 편향을 불러일으킨다. 지금부터 어떤 편향이 일어나는지 살펴보자.

☑ Insight Point

☐ **시스템 1의 기능**

- 논리적 일관성으로 만들어지는 자기강화
- 빠른 직관으로 행동과 감정을 좌우하는 점화 효과
- 모든 것이 편안할 때 느끼는 인지적 편안함

☐ **시스템 2의 기능**

- 시스템 1의 직관과 충동을 억제하는 자기통제

생각에 영향을 미치는 심리적 성향 ————

#소수 법칙 　#운에 휘둘리는 작은 표본

시스템 2가 제대로 작동하지 않으면 엄청난 오류를 범한다. 다음 실험을 살펴보자. 미국 3,141개의 자치주를 대상으로 신장암 발병률을 연구했다. 결과는 놀라웠다. 신장암 발병률이 가장 낮은 도시는 대부분 인구가 적은 시골이었고, 전통적으로 공화당 지지 지역인 중서부,

남부, 서부에 있다. 이 결과에 대해 어떻게 생각하는가?

이 이야기를 듣는 순간, 몇 초 동안 머릿속이 바빠진다. 시스템 2가 반응한 것이다. 시스템 1도 놀고만 있지는 않다. 시스템 1의 연상기억에서 나온 사실과 제안에 따라 시스템 2가 움직여 한 가지 가설을 세운다. 공화당 정책과 사람들의 신장암 발병률을 연관 짓지 않고 신장암 발병률이 낮은 자치주는 대부분 시골이라는 사실에 주목해 시골의 깨끗한 생활방식 덕분에 암 발병률이 낮다고 추론하게 된다.

그럼 신장암 발병률이 가장 높은 자치주는 어디일까? 대부분 인구가 적은 시골로, 전통적으로 공화당 지지 지역인 중서부, 남부, 서부에 있다. 이제 사람들은 시골은 가난해서 암 발병률이 높다고 추론하게 된다. 무슨 말인가 싶을 것이다. 시골의 생활방식이 신장암의 높은 발병률과 낮은 발병률을 동시에 설명할 수 없기 때문이다.

여기서 핵심은 해당 자치주가 시골이라거나 공화당 지지 지역이라는 사실이 아니다. 시골 자치주는 인구가 적다는 사실이다. 시스템 1은 여러 사건의 인과관계를 힘들이지 않고 찾아내는 주특기를 가지고 있어서 순전히 통계적인 사실이나 확률을 바꿔놓더라도 그 결과의 원인이 될 수 없는 사실 앞에서는 맥을 못 춘다.

신장암 발병률 문제는 순전히 연구 방법의 영향을 받은 관찰 결과로, 표본 크기에 영향을 받은 차이이다. 대단히 높거나 대단히 낮은 경우인 극단적 결과는 큰 표본보다 작은 표본에서 많이 나타난다. 즉, 표본이 작으면 결과가 운에 휘둘린다. 작은 표본은 큰 표본보다 신뢰도가 낮다는 얘기다. 어떤 크기의 표본이든 오차 위험은 아주 간단한 절차로 측정할 수 있지만, 심리학자들은 표본 크기를 정할 때 정확한 계산보다는 자신의 판단을 이용한다. 그래서 실수가 생긴다.

이처럼 적은 수의 표본이 가질 수 있는 오류를 무시하고 시스템 1이 성급하게 결론을 내렸을 때 '소수 법칙'을 따랐다고 한다. 이와 같은 오류를 범하지 않으려면 어떻게 해야 할까? 통계적 직관을 적절히 의심하고, 가능하면 느낌 대신 계산을 이용해야 한다.

#인과관계 #원인을 찾으려는 연상체계

인간의 연상체계는 원인을 찾으려고 한다. 시스템 1은 인과관계를 찾아내는 데 선수다. 아래 문장을 읽어보자.

> 제인은 북적거리는 뉴욕 거리에서 멋진 볼거리를 찾아다니며 하루를 보낸 뒤에 지갑이 없어졌다는 걸 알았다.

이 문장을 보고 어떤 단어가 생각나는가? 대부분 문장에 나온 '볼거리'라는 단어보다 문장에 나오지도 않은 '소매치기'라는 단어가 연관된다고 생각했다. 지갑을 잃어버린 데는 지갑이 주머니에서 빠져 떨어졌거나 하는 여러 원인이 있다. 그런데 잃어버린 지갑, 뉴욕, 북적이는 거리를 나란히 늘어놓으면 사람들은 소매치기 때문에 지갑을 잃어버렸고 생각한다.

인과관계가 있다고 단정하는 것은 진화에 유리한 습관이다. 우리는 주변 환경이 바뀌었을 가능성을 무의식적으로 예의주시하는데, 이는 조상에게 물려받은 일반적인 경계 습관이다. 사자는 평원에 때때로 나타날 수 있지만 사자 무리가 나타나는 횟수가 많아진다 싶으면, 비록 그것이 무작위로 나타난 일시적 변화라도 상황을 살피며 반응하는 것이 안전하다.

그런데 인과관계로만 생각하다 보면 무작위로 일어난 사건에서 무작위성을 평가할 때 심각한 실수를 저지르고 만다. 우리는 일정한 유형을 찾으려 하고, 세상은 논리적으로 일관된다고 믿기 때문에 반복되는 유형이 우연이 아니라 기계적 인과관계 또는 누군가의 의도에서 나온 결과라고 여긴다. 하지만 무작위로 나온 순서 중에는 전혀 무작위처럼 보이지 않는 순서도 많다.

아래 그림을 보자. 제2차 세계대전 당시 런던에 로켓탄이 집중적으로 쏟아졌다. 그림을 봤을 때 어디에 더 많이 투하된 것 같은가? 무작위로 투하된 것 같은가?

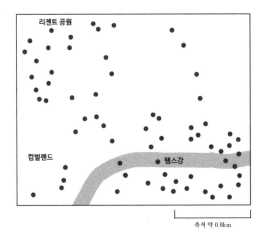

사람들은 무작위 폭격이 아니라고 믿었다. 폭격 지점을 표시한 지도를 보면 지역 사이에 뚜렷한 차이가 나타났기 때문이다. 누군가는 폭격이 없던 지역에 독일 스파이가 살고 있다고 추정하기도 했다. 하지만 통계적으로 분석해보니 그들의 생각이 틀렸다는 게 드러났다.

아래의 그림처럼 지도를 4등분해보자. 폭격이 가해진 지역은 왼쪽의 지도처럼 무작위가 아니라는 느낌을 강하게 주는 전형적인 분포인 동시에 오른쪽의 지도처럼 전형적인 무작위 분포이기도 했다. 통계학자 윌리엄 펠러는 비전문가의 눈에는 무작위가 일정한 유형의 반복 또는 무리를 이루는 성향처럼 보인다고 말했다.

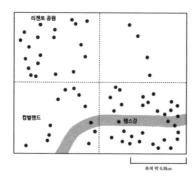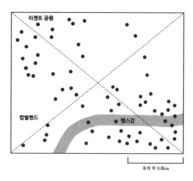

직관을 따를 경우 무작위 사건을 체계적 사건으로 잘못 분류하는 실수를 저지른다. 우리는 삶에서 목격하는 많은 사건이 사실은 무작위적이라는 믿음을 너무 쉽게 거부한다. 통계 수치 중에는 인과관계 설명이 필요해 보이지만 실제로는 인과관계와 무관한 경우가 많다. 세상에 존재하는 사실 중 많은 수가 우연에서 나오는데, 우연히 발생한 사건을 인과관계로 설명하기에는 무리가 있다.

#마케팅 전략 **#흥정의 기술** **#기준점 효과**

시스템 2가 제대로 작동하지 않으면 발생하는 두 번째 오류를 보자. 사람들에게 숫자 0부터 100까지 쓰여 있는 돌림판을 돌리라고 했다. 그런데 이 돌림판은 10과 65에서만 멈춘다. 사람들에게 돌림판이 멈춰 있는 숫자, 10이나 65를 적으라고 한 후 다음 두 가지를 물었다.

유엔 회원국 중에 아프리카 국가가 차지하는 비율은 여러분이 방금 적은 숫자보다 큰가, 작은가? 아프리카 국가 비율을 최대한 정확히 추측하면 몇 %겠는가?

위의 문제와 관련된 정보가 있지 않아 돌림판을 무시해야 했지만, 사람들은 그렇지 않았다. 돌림판에서 10을 본 사람들은 평균 25%, 65를 본 사람들은 평균 45%라고 추측했다. 이처럼 모르는 수량을 추정하기 전에 특정값이 머릿속에 떠오르는 현상을 '기준점 효과'라고 한다. 머릿속에 떠오른 값을 기준점 삼아 그와 가까운 숫자를 추정치로 내놓는 것이다. 숫자를 예측하는 질문을 받고 답을 생각할 때면 여지없이 이런 현상이 나타난다. 사람들은 판단을 내릴 때 누가 봐도 관련이 없는 숫자로부터 영향을 받는 것이다.

기준점 효과는 마케팅 전략에서 효과적으로 발휘된다. 어느 슈퍼마

켓에서 토마토 소스를 정가보다 약 10% 싸게 파는 행사를 벌였다. 각각 다른 날, 밑의 문구가 붙었다. 어떨 때 더 많이 구매했을 것 같은가?

1인당 12개 한정!

수량 제한 없음

고객들은 수량이 한정됐을 때 소스를 평균 7개 구매한 반면, 수량 제한이 없을 때는 평균 4개를 구매했다. 수량을 제한하면 상품이 진열되기 무섭게 빠져나가서 빨리 사둬야 한다는 다급함도 생기겠지만, 12개 한정이라고 하면 12라는 수가 기준점 효과를 만들어낸다. 시장에서 물건을 흥정할 때 처음 던지는 기준점이 강력한 효과를 일으키는 것이다.

협상에서 기준점 효과에 휘둘리지 않으려면 어떻게 해야 할까? 주의를 집중하고 기억을 더듬어 기준점에 반대되는 주장을 찾는 것이다. 즉, 시스템 2를 활성화해야 기준점 효과에 휘둘리지 않을 수 있다. 시스템 2는 기억에서 끄집어낸 자료를 기반으로 작동하는데, 기억을 소환하는 작업은 시스템 1이 즉흥적이고 무의식적으로 한다. 이때 정보를 좀 더 쉽게 소환하려고 기준점이 편향적으로 작동한다. 시스템 2는 이런 상황에 쉽게 휘둘리고 기준점 효과를 통제하지도 눈치 채지도 못한다. 기준점 효과가 나타날 생각을 편향적으로 수집하지 못하게 하기 때문에 '반대로 생각하기 전략'은 기준점 효과를 막는 좋은 수단이 될 수 있다.

#기저율 **#대표성에 기댄 예측**

미국의 주요 대학에 다니는 대학원생 W가 있다. 아래 아홉 개 분야를 보고 대학원생 W의 전공을 추측해보고, 정도에 따라 순위를 매겨보자.

경영학 / 컴퓨터과학 / 공학 / 인문교육 / 법학 / 의학

도서관학 / 물리생명과학 / 사회과학과 사회사업

문제 해결의 열쇠는 각 분야 입학생의 상대적 규모다. W는 무작위로 이 대학교의 대학원생으로 뽑혔다. 이처럼 W에 대한 정보가 전혀 없는 상태에서 어떤 걸 기준으로 추측해야 할까? 바로 '기저율'이다. 기저율이란 어떤 요소가 전체에서 차지하는 통계적 비율을 뜻한다. 미국의 인문교육 전공자는 컴퓨터과학, 도서관학 전공자보다 많으니 W도 인문교육 전공자일 확률이 더 높다고 추측할 수 있다. 아홉 가지 분야에 순위를 매기는 작업은 시스템 2만이 할 수 있는 역할이다. 그럼 아래 문제를 읽고 다시 W의 전공을 추측해보자.

대학원생 W의 성격 기록

- 창의력은 부족하지만 머리는 좋음
- 질서정연하고 명확
- 세세한 것도 깔끔하고 정돈된 체계를 갖춰 모두 제자리에 놓는 편
- 그가 쓴 글은 다소 지루하고 기계적
- 가끔씩 진부한 언어유희나 공상과학소설 같은 상상으로
  활기 있는 글을 쓰기도 함
- 경쟁심이 강함
- 다른 사람을 향한 감정이나 연민은 거의 없음
- 다른 사람과 소통을 즐기지 않음
- 자기중심적
- 도덕의식 강함

성격 기록을 보고 난 뒤의 사람들은 대학원생 W가 컴퓨터과학이나 공학 전공생일 것이라 추측했다. 정확한 정보와 통계분석이 없을 때 나타나는 첫 번째 오류 '대표성에 기댄 예측'이다. 전형적인 모습을 떠올리는 연상 작용, 시스템 1의 즉흥적 활동이 활성화된 것이다.

즉, 인간은 기저율이나 묘사의 정확성에 대한 의문을 무시한 채 전형적인 모습과의 유사성에 집중한다는 뜻이다. 전형적인 모습과의 유사성을 '대표성'이라고 하는데 때때로 우리는 대표성과 기저율이 상충하는 상황을 마주하게 된다.

시카고 대학의 교수 크리스토퍼 시는 사람들에게 한 가지 실험을 했다. 동네 가게에서 그릇 재고 정리 세일 판매를 하려고 하는데 얼마가

적당할지 가격을 매겨보라고 한 것이다. 세 집단으로 나눠 실험했는데 그중 한 집단에만 아래의 표를 보여줬다.

	A세트: 40개	B세트: 24개
정찬 접시	8개, 모두 상태 좋음	8개, 모두 상태 좋음
수프/샐러드 그릇	8개, 모두 상태 좋음	8개, 모두 상태 좋음
디저트 접시	8개, 모두 상태 좋음	8개, 모두 상태 좋음
잔	8개, 이 중 2개 깨짐	
잔받침	8개, 이 중 7개 깨짐	

위의 표를 본 집단은 어떤 선택을 했을까? A세트는 B의 구성품을 포함하고 있기 때문에 A세트에 32달러, B세트에 30달러라는 가격을 매겼다. 하지만 A세트와 B세트 각각 평가를 요청한 경우에는 반대의 결과가 나왔다. B세트에 33달러, A세트에는 23달러라는 가격이 매겨졌다. 이런 유형을 우리는 '적은 게 많은 것'이라고 부른다.

이처럼 기저율 정보를 소홀히 하면 오류가 생긴다. 하지만 때때로 사람들은 개별적인 정보가 있으면 기저율을 무시한다. 부정확한 직관은 시스템 1의 제안이고, 그것을 인정해 판단을 내리는 것은 무엇일까? 바로 시스템 2의 무지와 나태다. 시스템 2의 나태하고 신통치 않은 경계심에 대표성이 더해지면 명백한 논리 규칙마저 차단시키는 결과가 나타난다.

정확한 정보와 통계분석이 없을 때 또 다른 문제가 발생하곤 한다. 예를 들어 설명해보겠다. 아래 설명을 보고 질문에 답해보자.

A는 미국에 살고 있다. 주변 사람들은 A를 이렇게 묘사한다.

① 수줍은 성격 ② 내성적 ③ 언제든 남을 돕지만 사람이나 현실세계에 관심 없음 ④ 온순함 ⑤ 꼼꼼한 편 ⑥ 질서와 체계를 중시하는 성격

질문: A는 사서일 확률이 높을까, 농부일 확률이 높을까?

대부분 사서라고 생각했을 것이다. A의 모습은 전형적인 사서의 모습과 가깝기 때문이다. 하지만 여기서 간과한 것이 있다. 바로 통계적 사실이다. 미국에는 남자 농부가 남자 사서보다 20배나 많다. 이처럼 많은 사람이 통계를 무시하고 A의 직업을 추측하는데 이런 오류를 '어림짐작'이라 부른다. 어림짐작이란 경험을 바탕으로 막연히 추측하는 것을 말한다.

회상하기 쉬운 정도에 의한 어림짐작을 '회상 용이성 어림짐작'이라고 하는데, 이는 어떤 사건이 얼마나 머릿속에 쉽게 떠오르느냐에 따라 사건의 규모를 판단함을 뜻한다. 어려운 문제를 마주했는데 만족스러운 답이 직관적으로 떠오르지 않을 때 시스템 1이 자신의 능력을 드러낸다. 그 문제와 관련 있는 더 쉬운 문제로 '바꿔치기'해 답하는

것이다. 바꿔치기는 어림짐작의 핵심 개념이다.

회상 용이성 어림짐작은 언론의 영향도 많이 받는다. 자주 언급되는 주제는 그렇지 않은 주제보다 사람들의 머릿속에 오래 머물 것이고, 이는 판단할 때 영향을 미치게 된다. 반복된 경험에서 생긴 기술과 머릿속에 떠오르는 생각, 전문성에서 나오는 직관을 믿어버리는 것이다.

대표성에 기댄 예측 편향과 직관적 예측 편향을 바로잡기 위해서는 적절한 통계분석이 필수다. 시스템 1은 빈약한 증거, 눈에 보이는 증거를 기반으로 직관적 예측을 한다. 범주를 찾아내고 기준치를 예측하고 증거의 질을 평가하기 위해서는 시스템 2의 상당한 노력이 필요하다. 그래야만 편향되지 않은 예측, 타당한 확률 평가, 적절한 수치 결과 추정이 가능하다.

☑ Insight Point

☐ **시스템 1의 오류**

　: 소수법칙, 인과관계로 인한 무작위 오해

☐ **정확한 정보와 통계가 없을 때 나타나는 오류**

　: 기준점 효과, 대표성에 기댄 예측, 어림짐작, 직관적 예측 과신

　오류를 바로잡기 위해서는 시스템 2의 역할이 중요

보이는 것이 전부는 아니다 —————

#후광 효과   #과신   #구글의 성공신화

　시스템 1은 잘 속고 무엇이든 믿는 특성을 지녔다. 심지어 앞뒤가 안 맞는 얘기조차도 일단 믿고 그 상황을 최대한 좋게 해석한다. 의심은 시스템 1의 영역 밖에 있는 일이기 때문이다. 그래서 때때로 우리는 첫인상에서 받은 느낌으로 그 사람을 해석하는 경우가 많다. 사람의 특정 행동을 그 사람의 일반적 성격과 성향이라고 해석하고, 그 사람의 모든 자질을 안다고 생각한다는 것이다. 예를 들면 이런 거다.

　A: 지적임, 성실, 충동적, 완고함, 비판적, 시기심이 강함
　B: 시기심이 강함, 비판적, 완고함, 충동적, 성실, 지적임

　A와 B 두 사람을 설명하는 단어를 보고 어떤 생각이 들었나? 대부분 A를 조금 더 친근하게 생각했을 거다. 사실 두 사람을 해석하는 단어는 순서만 다르고 모두 똑같다. 하지만 시스템 1은 앞에 나온 '지적임' '성실'이라는 특성만 보고 뒤에 나온 특성의 의미를 바꿔버린다. 지적이고 성실한 사람은 완고할 수 있다고 생각하는 것이다. 이를 '후광 효과'라고 부른다. 후광 효과는 아직 보지 못한 부분을 포함해 모든 것을 좋아하거나 싫어하는 성향을 말한다. 물론 시스템 1은 없는 정보를 이용하지는 않는다. 현재 활성화된 생각들을 모아 가능한 한 최고의 이야기를 지어내는 것이 시스템 1의 재주이기 때문이다.

특히 설득력 있는 서사는 불가피성이라는 착각을 키우게 한다. 설득력 있는 서사란 무엇일까? 구글을 예로 설명해보겠다. '구글은 어떻게 정보통신 업계에서 거대 기업이 될 수 있었을까?'라는 질문을 한다고 가정해보자. 사람들은 이렇게 대답할 것이다. "스탠퍼드 대학에 다니던 창의적인 대학원생 두 명이 회사 차릴 궁리를 하고 자금을 모은다. 인터넷 정보 검색의 획기적인 방법으로 이들의 회사는 불과 몇 년 만에 미국에서 손꼽는 기업이 됐다"고 말이다. 그런데 원래 이들은 창립한 지 1년이 지나 100만 달러에 회사를 팔려고 했다. 하지만 운이 좋게도 가격이 너무 높다는 이유로 아무도 회사를 사려는 사람이 없었다.

이 이야기를 듣고 많은 사람들은 이렇게 해석한다. "쯧쯧, 경쟁사들이 앞을 내다볼 줄 모르고 늑장을 부린 탓에 구글이라는 회사를 놓치게 됐군!"이라고 말이다. 구글의 성공 이야기를 들은 우리는 다른 결과를 가져왔을 무수한 사건을 고려하지 않는다. 왜일까? 인간의 머리는 논리를 짜 맞추는 기관이기 때문이다. 과거를 설명하는 조잡한 이야기를 꾸미고 그걸 진짜라 믿으며 자신을 속이는 성향을 가졌다. 여기에 후광 효과는 화룡점정 역할을 한다. 성공신화에 불굴의 기운을 더하는 것이다.

긍정적인 후광만 존재할까? 아니다. 부정적인 후광도 존재한다. 후광 효과는 서사를 단순하고 일관되게 유지하게 하는 특성이 있다. 좋은 사람은 뭘 해도 옳고, 나쁜 사람은 뭘 해도 나쁘다는 식이다. 한결같이 동일한 평가를 내리는 것이다. 예를 들어 "히틀러는 개와 어린아이를 좋아했다"는 말을 들으면 우리는 큰 충격을 받는다. 후광 효과로 생긴 악마 같은 히틀러의 모습과 자상함은 거리가 멀기 때문이다. 생각의 불일치는 우리를 불편하게 만든다.

#낙관주의　**#위험을 감수하게 만드는 편향**

우리는 대부분 실제보다 세상을 더 온화하게, 더 좋게, 가능성을 더 크게 평가하는 성향을 지녔다. 캐나다에는 약간의 수수료를 받고 발명품의 상업적 전망을 객관적으로 평가해주는 '발명가 지원 프로그램'이 있었다. 실제로 이 전망은 굉장히 정확한 편이었다.

실패가 예상되는 점수를 받은 발명가들은 어떤 선택을 했을까? 발명가 중 약 절반은 개발을 포기했지만 47%의 발명가들은 달랐다. 가망이 없다는 통보를 받고도 개발을 지속했다. 결국 손실이 평균 두 배로 불어난 뒤에야 발명에서 손을 뗐다. 이들은 왜 개발을 지속했을까? '낙관 편향'이 있었기 때문이다.

기질적으로 낙관적인 성향을 가진 사람은 건강하고 행복한 삶을 살 가능성이 크지만 동시에 신중할 필요가 있다. 낙관적인 사람은 실패나 어려움에도 꿋꿋하게 적응하기 때문에 발명가, 사업가, 정치 지도자나 군사 지도자 등 다른 사람의 삶에 영향을 끼치는 사람이 많다.

낙관적 기질을 가진 이들이 안 좋은 소식을 접하면 어떤 일이 발생할까? 장애물을 만나도 하던 일을 계속한다. 이들은 일반적으로 자신의 삶을 더 긍정적으로 바라보고, 성공한 경험 때문에 자기 판단을 믿는다. 이게 무슨 의미일까? 타인의 삶에 지대한 영향을 미치는 사람들은 낙관적이고, 과신하기 쉽고, 생각한 것보다 더 많은 위험을 감수한다는 것을 뜻한다.

이와 같은 시스템 1의 예측 오류를 줄이기 위해서는 어떻게 해야 할까? 실패 사전 점검을 하는 것이다. 어떤 결정을 하기 전, 그 결정을 잘 아는 사람들을 모아 회의를 하고 의견을 모은다. 그런 다음 위험이 따르는 비슷한 다른 사업에서 나온 정보, 즉 '외부 관점'을 이해하는 것이 필요하다. 외부 관점을 실행하기 위해서는 대규모 데이터베이스가 필요하다. 전 세계 수백 개 프로젝트에 대한 정보, 비용과 시간, 다른 프로젝트의 실적 등의 통계 정보를 확인하는 것이다. 물론 실패 사전 점검과 외부 관점으로 보는 것이 만병통치약은 아니지만, 보이는 게 전부라고 믿는 편향과 무비판적인 낙관적 편향의 피해를 줄이는 데는 도움을 줄 수 있다.

☑ Insight Point

☐ 눈에 보이는 것, 직관을 믿는 시스템 1의 특성

☐ 시스템 1의 오류

　: 후광 효과, 사후 판단 편향, 일관성 부족, 낙관 편향

이론과 인간의 차이 ──────

#합리적인 이론　#시스템1의 영향을 받는 인간

눈앞에 보이는 정보에 좌우되고 자신이 속한 집단에 흔쾌히 도움을

주는 시스템 1의 능력은 경제 분야에서도 발휘된다. 스위스의 경제학자 브루노 프레이의 논문 첫 문장에 이런 내용이 나온다. "경제이론의 행위 주체는 합리적이고 이기적이며 취향에 변화가 없다." 과연 그럴까? 인간은 결코 완벽하게 합리적이지도 않고, 노골적으로 이기적이지도 않다. 취향은 시간이 흐르면서 바뀌기도 한다. 우리 삶에서 주요 선택의 성격은 굉장히 불확실한 경우가 많다. 그렇다면 경제학과 심리학은 서로 다른 종種을 연구하는 걸까? 아니다.

노벨경제학상을 받은 행동경제학자 리처드 세일러는 이것을 이콘과 인간으로 구분해 설명했다. 여기서 이콘은 '경제적 인간'을 뜻한다.

> **이콘**Econ: 호모 이코노미쿠스의 약자. 경제학의 원칙대로 행동하는 가상의 사람들.

경제학에서 바라보는 인간은 경제이론대로 합리적으로 사고하고 선택하는 존재다. 하지만 실제 인간은 어떤가? 심리학자들이 바라보는 인간은 시스템 1의 영향을 받는다. 계산기가 없으면 복잡한 곱셈이나 나눗셈을 할 때 어려움을 겪고, 종종 배우자의 생일을 잊어버리기도 하고, 때때로 합리적이지 않은 선택을 하기도 한다. 가상의 존재 이콘과 달리 종종 합리적이지 않은 선택을 하는 인간이 경제 분야에서 어떤 오류를 범하는지 살펴보자.

대니얼 카너먼 《생각에 관한 생각》

아래 단순한 결정 문제를 살펴보자. 당신이라면 어떤 선택을 할 것인가?

A	B
동전을 던져 앞면이 나오면 20만 원을 받고, 뒷면이 나오면 한 푼도 받지 못함	무조건 5만 원 받기

누구나 확실한 돈을 선호한다. 따라서 대부분 직관적으로 B를 선택했을 것이다. 스위스의 과학자 다니엘 베르누이는 사람들은 위험을 싫어하고, 도박과 도박의 기댓값이 같은 액수 중 선택의 기회가 온다면 대부분 확실한 쪽을 선택한다는 사실을 알아냈다. 사람들은 돈의 가치가 아니라 결과의 심리적 가치 즉, 효용성에 따라 선택한다는 것이다. 위험을 기피하는 의사 결정자라면 기댓값에 못 미치더라도 확실한 쪽을 고른다는 주장이다. 베르누이의 이론대로라면 재산 효용성은 사람을 더 행복하거나 덜 행복하게 만든다. 정말 그럴까? 아래 시나리오를 함께 살펴보자.

A와 B의 현재 잔고는 각각 500만 원

어제 A의 잔고 100만 원

어제 B의 잔고 900만 원

A와 B의 현재 잔고는 같다. 베르누이는 재산의 효용성은 사람들을 행복하게 하는 것이라고 주장했다. 그 이론대로라면 A와 B 두 사람은 똑같이 행복해야 한다. 하지만 우리는 A의 기분은 좋지만, B의 기분은 별로 좋지 않을 거라고 예측할 수 있다. 베르누이의 이론에는 오류가 있던 셈이다. 재산이 똑같지만 두 사람의 행복도에 차이가 나는 이유는 뭘까? 과거의 부를 기준 삼아 그것이 어떻게 변했는지에 따라 결정되기 때문이다.

노벨경제학상을 수상한 해리 마코위츠는 효용성은 재산의 상태보다 변화와 더 밀접한 관련을 맺는다는 이론을 제시했다. 즉, 재산 상태가 아닌 이득과 손해로 결과를 정의한다는 것이다. 우리가 살면서 마주하는 많은 선택에는 이득과 손해의 기회가 뒤섞여 있다. 이 선택을 할지 말지 도박을 해야 하는 것이다. 아래 두 가지 상황에서 당신은 어떤 선택을 할 것인가?

문제 ①

A. 무조건 100만 원 받기　　　B. 90%의 확률로 120만 원 받기

문제 ②

A. 무조건 100만 원 잃기　　　B. 90%의 확률로 120만 원 잃기

문제 ①에서는 대다수가 위험을 회피하고 A를 선택할 확률이 더 높다. 하지만 문제 ②에서는 어떨까? 높은 확률로 B를 선택할 것이다. 도

　　　　　　　대니얼 카너먼 《생각에 관한 생각》

박을 택하는 것이다. 주어진 옵션이 모두 안 좋으면 위험을 추구한다. 이런 선택을 하는 이유는 뭘까? 우리는 받는 건 좋고, 잃는 건 싫어하기 때문이다.

#손실 회피 **#이익보다 큰 손실**

나아가 대부분의 사람들은 무언가 더 받는 것보다 내가 가진 것을 잃는 것에 더 거부감을 느낀다. 이익과 손실의 전망이 뒤섞인 아래 상황을 보면서 설명해보겠다. 당신이라면 어떤 선택을 하겠는지 한번 생각해보자.

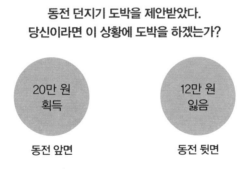

동전 던지기 도박을 제안받았다.
당신이라면 이 상황에 도박을 하겠는가?

20만 원
획득

동전 앞면

12만 원
잃음

동전 뒷면

딸 수 있는 금액이 잃을 수 있는 금액보다 8만 원 많다. 도박의 기댓값은 누가 봐도 플러스라는 것이다. 하지만 사람들은 어떤 선택을 할까? 대부분 이 도박을 하지 않으려 할 것이다. 이유는 뭘까? 20만 원을 따는 희망보다 12만 원을 잃는 두려움을 더 크게 느끼기 때문이다. 이런 성향을 '손실 회피'라고 부른다.

손실 회피는 말 그대로 손실이 이익보다 더 크게 느껴지는 현상을 말한다. 손실 회피 개념은 심리학이 행동경제학에 가장 크게 기여한 부분이다. 판돈이 커질수록 손실 회피 계수는 점점 커진다. 물론 손실 회피 때문에 현 상태를 무조건 유지하기만 하는 것은 아니다. 새로운 기회에서 오는 혜택이 손실보다 크다면 우리는 그 기회를 선택할 것이다.

또 사람들은 일단 자기 것이 된 물건을 다시 내놓으려 하지 않는 성향이 있다. 인기 있는 가수의 콘서트 표를 24만 원에 구했는데, 그 표가 매진됐다. 그 가수의 열혈 팬들은 표를 사기 위해 60만 원까지 기꺼이 지불하겠다고 한다. 그런데 인터넷을 보니 그보다 더 높은 가격에 표를 사겠다는 사람이 있다. 그 가격은 무려 360만 원이다. 그럼 당신은 가지고 있는 표를 팔겠는가?

기본적인 경제이론을 믿는 사람들은 어리둥절하겠지만, 팬들은 매진된 콘서트의 표를 팔지 않았다. 왜일까? 표를 팔 마음이 생기는 최저가는 360만 원 이상으로 오르고, 표를 살 마음이 생기는 최고가는 60만 원이 되기 때문이다. 행동경제학자 리처드 세일러는 이와 같은 성향을 '소유 효과'라고 했다. 왜 이런 현상이 나타날까? 자신이 소유한 것을 포기할 때의 고통이 얻을 때의 기쁨보다 더 크기 때문이다. 하지만 이런 소유 효과가 보편적이지는 않다.

5,000원짜리 지폐를 1,000원짜리 5장으로 바꿔 달라는 요청을 받으면 어떨까? 손해 본다는 생각 없이 1,000원짜리 다섯 장을 내어줄 것이다. 돈을 받고 신발을 파는 상인이 있다. 그는 자신이 소유한 신발을 포기해야 한다. 하지만 이 경우 상인에게도 고객에게도 손실 회피 성

향은 나타나지 않는다. 신발과 돈은 모두 '교환을 위해' 소유했던 것이기 때문이다. 반대로 좋아하는 가수의 콘서트 티켓은 '사용하기 위해' 소유했기 때문에 손실 회피 성향이 두드러지게 나타난다.

☑ Insight Point

☐ 합리적인 경제주체 이론과 달리 인간은 시스템 1의 영향을 받는 존재

☐ 인간이 합리적이지 못한 선택을 하는 이유

　: 손실 회피 성향

틀짜기 효과에 따라 달라지는 결과 ─────

#위험 관리 정책　#틀짜기 효과　#프레이밍

지금까지 우리는 인간이 굉장히 불완전한 존재라는 사실을 살펴봤다. 사람들은 위험한 선택을 마주할 때마다 호불호를 정하고 시스템 1의 작용에 의한 선택을 한다. 이런 문제가 생길 때 '위험관리 정책'을 가지고 있다면 더 나은 선택을 이끌어낼 수 있다. 위험관리 정책은 두 가지 편향을 바로잡는 역할을 한다.

1. 계획 오류에 나타나는 과장된 낙관
2. 손실 회피 성향으로 인한 지나친 신중함

낙관 편향과 손실 회피 성향은 서로 반대다. 낙관 편향은 손실 회피의 심각한 피해를 막아주고, 손실 회피는 지나친 낙관의 어리석음을 막아주는 역할을 한다. 위험관리 정책에는 어떤 것이 있을까? 아래 예시를 통해 살펴보자.

2006년 월드컵 경기에서 이탈리아와 프랑스가 맞붙었는데, 결과는 두 문장으로 요약할 수 있다. "이탈리아가 이겼다." "프랑스가 졌다." 두 문장의 의미가 같을까? 논리적으로 보면 두 문장 모두 2006년 월드컵이라는 실제 상황을 가리키고 있기 때문에 의미가 같다고 말할 수 있다. 하지만 다른 각도에서 보면 전혀 달라진다. 두 문장은 명백히 다른 연상 작용을 일으키기 때문이다.

"이탈리아가 이겼다"고 말하면 이탈리아 팀의 승리 요인이 떠오르는 반면 "프랑스가 졌다"는 문장을 보면 프랑스의 축구 스타 지단이 이탈리아 선수를 머리로 들이받는 등의 패배 요인이 떠오르기 때문이다. 이야기 구성 방식이 믿음과 선호도에 영향을 미치는 현상을 가리켜 '틀짜기 효과'라고 부른다. 여기서 말하는 '틀짜기'란 무엇일까? 의사 전달을 어떤 틀 안에서 하느냐에 따라 전달받은 사람의 태도나 행동이 달라지는 것을 뜻한다. 다른 말로 '프레이밍 효과'라고도 부른다.

틀짜기 효과에는 좁은 틀짜기와 넓은 틀짜기가 있다. 이 둘은 어떻게 다를까? 먼저 좁은 틀짜기는 서로 별개라고 생각되는 두 가지 단순한 결정의 연속을 말한다. 반대로 넓은 틀짜기는 네 가지 옵션을 한꺼번에 고려해 하나의 포괄적 결정을 내리는 것을 말한다.

넓은 틀짜기는 여러 결정을 동시에 고민해야 할 때 유용하게 사용할 수 있다. 하지만 인간은 보이는 것을 믿는 시스템 1의 영향을 받는 존재다. 여러 문제를 연결해 생각하려고 해도 문제가 나타날 때마다 그때그때 결정을 내리곤 한다. 즉, 좁은 틀짜기에 익숙하도록 타고난 존재라는 것이다.

#좁은 틀짜기 **#심리적 계좌** **#성향 효과 편향**

좁은 틀짜기의 대표적인 예로 '심리적 계좌'가 있다. 심리적 계좌는 행동경제학자 리처드 세일러가 창시한 개념으로 '돈에는 꼬리표가 있다'는 주장이다. 생활비, 저축, 교육비, 다급한 상황에 대비한 돈 등 머릿속에만 존재하는 명확한 계좌 체계가 있다는 것을 뜻한다.

예를 들어 야구를 열렬하게 좋아하는 두 사람이 있다고 생각해보자. 한 사람은 경기 표를 구매했고, 한 사람은 친구에게서 공짜로 표를 얻었다. 그런데 경기장은 멀리 떨어져 있었고, 경기 당일에는 눈보라가 예보됐다. 두 사람 중 눈보라를 뚫고 경기를 보러 갈 확률이 높은 사람은 누구일까? 돈을 주고 표를 구매한 사람이 경기장에 갈 확률이 높다고 대답할 것이다. 왜일까?

두 사람 모두 보고 싶은 야구 경기의 심리적 계좌를 개설했다고 가정해보자. 경기를 보지 않으면 계좌를 마이너스 상태로 해지하는 것과 같은 상황이다. 이런 경우 돈을 주고 표를 구매한 사람에게는 마이너스가 더 두드러진다. 경기도 보지 못했고 돈까지 잃는 상황이기 때문이다. 표를 구매한 사람은 눈보라를 뚫고라도 경기장으로 가고 싶은 유혹이 생기기 쉽다. 감정의 손익을 맞추기 위해서다. 이 작업은 시스템 1이 무의식적으로 수행한다.

주식 투자에서도 좁은 틀짜기 현상이 나타난다. 급하게 돈이 필요해 보유하고 있는 주식을 팔아야 한다고 가정해보자. A주식은 살 때보다 600만 원의 이익을 얻었고, 반대로 B주식은 살 때보다 600만 원의 손해를 봤다. 이 상황에서 보통의 사람들은 어떤 주식을 팔까? 절대다수가 A주식을 팔겠다고 했다. 이를 '성향 효과 편향'이라 부르는데, 성향 효과 편향이 바로 좁은 틀짜기의 한 예다.

손해 보는 계좌에 추가로 투자하겠다는 결정을 내리는 이유는 무엇일까? '매몰 비용 오류'에 빠졌기 때문이다. 매몰 비용이란 어떤 선택의 번복 여부와 무관하게 회수할 수 없는 비용을 뜻한다. 매몰 비용 오류에 빠지면 부진한 업무, 불행한 결혼, 가망 없는 프로젝트에서 쉽게 헤어 나오지 못한다. 매몰 비용 오류를 쉽게 극복하지 못하는 이유는, 인간이 후회라는 감정을 느끼기 때문이다.

#후회 **#넓은 틀짜기** **#공동 평가**

후회는 더 신중했어야 한다는 생각이 들어 축 처지는 느낌, 잃어버린 기회에 대한 미련, 잘못된 선택에 대해 스스로에게 벌을 내리려는 성향 같은 것들이다. 사람들은 똑같은 결과를 두고도 행동하지 않았을 때 생긴 결과보다 행동함으로써 생긴 결과에 더 격렬하게 반응한다. 단일 평가에서는 시스템 1의 감정 반응이 개입하기 쉽다. 그렇다면 공동 평가에서는 어떨까? 폭력 범죄 피해자들을 보상하는 임무를 맡았다고 가정해보고, 아래 두 가지 시나리오를 살펴보자.

- 사례: 총상으로 오른팔을 못 쓰게 된 남자
- 사건 발생 장소: 집 근처 마트

　시나리오① : 평소에 자주 가던 마트

　시나리오② : 자주 가던 마트가 문을 닫아 다른 마트에 갔다가 피해

　두 가지 시나리오는 피해자 보상에 어떤 영향을 미칠까? 사람들은 이 경우에 공동 평가로 판단을 내린다. 두 가지 시나리오를 동시에 비교해 판단하는 것이다. 이 경우 사람들은 거의 만장일치로 두 상황에 똑같이 보상해야 한다고 대답했다.

　하지만 각 참가자에게 시나리오를 하나만 보여주는 단일 평가를 했을 때는 어떤 결과가 나타났을까? 시나리오②에 더 높은 보상액이 나왔다. 이것은 무엇을 의미할까? 시스템 1의 가정 반응이 개입하기 쉬운 단일 평가와는 달리 신경 써서 세심하게 비교해야 하는 공동 평가에는 시스템 2가 개입하는 것을 뜻한다. 단일 평가와 공동 평가에 나타나는 이런 모순을 '판단과 선택의 역전'이라고 한다.

#틀짜기가 중요한 이유

　지금까지 어떤 틀 안에서 질문하느냐에 따라 전달받은 사람의 태도나 행동이 어떻게 달라지는지 살펴봤다. 긍정적 틀을 제시하면 긍정적 결론이, 부정적 틀을 제시하면 부정적 결론이 내려질 가능성이 높다. 여기서 우리가 고려해야 할 점은 무엇일까? 틀짜기를 근본적인 선호

도로 가리거나 왜곡하는 개입으로 보면 안 된다는 사실이다. 그러므로 중요한 문제를 다룰 때는 더 넓은 틀짜기를 통해 합리적인 결정을 도출할 수 있어야 한다.

☑ Insight Point

☐ 위험관리 정책은 과장된 낙관 편향, 손실 회피 성향으로 인한 신중함을 바로 잡는 역할

☐ 넓은 틀짜기가 중요한 이유

→ 여러 옵션을 동시에 고려한 뒤 선택하기 때문에 조금 더 합리적인 결정 가능

결정에 영향을 미치는 두 개의 자아 ─────

#경험하는 자아   #기억하는 자아

시스템 1과 시스템 2라는 개념을 통해 두 종류의 경제주체를 살펴봤다. 빠르게 생각하고 직관적인 시스템 1, 느리게 생각하고 고심하면서 시스템 1을 감시하고 통제하는 시스템 2가 있다. 시스템 2는 대체로 분명한 판단을 내리고 선택하지만, 종종 시스템 1에서 나오는 생각과 감정을 지나치게 합리화하기도 한다. 이제 시스템 1, 2에 영향을 미치는 두 자아에 대해 살펴보자.

선택에 영향을 미치는 두 개의 자아는 다음과 같다. 실제로 살아가는 '경험하는 자아'와 삶의 점수를 기록하고 선택하는 '기억하는 자아'

대니얼 카너먼 《생각에 관한 생각》

다. 기억하는 자아는 이야기를 만들어 그것을 미래의 참고자료로 간직하는 특성을 지닌다. 기억하는 자아는 시스템 2가 구상하는데, 사람들은 종종 경험을 기억으로 바꿔치기해서 과거 경험을 망쳤다고 생각한다. 경험과 기억을 혼동하는 것은 인지 착각의 아주 좋은 예라고 할 수 있다. 경험과 기억은 늘 충돌하기 때문이다.

경험에 근거한 선택을 하더라도 그 선택의 이익과 선호도를 전적으로 신뢰할 수는 없다. 취향과 결정은 기억에서 나오는데 그 기억 자체가 엉터리일 수도 있기 때문이다. 다음과 같은 상황처럼 말이다.

사람들을 모아놓고 한 가지 실험을 했다. '찬물에 손 넣기'다. 참가자들에게 고통스러울 정도로 차가운 물에 한쪽 손을 손목까지 담그게 한 다음, 반대쪽 손으로는 자신의 고통을 버튼을 눌러 꾸준히 보고하게 했다. 참가자는 두 가지 방식으로 실험에 참여했다. 내용은 다음과 같다.

짧은 실험	긴 실험
1. 14도의 찬물에 60초 동안 손 담그기 2. 60초가 지난 뒤 손을 빼기 3. 실험 종료 후 따뜻한 수건을 건네줌	1. 14도의 찬물에 60초 동안 손 담그기 2. 60초가 지난 뒤 따뜻한 물을 살짝 넣어 30초 동안 15도의 물에 손을 담그고 있기 3. 실험 종료 후 따뜻한 수건을 건네줌

경험하는 자아의 관점에서 보면 두 개의 실험 중 어느 쪽이 더 나쁠까? 당연히 긴 실험이다. 하지만 기억하는 자아는 다른 선택을 했다.

참가자들에게 짧은 실험, 긴 실험 중 어떤 실험을 반복할 수 있을지 물어보니 80%가 긴 실험을 반복하겠다고 했다. 마지막 30초 동안 줄어든 고통이 영향을 미친 것이다.

경험하는 자아는 고통의 지속 시간이 중요하다고 믿지만, 기억하는 자아는 그렇지 않다고 말한다. 즉, 기억하는 자아의 관점이 항상 옳지는 않다는 것이다. 이것은 시스템 1이 좌우하는 기억도 고통이나 쾌락이 가장 강렬했던 순간과 그것이 끝날 때의 느낌을 대표적으로 기억한다는 것을 의미한다. 사람들은 기억을 기준으로 경험을 되풀이할지 말지 결정한다. 우리는 기억하는 자아와 경험하는 자아의 행복을 모두 고려해야 하며, 혼합된 관점의 복잡성을 인정해야 한다.

☑ Insight Point

☐ **시스템 1, 2에 영향을 미치는 두 개의 자아**

　　→ **경험하는 자아: 실제 세계에서 경험하고 행동하는 자아**

　　→ **기억하는 자아: 삶의 점수를 기록하고, 기억의 질에 따라 선택하는 자아**

지금까지 생각에 영향을 미치는 다양한 편향들을 알아봤다. 어떻게 하면 스스로 시스템 1과 2의 오류를 막을 수 있을까? 물론 상당한 노력을 기울이지 않는 한 거의 불가능한 일이다. 하지만 해결할 문제 틀 짜기, 결정에 필요한 정보 수집하기, 심사숙고와 검토를 한다면 더 나은 선택을 내릴 수 있게 될 것이다.

　　　　　　　　　　　　　　대니얼 카너먼 《생각에 관한 생각》

생각해봅시다

❋ 지금 책을 읽고 있는 행위는 시스템 1일까, 시스템 2일까?

❋ 내 생활 주변에서 이해하기 어려웠던 인간의 행동과 심리 중에
   시스템 1과 시스템 2로 설명할 수 있는 것은 무엇이 있을까?

❋ 자신이 가장 많이 빠지는 심리적 오류는 무엇이라고 생각하는가?

❋ 좋은 의사결정을 하기 위해서는 어떤 노력이 필요할까?

· Chapter 5 ·

애덤 그랜트

오리지널스

내 안의 독창성을 깨우는 방법

당신이 세상을 보는 방식을 바꾸는 데 그치지 않고
사는 방식까지 바꾸는 책!
당신이 세상을 변화시키는 주역이 되게 만들지도 모른다.

– 셰릴 샌드버그(페이스북 최고운영책임자)

성공에 대한 통념을 타파하고,
오랫동안 당연시해 온 믿음에 이의를 제기하는 책.
우리가 처한 상황을 완전히 뒤바꿀 잠재력을
새로운 시각으로 바라보게 해준다.

– J. J. 에이브럼스(영화감독)

독창적이고 도발적인 저술 그리고 연구 활동으로 31살에 세계 3대 경영대학원인 와튼 스쿨에서 역대 최연소 종신 교수가 된 인물이 있다. 조직심리학자 애덤 그랜트가 그 주인공이다.

그의 강의는 와튼 스쿨 내에서 최고의 인기를 끌고 있으며, 미국 경제주간지 〈비즈니스위크〉가 선정한 '대학생이 가장 선호하는 교수', MBA 컨설팅 사이트 〈Poets and Quants〉가 뽑은 '마흔 살 이하 세계 40대 경영학 교수'에 선정되며 대내외적으로 능력을 인정받고 있다.

애덤 그랜트는 IT 공룡기업으로 불리는 구글과 소셜미디어 페이스북, 글로벌 투자은행 골드만삭스, IBM 등 내로라하는 글로벌 기업들부터 미 육군과 해군, 세계경제포럼, UN, 미식축구 리그 NFL 등 국제기구와 스포츠 단체까지 컨설팅을 받고 싶어 하는 천재 컨설턴트이기도 하다.

뉴욕타임스는 애덤 그랜트를 '세계에서 가장 생산성 높은 심리학자'라고 평가했고, 〈세계경제포럼〉은 '젊은 세계지도자'

'세계에서 가장 영향력 있는 경영사상가 25인'에 그의 이름을 올렸다. 미국심리학회와 경영학회 및 조직심리학회에서 각각 '젊은학자상'과 '우수학술상'을 수상하는 등 다양한 분야에서 애덤 그랜트의 역량을 인정하고 있다.

애덤 그랜트는 2013년 발표한 책 〈기브 앤 테이크〉에서 '퍼주는 사람이 약삭빠르게 남의 것을 가로채는 사람보다 결국 더 이득을 보게 된다'는 주장을 펼쳐 출간 즉시 큰 관심을 받았다. 아마존과 뉴욕타임스 베스트셀러 순위에 꼽혔고, 국내에서 출간되자마자 베스트셀러에 오르며 미국을 넘어 한국 독자들의 마음까지 사로잡았다.

이후 2016년 발표한 후속작 《오리지널스》에서는 창의성으로 세상을 움직이는 법에 대해 이야기한다. 《오리지널스》 역시 출간되자마자 베스트셀러로 등극했고, 국내에서 6만 부 이상의 판매고를 올리며 경제경영 분야의 필독서로 자리 잡았다.

책 제목 《오리지널스》는 '독특한 특성을 지닌 것' '흥미롭거나 독특한 의미에서 다른 사람과 차별화되는 사람' '참신한 독창성이나 창의력을 지닌 사람'을 의미한다. 스티브 잡스, 마틴 루터 킹, 에이브러햄 링컨 등 세상을 바꾼 독창적 리더들은 어떻게 생각하고 행동했을까? 작가는 수많은 사례를 제시하며 특별한 사람만이 독창적인 것이 아니라, 대다수의 평범한 사람들도 독창적인 생각을 할 수 있다고 주장한다.

독창성은 어떻게 피어나는가? ————

#독창성이란 무엇인가? **#호기심**

2010년 2월 창업 후 3년 만에 세계에서 가장 혁신적인 기업으로 선정된 곳이 있다. 온라인 안경 판매점, 와비파커가 그 주인공이다. 구글, 나이키, 애플 등 종업원을 5만 명 이상 거느린 거물급 기업과 달리 와비파커는 네 명의 대학생이 만든 소규모 웹사이트다. "안경은 오프라인에서 사야 한다"는 관행을 뒤집고 온라인에서 안경 판매를 시작해서 현재 연 매출 1억 달러를 달성하며 세계적으로 가장 각광받는 브랜드로 손꼽히고 있다. 와비파커가 글로벌 브랜드가 될 수 있었던 이유는 무엇일까?

무엇을 성취하는 데는 두 가지 길이 있다. 첫 번째 길은 '순응'하는 것이다. 이미 잘 닦여진 길을 따라가며 현상을 유지하는 것을 말한다. 두 번째 길은 '독창성'을 발휘하는 길이다. 앞서 언급했던 기업, 와비파커가 선택한 길이다. 이 길은 조금 위험하다. 인적이 드물고 실패 가능성이 있기 때문이다. 하지만 참신한 아이디어를 통해 더 나은 결과를 만들어낼 수도 있는 길이다. 그렇다면 독창성이란 무엇일까? 독창성의 사전적 의미는 다음과 같다.

> **독창성**獨創性: 다른 것을 모방하지 않고 새로운 것을 처음으로
> 만들어내거나 생각해내는 성향, 성질

다시 말해 독창성이란 독특한 아이디어를 도입하고 발전시키는 능력, 그런 아이디어를 개발할 수 있는 잠재력을 의미한다. 잠재력은 어디에서 올까? 바로 호기심이다. 호기심은 말 그대로 새롭고 신기한 것을 좋아하거나 모르는 것을 알고 싶어 하는 마음을 뜻한다. 늘 봐온 익숙한 것을 새로운 시각으로 바라보고 새로운 대안을 찾는 것을 의미한다. 호기심이 있는 사람들은 지금의 현상을 있는 그대로 받아들이기를 거부하고 창의적인 대안을 모색하려고 한다. 현재 존재하는 규칙이나 체제는 사람이 만든 것이다. 곧 깨어지거나 바뀔 수 있다는 뜻이다.

만약 기존의 규칙과 체제에 불만이 생겼다고 가정해보자. 보통 사람들은 순응하며 살아가지만 호기심이 있는 사람들은 불만족스러운 현재 상태를 바꾸고 싶다는 생각을 한다. 이게 바로 독창성의 핵심이다.

#독창적인 사람의 특징　**#위험 감수 성향**

독창적인 인물 하면 누가 떠오르는가? 배짱 좋게 학교를 중퇴한 뒤 애플을 창업한 스티브 잡스나 빈털터리 신세부터 시작해 억만장자가 된 빌 게이츠가 우리가 떠올리는 대표적인 인물이다. 실제로 독창적인 생각으로 세상을 바꾼 인물이기도 하다. 두 사람 모두 불확실함과 위험을 감수하며 자신의 아이디어를 실현했다. 많은 위대한 창시자, 혁신가들은 불가능해 보이는 일도 가능하다고 믿었기 때문에 세상을 변화시킬 수 있었다. 그럼 그들은 우리와 태생부터 다른 사람일까? 그렇지 않다.

독창적인 사람들이 모두 불가능한 일에 도전하는 위험을 감수하는 성향인 것도 아니다. 우리 인간은 모두 '위험을 회피하려는' 성향을 가지고 있기 때문에 그들도 우리만큼이나 위험을 두려워한다. 독창적인 아이디어로 성공한 기업가들이 우리와 다른 점은, 그들은 모든 것을 걸지 않고 안전장치를 하나씩 마련해뒀다는 점이다. 한 분야에서는 위험을 감수하고 다른 분야에서는 극도로 신중하게 처신하며 위험을 상쇄시키는 것이다.

보통 우리는 위험을 무릅쓰고 창업에 전념한 사람들이 더 성공에 유리할 것이라고 생각한다. 하지만 경영 연구자들의 연구 결과는 정반대였다. 직장을 계속 다닌 창업가들보다 직장을 그만두고 창업에 전념한 창업가들의 실패 확률이 33%나 높았다. 이것은 한 분야에서 안정감을 확보하면 다른 분야에서 독창성이 발휘될 확률이 더 높다는 것을 의미한다. 경제적으로 안정되면 다른 것에 도전했을 때 무조건 성공해야 한다는 중압감에서 벗어나게 된다. 독창성은 창조적인 파괴 행위라고 이야기할 수 있다. 규칙과 체제를 바꾸려면 위험을 감수해야 한다. 하지만 사람들은 위험을 회피하려 하고, 자신의 의견을 거리낌 없이 말하는 것을 두려워한다.

미국 독립선언문을 작성한 존 애덤스나, 미국군 총사령관에서 대통령이 된 조지 워싱턴, 인권운동가 마틴 루터 킹, 스티브 잡스와 애플을 공동 창업한 스티브 워즈니악처럼 위대하다고 생각하는 사람들도 실제로는 위험 회피 성향을 갖고 있었다.

존 애덤스는 독립선언문 작성에 가담하기 직전까지 자신의 원래 직업이었던 변호사 일을 포기하지 않으려 했다. 조지 워싱턴도 마찬가지다. 밀, 어업, 말 사육 등 여러 가지 자기 사업을 하느라 바빴고, 미국군 총사령관으로 임명됐을 때도 그 일을 맡지 않으려 안간힘을 썼다. 마틴 루터 킹도 원래 인권운동을 이끌어나갈 생각이 전혀 없었다. 그의 꿈은 평범한 목사였기 때문이다. 인권운동가들이 마틴 루터 킹을 협회장으로 추대하지 않았다면 그는 아마 평범하게 목회에 전념했을지도 모를 일이다. 스티브 워즈니악은 애플을 창업할 때 다른 직장에 다니고 있었다. 한 투자자가 애플에 25만 달러를 투자하는 조건으로 한 가지 조건을 걸었다. 지금 다니고 있는 회사를 퇴사하라는 것이었다. 워즈니악은 퇴사를 망설이다가 스티브 잡스를 비롯한 주변 사람들의 설득 때문에 겨우 퇴사했다. 이들이 독창적인 행동을 하게 된 배경은 주변 사람들의 '등 떠밀기'였다. 주변 사람들의 등 떠밀기가 없었다면 이들은 독창적인 생각을 추구하거나 발표하지 않았을지도 모른다.

그렇다면 두려움을 이겨내고 독창적인 아이디어를 성공시키려면 어떻게 해야 할까? 다음 사례를 통해 독창적인 아이디어를 성공시키기 위한 방법들을 살펴보자.

☑ Insight Point

☐ 독창성이란?

: 독특한 아이디어를 도입하고 발전시키는 능력,

그런 아이디어를 개발할 수 있는 잠재력

독창적인 아이디어를 성공시키는 방법 ─────────

#아이디어 선정   #긍정 오류   #확증 편향 줄이기

실리콘밸리를 단번에 사로잡은 발명품이 있다. 스티브 잡스는 이 발명품을 두고 "PC 발명 이후 가장 놀라운 제품"이라 했고, 아마존의 창립자 제프 베조스는 "혁명적인 제품", 전설적인 투자자 존 도어는 "인터넷보다 훨씬 중요한 발명"이라고 극찬했다. 이 발명품을 만든 발명가는 휴대용 신장 투석기, 휴대용 약품 주입 펌프, 혈관 스텐트 등을 만들었다. 수백 개의 특허를 보유한 그는 '현대의 토머스 에디슨'이라 불리는 인물이었다. 하지만 이 발명품은 처참하게 실패했다. 바로 자동 평형 기능을 갖춘 개인용 이동수단 '세그웨이' 이야기다.

스티브 잡스, 제프 베조스처럼 비즈니스 수완이 뛰어난 사람들이 선택한 세그웨이가 왜 실패했을까? 체계적인 분석 없이 직관에 의존해 큰 투자를 했기 때문이다. 세그웨이를 개발한 발명가는 과거에 성공을 거두며 너무 자신만만해져 있었고, 비판적 의견을 제시하는 사람들의 말을 주의 깊게 듣지 않았다. 긍정 오류로 인해 제대로 된 아이디어를 식별하지 못한 것이다. 몇 개의 아이디어만 생각해내고, 그 아이디어가 완벽해질 때까지 다듬고 수정하는 데 집착할 뿐 아이디어를 발전시킬 다양한 시도는 해보지 않았다.

예측의 두 가지 오류

긍정 오류: 긍정적 예측을 했으나 기대보다 못한 결과

부정 오류: 부정적 예측을 했으나 기대보다 높은 결과

사회과학자들은 사람들이 자신을 평가할 때 실제보다 높게 평가하는 경향이 있다고 주장한다. 예를 들어 설명해보자. 대학교수 94%가 자신의 직무 수행에 대해 평균 이상의 점수를 줬고, 두 개의 서로 다른 회사에 다니는 엔지니어를 조사해보니 약 30~40%의 엔지니어가 자신의 직무 수행 능력이 상위 5%에 든다고 대답했다. 물론 자신감은 인생을 살아갈 때 꼭 필요한 요소다. 하지만 지나친 자신감은 독창성의 영역에서는 극복하기 어려운 편견이 되기도 한다. 기업가와 발명가는 자신의 아이디어가 성공할 것이라는 자신감이 더욱 필요하다. 그렇지 않으면 아이디어를 추진할 동기를 잃기 때문이다.

하지만 대중의 실제 선호도를 알고 나서도 자기 아이디어의 장점만 눈에 들어오고, 단점은 무시하거나 과소평가하는 경향이 있다. 이를 '확증 편향'이라고 한다. 확증 편향은 자신의 가치관이나 신념, 판단에 부합하는 정보에만 주목하고, 그 외의 정보는 무시하는 것을 말한다. 아이디어가 떠오른 순간에 느끼는 짜릿함에 도취되는 것이다.

천재들조차 확증 편향에 빠지기 쉽다. 위대한 작곡가, 희대의 천재 음악가로 불리는 베토벤도 그랬다. 심리학자 애런 코즈벨트는 베토벤이 썼던 편지를 바탕으로 그가 스스로 자신의 작품을 어떻게 평가했는지 분석했다. 베토벤 자신이 크게 성공하리라고 예측했지만 그렇지 못한 작품이 15개였다. 베토벤은 70개의 작품 중에서 15개의 긍정 오류 평가를 범한 것이다.

독창적인 아이디어를 내는 사람이라고 해서 모두 자신의 아이디어에 대해 제대로 평가를 내리는 것은 아니다. 자신의 아이디어를 제대로 평가하지 못하면서 어떻게 독창적인 작품을 탄생시킬 수 있을까? 평균보다 더 많은 아이디어를 내면 된다.

#질보다 양   #다양한 변형의 시도

다양한 아이디어를 내다 보면 독창적인 작품이 나올 확률도 높아진다. 영국이 낳은 천재 작가 셰익스피어의 이야기를 보자. 우리에게 익숙한 셰익스피어의 작품은 아주 극소수다. 셰익스피어는 20년 동안 희곡 37편, 14행의 짧은 시로 이루어진 소네트 154편을 썼다. 셰익스피어는 그중 약 5년의 기간 동안 가장 인기 있는 작품으로 손꼽히는 〈맥 베스〉〈리어 왕〉〈오셀로〉를 썼다. 하지만 같은 기간 동안 쓴 〈아테네의 티몬〉〈끝이 좋으면 다 좋다〉 등의 작품은 "글이 정돈되지 않았다" "줄거리와 등장인물의 전개가 불완전하다" 등의 혹평을 받았다. 손에 꼽을 정도로 소수의 걸작을 작곡한 모차르트는 죽기 전까지 600여 곡을 작곡했다. 베토벤과 바흐도 각각 650곡, 1,000곡 이상을 작곡했다. 일정 기간 동안 만든 작품의 수가 많을수록 걸작을 만들 확률이 높아진다는 것이다.

피카소 역시 마찬가지다. 그의 작품 중 아주 극소수 작품만이 찬사를 받았으나 피카소는 살아생전 유화 1,800점, 조각 1,200점, 도자기 2,800점, 드로잉 1만 2,000점을 비롯해 판화, 양탄자 등 엄청난 양의 작품을 만들었다. 물리학에 변혁을 일으킨 아인슈타인도 상대성이론에 대한 논문을 발표했지만, 그가 발표한 다른 248편의 논문을 아는 사람은 거의 없다. 이것은 무엇을 의미할까? 분야를 막론하고 독창성을 보여준 사람들은 아이디어를 가장 많이 낸 사람들이라는 것을 의미한다.

독창적인 아이디어를 성공시키기 위한 방법을 정리해보면 다음과 같다.

1. 자신의 아이디어에 대한 긍정 오류 줄이기
2. 확증 편향 경계하기
3. 질보다 양! 아이디어 최대한 많이 생각하기

긍정 오류와 반대로 부정 오류를 범할 때가 있다. 특히 경영진이 그렇다. 경영진은 위험을 회피하는 성향이 높기 때문이다. 좋은 아이디어에 투자하는 것보다 시시한 아이디어에 투자하지 않으려고 노력한다. 영화제작 스튜디오의 경영자들은 〈스타워즈〉 〈ET〉 〈펄프픽션〉을 비롯한 수많은 성공작에 퇴짜를 놓았다. 이런 현상은 출판계에서도 나타난다. 오늘날 엄청난 인기를 끈 〈나니아 연대기〉 〈바람과 함께 사라지다〉 〈해리 포터〉 등도 원래 출판사에서 퇴짜를 받은 작품들이다.

독창성 있는 작품들이 왜 퇴짜를 받았을까? 경영진들이 새로운 아이디어를 심사할 때 과거에 성공했던 아이디어들과 비교하는 경향이 있기 때문이다. 우리는 불확실성에 직면하게 되면 새로운 것을 거부하고 생소한 개념이 실패할 수밖에 없는 이유를 찾게 된다. 또 전문성과 경험이 많아질수록 세상을 보는 특정한 방식에 매몰될 확률이 높다. '이미 존재하는' 지식의 포로가 되는 것이다.

새로운 아이디어가 떠오를 때나 생소한 아이디어를 접했을 때 잠재력을 발견하기 위해서는 어떻게 해야 할까? 자신과 같은 분야에 종사하는 동료들에게 더 많은 의견을 구해야 한다. 경영진보다 동료들의 평가가 중요한 이유가 여기에 있다. 동료들은 경영진보다 위험을 회피하는 성향이 낮다. 생소한 아이디어에 대해 훨씬 더 열린 자세를 갖고 있기 때문에 부정 오류를 저지르지 않을 가능성이 높다. 또 아이디어의 성공 여부와 특별한 이해관계가 없기 때문에 객관적이고 솔직한 평가를 내릴 수 있다. 즉, 긍정 오류도 방지할 수 있는 것이다.

#단점 내세우기　**#방어막 무장 해제**

독창성을 발휘하려면 위험을 무릅쓴 시도를 해야 한다. 하지만 가정이나 회사 내에서 독창성을 발휘하기란 쉬운 일이 아니다. 때로는 의견을 표출했다가 불이익을 받게 되는 상황도 생기기 때문이다. 그렇다면 가정이나 회사 내에서 독창성을 발휘할 수 있는 효과적인 의사소통 방법은 무엇일까? 기존의 생각을 뒤엎는 방식으로 성공에 이른 〈배블 Babble〉의 사례를 살펴보자.

루퍼스 그리스컴과 알리사 보크먼은 첫아이를 낳고 부모의 역할에 대한 진부한 정보 대신 유머러스하고 현실적인 이야기를 알려줘야겠다고 다짐한다. 그래서 그들은 〈배블〉이라는 온라인 잡지를 창간했다. 하지만 자금이 없었다. 2009년 이들은 투자자들을 모아놓고 〈배블〉에 투자해달라고 요청했다.

당신이라면 어떻게 투자자들을 설득할까? 보통은 〈배블〉에 투자해야 하는 이유를 쭉 나열했을 것이다. 하지만 루퍼스 그리스컴은 색다른 선택을 했다. 자기 기업에 투자하면 안 되는 이유를 투자자들 앞에서 보여줬다. 결과는 어땠을까? 논리적으로 봤을 때 기업의 단점을 강조하는 방식은 좋지 않다. 하지만 그해 〈배블〉은 330만 달러라는 거액의 투자 자금을 유치하는 데 성공했다. 자신의 단점을 내세워 상대방을 편하게 만들어 원하는 것을 얻어낸 것이다.

색다르고 기존에 실행되지 않은 독창적인 아이디어를 제시할 때 보통의 투자자나 경영진은 상대방의 주장에서 허점을 찾아내려 하고, 제안의 실패 이유를 찾으려 한다. 하지만 약점을 먼저 내세우면 어떨까?

사람은 누군가 자신을 설득하려고 하면 정신적 방어막을 친다. 하지만 단점을 먼저 이야기하면 상대방을 편하게 만들어 정신적 방어막을 무장 해제시키는 효과가 있다. 그 상태에서 상대방을 설득하면 강력한 힘을 발휘할 수 있다. '단점 내세우기'의 이득은 또 있다.

무조건 긍정적인 면만 강조하면 얄팍한 상술이라는 인상을 주기 쉬운데, 단점 내세우기는 이런 인상을 완화시키는 효과가 있다. 또 긍정적인 말만 하는 사람들은 순진하다고 평가하기 쉽지만, 암울한 예측을 하는 사람들을 보면 현명하고 통찰력이 있다고 생각하는 경향이 있다. 단점을 먼저 내세움으로써 그 사람과 정보에 대한 신뢰도를 높이는 것이다. 단점 내세우기의 마지막 효과는 듣는 사람이 어려운 점에 대한 편견을 갖고 정보를 처리하기 때문에 아이디어 자체에 대해 훨씬 더 호의적인 평가를 받을 수 있다는 것이다.

단점을 내세우려면 대단히 큰 자신감이 필요하다. 듣는 사람은 '장점이 많기 때문에 기꺼이 단점을 말했구나'라고 생각할 확률이 높다. 또 당사자가 먼저 약점을 거론하면 듣는 사람은 약점을 꼽기가 어려워진다. 물론 단점을 내세울 때도 주의할 점이 있다. 듣는 사람이 이미 인식하고 있는 단점만 내세워야 한다. 만약 듣는 사람이 인식하지 않고 있던 새로운 단점을 내세우면 역풍을 맞을 수도 있다.

#꾸물거림의 효과 **#참신한 아이디어** **#즉흥적 사고**

독창적인 아이디어를 성공시키기 위해서는 적절한 시기 포착도 중요하다. 보통 우리는 독창적인 아이디어가 떠오르면 남들이 하기 전에

애덤 그랜트 《오리지널스》

행동을 취하는 것이 가장 중요하다고 생각한다. 하지만 '꾸물거리는 것'도 때로는 장점이 된다.

위대한 비폭력 인권운동가 마틴 루터 킹도 꾸물거림의 대가였다. 1963년 8월 일자리와 자유를 위한 대행진을 하루 앞둔 날이었다. 마틴 루터 킹은 행사 마지막을 장식할 연설을 준비해야 했다. 최소 10만 명의 인원이 참가하는 행사였고, 미국을 비롯해 전 세계 수백만 명에게 생중계될 예정이었다. 하지만 킹은 대행진 바로 전날 밤 10시까지도 연설문을 쓰지 못하고 있었다. 그는 보좌진을 모아놓고 연설문 작성을 시작했는데 "지금까지 나온 아이디어를 다시 검토하고 최상의 접근 방식을 채택하라"고 이야기했다. 그렇게 탄생한 것이 바로 '나에게는 꿈이 있습니다'라는 유명한 연설이다.

위스콘신대 경영대학원 신지혜 교수는 미루는 행위가 독창성을 발휘하는 데 도움이 될지도 모른다는 주장을 했다. 할 일을 미룸으로써 특정 아이디어에 매몰되지 않고 다양한 생각을 할 수 있는 시간이 생긴다는 것이다. 물론 단순히 게임을 하거나 휴식을 취한다고 창의성이 향상되는 것은 아니다. '꾸물거림'의 조건은 자신의 아이디어를 머릿속에 담아둔 채로 일을 미뤄야 한다. 적당한 때가 올 때까지 그 아이디어를 다듬어야 한다는 것이다. 실제로 고대 이집트에는 '미루는' 행위를 의미하는 두 개의 동사가 있었다. 그 의미는 다음과 같다.

미루는 버릇procrastination의 두 가지 의미

1. 게으름   2. 적당한 때를 기다림

역사상 가장 독창적인 사상가나 발명가 중에도 꾸물거림의 달인이 있다. 대표적인 인물이 레오나르도 다 빈치다. 실제로 그는 회화, 조각, 건축, 음악, 공학, 지질학, 지도 제작, 해부학, 식물학 등 다양한 분야에서 창의성을 발휘했다. 하지만 레오나르도 다 빈치의 대표작으로 알려진 〈모나리자〉는 1503년 그리기 시작해 몇 년 동안 그리다 말다를 반복하며 1519년이 되어서야 완성됐다. 16년이라는 시간 동안 꾸물거린 것이다. 당시 사람들은 다 빈치가 다른 일에 정신이 팔려 시간을 낭비한다고 비난했다. 하지만 역사학자 윌리엄 패너패커는 다 빈치가 다른 일에 정신이 팔려 있었기 때문에 독창적인 그림이 탄생할 수 있었다고 말한다. 예를 들어, 그 시간 동안 빛이 구에 어떻게 굴절되는지 연구한 덕분에 〈모나리자〉를 끊임없이 수정하고 보완할 수 있었다는 것이다.

미루기는 창의적인 업무를 할 때 특히 유용하다. 실제로 창의적인 사고와 문제 해결에 뛰어난 능력을 가진 사람 중에 꾸물거리는 습성을 가진 사람이 흔하다. 과학 영재들 역시 꾸물거림을 '생각이 무르익도록 해주는 방편'으로 여겼다. 일을 중단한 채 내버려 두는 동안 참신한 아이디어를 생각해낼 시간을 버는 것이다.

꾸물거림에는 또 다른 장점이 있다. 우리는 계획을 세우면 그것을 고수하려는 경향이 강하다. 그래서 갑자기 떠오르는 창의적 가능성을 배제해버리는 경우가 많은데, 오히려 작업의 완성을 미룰 경우 즉흥적인 사고를 하는 데 도움을 준다.

하지만 꾸물거림을 성공으로 이어가기 위해서는 한 가지 간과해서

애덤 그랜트 《오리지널스》

는 안 될 사실이 있다. 계획 세우는 과정을 건너뛰면 안 된다는 것이다. 독창성이 뛰어난 사람들은 일을 미루는 경향이 있지만, 계획을 세우고 전략적으로 꾸물거린다. 꾸물거리면서 다양한 가능성을 시도하고, 수정과 보완의 과정을 거쳐야만 효과가 있다. 위험을 추구하는 사람들은 최초가 되는 데 이끌려 충동적인 결정을 하기 쉬운데 꾸물거림은 그런 선택을 방지하는 역할을 한다.

반대로 꾸물거렸을 때보다 선발 주자로 나섰을 때 효과적인 분야도 있다. 특허 기술이 관련된 경우나 네트워크 효과가 강한 분야다. 그렇다고 이 분야에서 꾸물거린 후발 주자가 성공할 수 없다는 얘기는 아니다. 우리가 명심해야 할 핵심 교훈은, 독창적인 아이디어가 있다고 해도 무조건 서두르는 것보다 새로운 정보를 통해 그 아이디어의 위험성을 줄여야 한다는 사실이다.

☑ Insight Point

☐ 독창적인 아이디어를 성공시키기 위한 방법

: 긍정 오류 줄이기, 확증 편향 경계, 아이디어의 양 늘리기,

동료들의 평가에 귀 기울이기, 단점 진단하기,

적당한 때를 기다리며 아이디어의 위험성을 줄이기

독창성 있는 아이를 만드는 환경 ─────

#독창성의 기반   #가정환경의 비밀

지금부터는 독창성을 지닌 아이로 양육하기 위해 어떤 노력이 필요한지 알아보자. 독창성을 길러주는 데는 형제자매, 부모의 역할이 중요하다. 독창성을 발휘하는 사람들의 특징을 알아보는 연구에서 독창성이 높은 인물은 맏이보다 서열이 낮은 형제들인 경우가 많았다. 왜 그럴까? 독창성의 기반은 '반항'이다. 그런데 서열이 낮은 형제일수록 반항적 기질이 더 높게 나타난다. 실제로 맏이와 그렇지 않은 이들의 반항적 성향을 평가한 한 연구에서 이 주장을 뒷받침할 만한 결과가 나왔다. 맏이보다 막내가 반항적인 성향을 가졌을 확률이 두 배 높게 나온 것이다.

출생 서열이 낮은 아이들의 경우, 적극적으로 첫째 형제와 자신을 차별화할 방법을 찾기 때문에 '반항적 성향'을 가질 확률이 높다. 그렇다면 반항적 성향은 독창성에 어떤 영향을 미칠까? 모험적인 행동을 할 수 있게 만든다. 위험을 무릅쓰고 독창적인 아이디어를 수용하는 데 더 열린 자세를 갖고 있다는 뜻이다.

서열이 낮은 형제들이 더 반항적이고 급진적인 이유는 무엇일까? 부모의 양육 형태가 바뀌는 경우가 많기 때문이다. 첫째를 키울 때는 엄격하게 키우지만 둘째, 셋째가 태어나면서부터는 유연한 방식으로 아이를 양육하게 된다. 부모의 양육 형태가 변하면 서열 낮은 형제들의 사고와 행동에도 영향을 미친다. 또 동생들은 형, 누나, 언니보다 뛰어난 학업 성과를 거두려고 노력하고, 경쟁을 피해 아예 다른 분야를 찾을 가능성이 높다. 서열이 낮은 형제일수록 더 급진적이거나 독창적인 사람으로 자라날 확률이 높아지는 것이다. 이것은 무엇을 의미할까? 자녀의 독창성을 길러주기 위해서는 자유롭게 해주는 것이 굉장히 중요하다는 것을 의미한다.

#독창적인 아이로 자라게 하는 법 #설명의 위력

반항은 독창성의 기반인 동시에 위험한 기질이기도 하다. 자신이나 다른 사람을 위험에 빠뜨리는 방식으로 이용할 수 있기 때문이다. 독창성을 가진 아이를 일탈하지 않게 훈육하는 방법은 무엇일까? 내 행동이 다른 사람에게 어떤 영향을 미칠지 설명하는 것이다. 즉, 옳고 그름의 판단력을 길러주고, 그 잘못을 바로잡을 방법을 제시해주는 것이 중요하다.

단순히 벌을 주거나 마구 꾸짖는 행위로는 아이의 반항을 잠재울 수 없다. 그 행동이 부적절한 이유와 타인에게 어떤 영향을 미칠지에 초점을 맞춰 설명해주면서 아이 스스로 올바르게 행동해야겠다는 욕구가 생기게 도와줘야 한다. 실제로 자신의 행동이 다른 사람에게 어떤 영향을 미칠지 강조하는 방법은 아이들뿐 아니라 성인에게도 효과가 있었다.

어느 병원에서 의료진이 더 자주 손을 씻도록 권장하기 위해 아래처럼 두 가지 포스터를 만들었다. 어떤 포스터가 더 효과적이었을까?

손을 깨끗이 씻으면
당신이 질병에
감염되는 것을 막아줍니다.

손을 깨끗이 씻으면
환자들이 질병에
감염되는 것을 막아줍니다.

결과는 오른쪽 포스터가 더 효과적이었다. '당신' 대신 '환자'라고 한 단어만 바꿨을 뿐인데 의료진은 10%나 더 자주 손을 씻었다. 일반적으로 사람들은 자신에게 다가오는 위험은 과소평가하는 경향이 있다. 하지만 타인에게 내가 어떤 영향을 미칠지를 강조하면 옳고 그름을 판단하게 되고 타인을 배려하는 선택을 하게 된다.

유대인 대학살 당시 자신의 목숨을 걸고 유대인을 구한 사람들도 부모에게 비슷한 교육을 받았다. 사회학자 새뮤얼 올리너와 펄 올리너 부부는 유대인 대학살 당시 죽음의 공포에도 불구하고 유대인을 구해준 비유대인에 대해 평생 연구했다. 그 결과 유대인을 구해준 사람들은 어린 시절 부모로부터 독특한 훈육을 받았다는 사실을 발견했다. 자녀들이 잘못을 했을 때 논의와 설명, 잘못을 바로잡을 방법 제시, 충고를 해준 것이다.

보통의 부모들은 숙제할 시간이나 취침 시간 등 자녀가 지켜야 할 구체적인 규칙을 제시한다. 하지만 유대인을 구해준 이들이나 창의적

애덤 그랜트 《오리지널스》

인 어린이들의 부모는 구체적인 규칙보다 도덕적 가치를 강조하는 경향이 있었다. 자녀의 행동이 다른 사람에게 어떤 영향을 줄지를 생각해보게 만든 것이다.

#동사보다 명사로 말하기 **#성품 칭찬하기**

부모가 자녀에게 옳고 그름을 구분하는 판단력을 길러주려면 어떻게 해야 할까? 자녀가 '올바른' 행동을 했을 때 부모가 어떤 반응을 보여주느냐가 중요하다. 부모의 반응이 자녀의 도덕적 기준을 형성하는 데 영향을 미치기 때문이다. 이 경우 동사보다는 명사로 이야기하고, 행동보다는 성품을 칭찬해주는 것이 좋다.

한 심리학자가 아이들에게 한 가지 실험을 했다. 60명의 아이들에게 유리구슬을 나누어 주고, 게임판에 구슬을 굴려 높은 점수가 나온 사람이 더 많은 구슬을 획득하는 경기를 진행했다. 게임을 진행할 때마다 구슬을 많이 획득한 친구는 구슬이 적은 친구에게 구슬을 나누어 줄 수 있도록 했다. 구슬이 많은 아이들은 구슬을 적게 가진 친구에게 주었고, 그때마다 다음과 같은 방식으로 칭찬을 했다.

A집단 (행동 칭찬)	B집단 (성품 칭찬)
"구슬을 나눠주다니 참 착하다." "아주 착하고 도움 되는 행동이었어."	"너는 남을 돕는 친절한 사람이구나." "너는 남에게 도움 되는 사람이야."

결과는 어땠을까? 성품에 대해 칭찬을 받은 B집단의 아이들이 그 후에도 훨씬 더 너그럽게 행동하는 결과가 나타났다. 즉, 성품에 대한 칭찬을 받으면 그 성품을 자신의 정체성의 일부로 내면화한다는 것을 의미한다. 부모는 자녀에게 자신의 행동이 다른 사람에게 미치는 영향을 설명해주고, 도덕적으로 올바른 선택을 하도록 유도하면서 아이를 자유롭게 풀어줘야 한다. 이렇게 되면 자녀는 자신의 반항심과 충동을 일탈적인 행동이 아닌 도덕적이면서 창의적인 방식으로 표현할 수 있게 된다.

☑ Insight Point

☐ 독창성 있는 아이로 키우는 방법

　1. 자유롭게 의견을 말할 수 있는 환경 조성하기

　2. 설명을 통해 옳고 그름의 판단력을 길러주기

　3. 아이를 칭찬할 때 행동보다 성품을 칭찬하기

직장 내에서 독창성 키우기 ————

#집단 사고가 위험한 이유　　#열린 사고의 중요성

지금까지 스스로 독창성을 키우는 법과 가정 환경에서 독창적인 기질을 향상시키는 방법을 알아봤다. 직장에서도 독창성을 발휘하는 것은 매우 중요하다. 하지만 어떤 조직이든 시간이 흐를수록 동질화되는 경향이 있다. 비슷한 사람들을 뽑고 비슷한 사람들과 교류하기 때문에 사고나 가치의 다양성이 줄어드는 것이다. 직장 내에서 독창성을 발휘하기 위해서는 어떤 노력이 필요할까? 아래 예시를 살펴보자.

폴라로이드의 창립자 에드윈 랜드는 즉석카메라를 만들어 셀피를 대중화시키는 데 일조했다. 랜드가 발명한 즉석카메라 덕분에 아마추어 사진가들이 출현했고, 앤디 워홀이 유명인의 초상화를 제작할 수 있게 됐다. 미항공우주국의 우주인들이 태양을 포착하는 데도 일조했다. 그는 회사를 크게 일궜지만, 결국 자기 회사 이사회에 의해 강제로 물러나는 치욕을 겪었다. 무슨 일이 있었던 걸까?

에드윈 랜드는 독창적이고 창의적인 아이디어를 갖고 있었다. 과학과 예술을 접목하는 데도 열정이 있었고 디자인과 품질도 훌륭했다. 하지만 한 가지 단점이 있었다. '시장 조사'를 매우 경멸했다는 것이다.

폴라로이드사는 1980년대 말 디지털 감지기를 개발했다. 경쟁업체 상품보다 네 배 높은 해상도로 피사체를 포착할 수 있을 정도로 성능이 좋았다. 폴라로이드사의 고품질 디지털카메라는 1992년 개발됐지만 1996년에야 제품을 출시할 수 있었다. 그때는 이미 40여 개의 경쟁업체들이 디지털카메라를 출시한 뒤였다. 결국 폴라로이드사는 디지털카메라 때문에 파산하게 됐다. 폴라로이드사는 왜 일찍 개발한 디지털카메라를 출시하지 못했을까?

당시 회사 내에서 '고객들은 자신이 찍은 사진을 인화해서 갖고 싶어 한다'는 공감대가 형성되어 있었다. 핵심적인 의사 결정권자들은 회사 내에 퍼져 있는 공감대에 의문을 제기하지 못했다. 에드윈 랜드는 독창성이 뛰어난 인물이었지만, 자기가 운영한 기업에 독창성을 불어넣지는 못했다.

폴라로이드사에는 어떤 문제점이 있었을까? 직원들이 '집단 사고'를 했다. 집단 사고는 독창성의 적이다. 반론을 제기하지 않고 합의를 추구하는 경향이 있기 때문이다. 집단 사고가 널리 퍼진 경우, 사람들은 사고의 다양성보다는 가장 지배적인 기존의 사고방식에 순응하라는 압력을 받게 된다.

집단 사고는 위험하지만 유대감은 중요하다. 미국 경제전문지 〈포춘〉이 선정한 '글로벌 500대 기업' 가운데 일곱 기업의 최고 경영진이 내린 성공 전략 결정을 살펴본 결과, 유대감이 높은 집단이 합의를 추구하고 다양한 의견을 묵살할 가능성이 낮아 더 나은 결정을 내린다는 결과가 나왔다. 그럼 무엇이 집단 사고를 야기하는 걸까?

직원과 조직 간에 감성적 유대감이 강할수록 직원들은 조직이 추구하는 사명에 열정적인 태도를 보인다. 실제 폴라로이드사도 초창기에는 집중, 독창성, 품질이라는 핵심가치를 위주로 조직문화를 형성했다. 덕분에 폴라로이드사는 발전할 수 있었다. 하지만 시간이 지나고 기업이 커질수록 헌신형 문화는 효력이 떨어진다. 시장은 역동적으로 변하는데 강한 조직문화를 지닌 기업은 외부로부터 고립되기 때문이다. 그 결과 이런 기업은 변화의 필요성을 인식하지 못하고, 독창적인 생각에 저항감을 갖게 된다. 자신과 비슷한 생각을 가진 사람들의 이야기만 들으려고 한다. 하지만 독창성을 유지하기 위해서는 반대의 행동이 필요하다. 소수의 의견을 주의 깊게 들어야 한다.

애덤 그랜트 《오리지널스》

물론 소수 의견이 틀릴 때도 있다. 하지만 소수 의견은 다양한 측면에서 관심을 갖게 하고 사고를 촉진시키는 역할을 한다. 소수 의견을 주의 깊게 듣는 대표적인 기업이 있는데 정부, 은행, 기업, 대학교, 자선 단체를 위해 1,700억 달러의 자산을 운용하는 '브리지워터'라는 회사다.

브리지워터는 폴라로이드사와 마찬가지로 헌신형 문화가 있는 회사다. 하지만 폴라로이드사와 결정적인 차이점이 있다. 독창적인 아이디어 표현을 장려한다는 점이다. 브리지워터는 회사 내의 모든 직원에게 색다른 의견을 내도록 장려하고, 그 의견을 적극적으로 수용한다. 브리지워터에서는 직원을 평가할 때 자기 의견을 당당하게 말하는지 아닌지를 중점적으로 본다. 최고의 아이디어는 보상받고, 그렇지 않은 경우엔 비판적인 의견도 달게 받아야 한다. 즉, 아이디어 실력주의 문화를 조성한 것이다. 직원들은 자유롭게 자신의 아이디어를 말한다. 모든 아이디어에는 문제점이나 반론이 제기될 여지가 있다. 반론자들은 또 다른 아이디어를 내고, 그렇게 서서히 직원들의 의견을 수렴해 나가는 것이다.

집단 사고에 빠지지 않게 위해 명심해야 할 두 가지

1. 직원 스스로 회사 내의 문제를 인식하게 만들기
2. 문제 해결을 위한 아이디어와 올바른 의견을 귀담아듣기

하지만 때때로 경영진과 직원들은 독창적인 아이디어에 두려움을 느낄 때가 있다. 두려움이 생길 때 어떻게 극복할 수 있을까?

다음 사례를 보자. 전화와 컴퓨터 사이에 저렴한 장거리 전화를 가능하게 만들고, 컴퓨터와 컴퓨터 간에 무료 통화를 가능하게 만든 스카이프는 한 가지 위험과 마주하게 된다. 폭발적인 수요 성장을 지속시키는 데 실패한 것이다. 이러한 위기를 타개하기 위해 CEO 조쉬 실버만이 새로 영입됐다. 그는 전체 화면을 이용한 화상통화를 출시하자는 목표를 발표했다. 당시 스카이프 직원들의 반응은 어땠을까? 굉장히 부정적이었다. 너무 큰 변화에 회사가 곧 망하게 될 수도 있다고 생각했다.

화상통화를 출시하기까지 시간은 너무 촉박했고, 당시 비디오 화질은 엉망이었다. 게다가 사용자들이 전체 화면을 이용하는 포맷을 좋아한다는 확신도 없었다. 조쉬 실버만은 어떤 방식으로 직원들을 설득했을까? 새로 출시하는 상품이 사람들의 삶에 어떤 영향을 주는지 강조함으로써 직원들의 사기를 진작시켰다.

그는 전 직원이 참석하는 회의에서 스카이프 덕분에 멀리 떨어져 사는 부모와 자녀들이 친밀한 관계를 유지할 수 있다고 강조했다. 동시에 스카이프를 사용하는 고객들의 사연을 소개했다. 1년이라는 긴 시간 동안 떨어져 지낸 약혼 부부는 "긴 시간을 견딜 수 있었던 건 전적으로 스카이프 덕분"이라 말했고, 한 군인은 "이라크 파병 기간 동안 스카이프 덕분에 자녀들과 친밀한 관계를 유지할 수 있었다"고 말했다. 고객의 이야기를 들려줌으로써 직원들의 마음을 움직인 것이다.

그 결과 직원들은 조쉬 실버만이 제안한 새 상품을 성공적으로 만들어 출시했다. 이후 스카이프의 사용자는 하루에 38만 명씩 증가했고, 그로부터 3년 뒤 마이크로소프트는 스카이프를 85억 달러에 인수했다. 스카이프의 성공은 무엇을 의미할까? 독창적인 아이디어를 실행시키기 위해서는 때때로 외부의 힘도 빌려야 한다는 것이다.

독창적인 사람은 혼자 다른 견해를 가졌다는 이유만으로 두려움을 갖게 된다. 두려움은 사람을 침묵시키게 만든다. 그런 견해를 가진 사람이 혼자가 아니라는 사실을 알기만 해도 현재 상황을 거부하고 독창적인 아이디어를 낼 확률이 높아진다는 뜻이다. 사람들이 위험을 무릅쓰게 만들기 위해서는, 그들이 혼자가 아니라는 사실을 보여줘야 한다.

#문제 파악   **#사람들의 행동을 수정하게 만드는 방법**

사람은 위험을 피하려는 성향이 있고, 현재 상태에 만족하는 경우 변화를 시도하지 않으려고 한다. 사람의 행동을 수정하게 만들고 싶으면 어떻게 해야 할까?

거대 의약업체 머크merck는 색다른 방식으로 경영진이 혁신할 수 있도록 도왔다. 그 방법은 '회사를 쓰러트리라'는 훈련이었다. 머크의 CEO는 경영진에게 머크를 망하게 만들 만한 아이디어를 내라고 했다. 경영진은 자신이 몸담은 회사를 망하게 만들 수 있는 약품에 대한 아이디어와 시장을 공략할 아이디어를 냈다. 그다음엔 역할을 바꿔 자신이 낸 아이디어를 방어할 방법을 생각해보라고 했다. 이 훈련을 통해 경영진은 혁신이 필요하다는 사실을 깨달았다. 그리고 회사를 위해 새로운 아이디어를 냈다.

사람들이 위협을 무릅쓰게 만들고 싶다면 현재 상태에서 무엇이 잘못되었는지 보여주는 것이 중요하다. 즉, 현재 상태에서 불만, 좌절, 분노를 느끼게 만드는 것이 필요하다. 많은 경우 사람들은 무슨 수를 써서라도 손실을 피하려고 한다. 손실 회피 성향이다. 손실을 기정사실화해 말함으로써 더 큰 손실을 본다는 위험을 감수하고도 행동하게 만드는 것이다.

물론 무조건 손실을 강조한다고 좋은 결과를 가져오는 건 아니다. 사람들이 새로운 행동을 안전하다고 느낄 때는 행동을 바꿈으로써 얻게 되는 이득과 장점을 강조하고, 반대의 경우에는 변하지 않음으로써 어떤 위험이 생기는지 강조하는 게 좋다.

☑ Insight Point

☐ 직장 내에서 독창성을 발휘하기 위한 조건

1. 집단 사고 지양하기

2. 소수의 의견을 주의 깊게 듣기

3. 외부의 힘을 빌리기

애덤 그랜트 《오리지널스》

지금까지 독창성을 기르기 위한 방법들을 살펴봤다. 독창성을 지닌 사람들의 특징은 호기심이 많고 대세에 순응하지 않는 반항심을 지녔다는 것이다. 그들은 위험을 무릅쓰며 자신의 신념을 실천하는 행동력도 갖췄다.

이런 독창성은 타고나거나 고정불변의 기질이 아니다. 의지를 갖고 의식적으로 행동하면 충분히 발휘될 수 있는 것이다. 독창성을 통해 우리는 색다른 만족감을 느낄 수 있다. 독창적인 사람이 되는 게 행복을 추구하는 가장 쉬운 길은 아니다. 하지만 자신의 목적을 추구함으로써 행복을 느낄 수 있는 최적의 길이다.

생각해봅시다

✳ 당신은 독창성이 뛰어난 사람이라고 생각하는가?

✳ 앞으로 독창성이 더 강조되는 시대가 올 것이라고 생각하는가?

✳ 독창성을 발휘하기 위해 가장 필요한 것은 무엇이라고 생각하는가?

✳ 아이들의 독창성을 키우기 위한 교육법은 무엇이 있을까?

· Chapter 6 ·

빌 브라이슨

거의 모든 것의
역사

우주부터 현생 인류까지 과학의 역사

과학적 글쓰기에 대한 현대의 고전!

— 〈뉴욕타임스〉

논술이나 면접의 질문거리를 찾는 교수들이

제일 먼저 구해 읽을 만한 책!

— 최재천(이화여대 석좌교수)

당신은 우리가 살고 있는 지구와 우리 인간이란 존재에 대해 얼마나 알고 있는가? 지구는 얼마나 크고 얼마나 무거울까? 생명은 어떻게 시작되었을까? 수많은 생명체가 살아 숨 쉬는 이 지구는 앞으로 어떻게 될까?

여기 우주와 지구, 인간이 현재의 모습을 갖추기까지 세상의 모든 방대한 지식을 한 권에 담은 책이 있다. 바로 빌 브라이슨의 《거의 모든 것의 역사》다. 이 책은 우주와 지구, 인류 문명의 기원을 설명하기 위해 다윈, 뉴턴, 아인슈타인 등 천재 과학자들의 이론을 모두 불러들인다.

《거의 모든 것의 역사》는 빌 브라이슨의 유머 감각과 독특한 표현, 간결한 문장이 빛을 발한 책으로, 일반 과학책에 비해 훨씬 이해하기 쉽다는 평과 함께 2003년 출간되자마자 엄청난 사랑을 받았다. 영국에서는 출간 이후 10년 동안 비소설 부문에서 가장 많이 팔린 책으로 선정되었고, 〈뉴욕타임스〉 북리뷰 베스트셀러 목록에 22주 동안 랭크되었다. 영국과 미국 아마존에서 자연과학 서적으로는 이례적으로 판매 순위 1위를 차지하기도 했다. 수많은 명사들이 최고의 과학책으로 꼽으며, 런던왕립학회가 주는 과학도서상 어벤티스상과 데카르트상까지 수상했다.

빌 브라이슨은 영국의 기자 출신으로 더럼대학교 총장을 역임했고, 현재는 런던왕립학회의 명예회원이자 베스트셀러 작가다.

빌 브라이슨은 어느 날 비행기를 타고 태평양을 지나다가 문득 본인이 살고 있는 지구에 대해 자신이 아무것도 알지 못하고 있다는 불편한 생각에 이르렀다. 그래서 과학의 신비로움과 성과에 대해 모두가 이해하고 공감할 수 있는 책을 쓰고자 결심했다. 빌 브라이슨은 3년간 세계 여러 과학자를 찾아가 설명을 듣고 현장을 답사했다. 그는 지질학, 화학, 화석학, 천문학, 입자물리학 같은 분야를 통해 과학을 새롭게 이해시킬 방법을 찾으려 노력했다. 그리고 과학에 관한 방대하고 집요한 정보 수집, 학습을 통해 결코 지루하지 않은 과학교양서《거의 모든 것의 역사》를 써냈다.

'현존하는 가장 유머러스한 작가'라는 평을 듣는 빌 브라이슨의 책《빌 브라이슨 발칙한 시리즈》부터《나를 부르는 숲》《거의 모든 것의 역사》《바디: 우리 몸 안내서》등은 전 세계 30개이상의 언어로 번역되어 1,600만 부 이상 판매됐다.

자, 우리가 살고 있는 우주와 지구는 어떤 모습이고, 생물과 사람은 어떻게 만들어졌는지 거의 모든 것의 역사 속으로 들어가보자.

거의 모든 우주의 역사 ─────

#특이점 #우주의 시작

우주는 어떻게 생겨난 것일까? 일반적으로 말하는 우주의 시작은 빅뱅big bang이다. 우주는 어떤 한 점에서 대폭발이 일어난 후 점차 팽창해 만들어졌다. 우주의 탄생을 빅뱅 이론으로 설명한다고 했을 때, 그 시작은 무엇일까?

먼저 우주가 시작된 후 지금까지 존재했던 모든 티끌과 물질을 구성하는 입자들을 모은 후에 그것들을 말할 수도 없는 작은 공간에 집어넣어야 한다. 이를 '특이점'이라고 부른다. 특이점은 공간을 차지하지도 않고 존재하는 곳도 없다. 우리 우주는 아무것도 없는 곳에서 시작된 것이다. 특이점은 단 한 번의 찬란한 진동에 의해 상상할 수도 없는 크기로 팽창한다. 팽창을 계속하는 동안 수소와 헬륨, 리튬이 생겨난다. 3분이라는 짧은 시간 만에 우주에 존재하게 될 모든 물질의 98%가 생성된 것이다. 이처럼 우연히 만들어진 우주는 인간에게 유리하게 만들어졌다. 만약 우주가 아주 조금만 다르게 생성되었다면, 우리 인간은 물론 지금 당신이 보고 있는 모든 것이 만들어지지 못했을 수도 있다.

빅뱅이라는 말은 누가 만들었으며 언제부터 사용하게 되었을까? 아이러니하게도 빅뱅이란 말을 처음 사용한 사람은 지금의 빅뱅 이론을 부정한 영국의 우주론 학자 프레드 호일이었다. 그는 우리가 알고 있는 물리학으로는 한곳에 모여 있던 모든 것이 왜 갑자기 일어났는지, 그렇게 극적으로 팽창하기 시작했는지를 설명할 수 없다고 지적했다. 프레드 호일은 1952년 라디오 방송에서 이 이론을 '빅뱅 아이디어'라고 비꼬아 언급했는데, 그렇게 지금 모두가 사용하는 명칭이 된 것이다.

한때 논란의 중심에 놓였던 빅뱅의 개념이 우주론에서 본격적으로 받아들여지기 시작한 건 언제였을까? 1965년 두 젊은 전파천문학자들이 빅뱅의 흔적을 우연히 발견하면서부터다. 뉴저지주 홈델에 있는 벨 연구소에서 아노 펜지어스와 로버트 윌슨은 대형 통신 안테나를 활용할 방법을 찾으려 했다. 하지만 끊임없이 들려오는 잡음 때문에 실험을 할 수 없었고, 두 천문학자는 잡음의 원인을 찾아내 제거하려고 노력했다. 한편 벨 연구소에서 $50km$ 떨어진 프린스턴대학의 로버트 디키는 거꾸로 두 천문학자가 없애고 싶어 하는 잡음을 찾아내 연구하고 있었다.

세 명의 과학자가 알고 싶어 한 잡음은 우주에서 온 마이크로파였다. 우주를 자세히 살펴보면 대폭발에서 남겨진 우주 배경 복사(폭발로 인해 형성된 수소와 헬륨 원자가 물질로부터 빠져 나와 우주에 균일하게 퍼져있는 빛)를 발견할 수 있다. 그러한 빛이 우주를 가로질러 지구에 도달하게 되면 마이크로파가 되는데, 러시아 천체물리학자 조지 가모브는 홈델에 있는 벨 안테나로 실험하면 이를 증명할 수 있다고 주장했다. 하지만 당시 아노 펜지어스와 로버트 윌슨, 그리고 로버트 디키는 이러한 사실을 전혀 모르고 있었다.

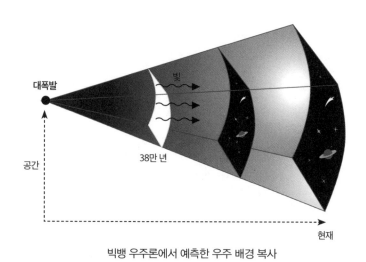

빅뱅 우주론에서 예측한 우주 배경 복사

그러던 중 펜지어스와 윌슨은 우연히 대략 150조km의 10억 배나 떨어진 곳에 있는 우주의 경계로 보이는 부분을 발견했다. 우주에서 가장 오래된 빛, 최초의 광자를 목격한 것이다. 그 빛은 오랜 시간 먼 거리를 오면서 마이크로파로 바뀌어 있었다. 만약 우주의 과거를 보는 일을 엠파이어스테이트 빌딩 100층에서 아래쪽으로 내려다보는 것에 비유한다면, 윌슨과 펜지어스의 발견이 이루어지는 순간 사람들이 본

빌 브라이슨 《거의 모든 것의 역사》

은하 중에서 가장 멀리 있는 것은 대략 60층 정도 높이에 있고, 가장 멀리 떨어진 별은 20층 정도에 있는 것이다. 그런데 두 사람의 발견은 길바닥에서 1cm 정도에 떨어진 별까지 볼 수 있도록 우리의 시야를 넓혀준 셈이다.

펜지어스와 윌슨의 발견을 알게 된 로버트 디키는 절망하며 한탄했다. 펜지어스와 윌슨은 우주 배경 복사를 몰랐고 그것을 찾으려 하지도 않았지만 우연히 발견함으로써 1978년 노벨물리학상의 주인공이 됐다. 그들은 〈뉴욕타임스〉의 기사를 읽고 나서야 자신들의 발견이 얼마나 중요하고 대단한 것인지 깨달았다. 우리도 우주 배경 복사 때문에 생기는 잡음을 주변에서 확인할 수 있다. 텔레비전 방송이 없는 채널에서 보이는 물결치는 무늬 중에서 약 1% 정도는 오래전 일어났던 대폭발의 잔재 때문이다.

#뉴턴 법칙　#우주의 움직임

우주 배경 복사의 발견으로 빅뱅 이론이 사실임을 알게 된 이후, 많은 과학자는 우주 천체가 어떻게 움직이는지에 대해 관심을 기울였다. 약 75~76년을 주기로 지구에 접근하는 핼리혜성의 존재와 공전 주기를 발견한 영국의 천문학자인 에드먼드 핼리는 두 명의 과학자, 로버트 훅과 크리스토퍼 렌과 함께 천체의 움직임에 대한 이야기를 나누었다.

당시 행성들은 타원과 같은 일그러진 궤도를 따라 움직이고 있다고 알려졌지만 왜 그런 이상한 궤도를 따라 움직이게 되었는가에 대한 이유는 알 수 없었다. 크리스토퍼 렌은 그 답을 알아내는 사람에게 2주 정도의 봉급에 해당하는 40실링의 상금을 주겠다고 말했다. 이에 로버트 훅은 자신은 이미 그 문제를 해결했지만, 다른 사람에게 문제를 해결하는 만족감을 빼앗기기 싫다며 공유를 거절했다. 그렇지만 문제를 풀기 위해 계속해서 몰두했던 핼리는 다음 해 괴짜 수학 교수라고 알려진 인물에게 도움을 청했다. 아이작 뉴턴이었다.

뉴턴은 정말 괴짜였다. 안구와 뼈 사이 가장 깊숙한 곳까지 바늘을 넣으면 무슨 일이 생기는지 알고 싶다며 가죽을 꿰맬 때 쓰는 긴 바늘을 자신의 눈에 넣고 돌리는 실험을 한 적도 있을 정도였다. 또 그는 특이한 습관이 있었는데, 새로운 학문적 발견을 하고 나서도 수년 동안 누구에게도 말하지 않는 것이었다. 미적분을 만들어놓고 27년 동안 아무에게도 밝히지 않았고, 분광학이라는 새로운 과학 분야의 바탕이 되었던 광학을 알아냈지만 30년 동안 아무에게도 말하지 않았다.

핼리는 괴짜 뉴턴에게 태양에 의한 힘이 거리의 제곱에 반비례했을 때 행성의 궤도가 어떤 모양이냐고 물어보았다. 뉴턴은 즉시 타원이라고 대답했다. 그는 계산을 통해 알게 됐다고 말했고, 이에 핼리는 계산 결과를 보여 달라고 요청했다. 하지만 뉴턴은 쌓인 서류 더미에서 예전에 했던 계산 결과를 끝내 찾지 못했다. 그건 누군가 암을 고치는 방법을 발견하고, 그 비법을 적은 종이를 어디에 뒀는지 모르는 것과 같았다. 결국 뉴턴은 다시 계산해서 핼리에게 결과를 보여주기로 했다. 뉴턴은 그 약속을 지켰을 뿐 아니라, 2년 동안 칩거하면서《프린키피아》로 더 알려진 그의 걸작《자연철학의 수학적 원리》를 썼다. 천체의 궤도를 수학적으로 설명하고 천체들을 움직이는 힘, 바로 '중력'의 개념을 처음 소개한 책이었다.

과학계의 가장 위대한 발견인 뉴턴의 세 가지 운동 법칙은 관성의 법칙, 동역학의 법칙, 작용과 반작용의 법칙이다. 이 내용이 담긴《프린키피아》발간은 쉽지 않았다. 연구가 완성될 무렵 뉴턴과 로버트 훅 사이에 역 제곱 법칙의 우선권 논쟁이 시작되었다. 그러자 뉴턴은 첫 두 권을 이해하기 위해 꼭 필요한 3권의 출판을 거부했다. 핼리는 뉴턴을 어렵게 설득하고 아첨해서 겨우 3권을 출판할 수 있었다. 그런데 이번엔 출판을 약속했던 왕립학회가 재정 문제를 핑계로 갑자기 약속을 취소했고, 핼리는 어쩔 수 없이 자신의 재산으로 출판 비용을 지불했다.

만약 핼리의 도움이 없었다면 인류가 천체의 움직임을 알게 되는 시기는 더 늦춰졌을 것이다. 우주에 대한 관심은 뉴턴의 운동 법칙과 만유인력 법칙까지 이어졌고, 이는 물리학에 대단한 영향을 미쳐 과학혁명에 크게 이바지할 수 있었다.

☑ Insight Point

☐ 특이점: 모든 티끌과 물질을 구성하는 입자를 모아 작은 공간에 넣은 상태

☐ 빅뱅 이론의 증거는 우연히 발견된 우주 배경 복사

☐ 천체의 움직임에 대한 높은 관심으로 뉴턴의 세 가지 운동 법칙과

　　만유인력의 법칙이 탄생

거의 모든 지구의 역사 ────────

#지구의 모든 것   #지구의 크기   #지구의 모양

　지구는 어떤 모양으로 생겼으며 나이는 얼마나 됐을까? 지구의 내부는 어떻게 이루어져 있을까? 현재 우리가 지구에 대해 알고 사실들이 밝혀지기까지 과거 사람들의 엄청난 노력이 있었다.

　지구가 만들어지고 지금 크기의 3분의 1 정도가 되었을 때 이산화탄소, 질소, 메탄, 황으로 된 대기가 처음 생겼다. 생명과 관련이 있다고 상상하기 어려운 물질들이지만, 생명은 유독한 혼합물에서 생겨났다. 다음 5억 년 동안 어린 지구에는 혜성과 운석, 다른 천체의 파편들이 끊임없이 쏟아졌고, 덕분에 바다를 채울 물과 생명이 탄생하는 데 필요했던 성분들이 생겨났다. 혹독한 환경에도 불구하고 작은 화합물 덩어리가 스스로 움직이며 생명이 시작됐다. 시간이 흐른 뒤 사람들은 우리가 살고 있는 지구에 대해 더 많은 것을 알고 싶어 했다.

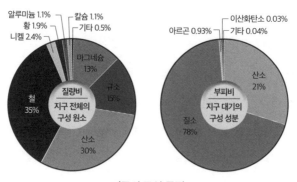

지구의 구성 물질

인류는 반세기 동안 정확한 측정을 통해 지구의 크기를 알아내려고 노력했다. 프랑스의 천문학자 장 피카르는 별을 측정했던 기구와 목성에 있는 위성의 움직임을 관측하기 위해 만든 망원경을 이용해 삼각측량법을 개발했다. 그는 2년 동안 프랑스를 돌아다니면서 삼각측량을 했고, 1669년에 1도 사이의 거리가 110.46 km 라는 사실을 밝혀냈다. 지구가 완전한 둥근 공 모양이라는 가정을 근거로 측정한 결과였다.

그런데 뉴턴이 지구가 완전한 공 모양이 아니라는 반대 의견을 주장했다. 지구 회전에 따른 원심력 때문에 극지방은 조금 납작하고, 적도지방은 약간 부푼 것이 지구의 모양이라는 것이었다. 그렇다면 이탈리아와 스코틀랜드에서 1도 사이의 거리도 조금씩 달라야 했다. 1도 사이의 거리는 극지방에서 멀어질수록 줄어들어야 했다.

이 이야기를 들은 1735년 프랑스 왕립과학원은 진짜 지구의 모양을 확인하기 위해 수학자 샤를 마리 드 라 콩다민으로 구성된 탐사단을 파견했다. 파견된 곳은 어디였을까? 프랑스에서 약 1만 km 떨어진 페루였다. 왜 프랑스 탐사단은 지구의 크기를 측정하려고 지구를 반 바퀴나 돌아 페루까지 갔을까?

탐사단의 목표는 지구 둘레 360분의 1에 해당하는 자오선(북극점과 남극점을 최단 거리로 연결하는 지구 표면상 세로의 선) 1도의 길이를 측정해 지구 둘레에 대한 의문을 해결하는 것이었다. 프랑스 탐사단은 산악 지역이 더 넓은 시야를 확보할 수 있다고 생각하고 적도에 가까운 지역인 안데스로 떠났다. 탐사는 쉽지 않았다. 탐사단의 일원이었던 의사가 오해 때문에 살해되기도 하고, 많은 대원들이 고열과 추락 사고로 사망하기도 했다. 게다가 페루 산악 지방에는 안개가 끼는 날이 많아 탐사단은 몇 주일을 기다려야 겨우 한 시간 정도 측정할 수 있었다.

당시 안데스는 지구에서 가장 접근하기 어려운 지역이었는데, 프랑스 탐사단은 안데스 산악 지방을 지나기 위해 위험한 강을 건너고, 정글을 헤치고, 바위로 덮인 고지대의 황무지를 지나야만 했다. 온갖 어려움에도 불구하고 이들은 무려 9년 반 동안 기나긴 탐사를 계속했다.

그러던 중 프랑스 탐사단에 절망적인 사건이 발생했다. 프랑스의 두 번째 탐사단이 북부 스칸디나비아에서 뉴턴의 예측대로 극지방으로 갈수록 1도 사이의 거리가 실제로 더 멀어진다는 사실을 먼저 확인한 것이다. 부게와 라 콩다민 탐사단은 스스로 원하지 않았고 처음 밝혀내지도 못한 결과를 얻기 위해 거의 10년을 허비한 셈이었다. 결국 뉴턴의 말대로 지구는 둥근 공 모양이 아닌 것으로 밝혀졌다. 부게의 프랑스 탐사는 역대 과학 탐사 작업 중 제일 엉망인 탐사로 각인되고 말았다.

#지구의 나이 #방사능과 납으로 지구의 나이 측정

지구의 나이는 몇 살일까? 처음 지구 나이를 추정했던 인물 중에는 앞서 등장했던 에드먼드 핼리도 있었다. 1715년 그는 바다 전체에 녹아 있는 소금의 총량을 매년 바다로 유입되는 소금의 양으로 나누면 바다가 존재했던 기간을 알 수 있고, 그것으로부터 지구의 대략적인 나이를 짐작할 수 있다고 주장했다. 하지만 바다에 녹아 있는 소금의 총량이나 매년 바다로 유입되는 소금의 양을 알아내는 일은 불가능했다.

빌 브라이슨 《거의 모든 것의 역사》

1770년대 이르러 프랑스의 뷔퐁 백작 조르주-루이 르클레르는 새로운 방법으로 지구의 나이를 측정했다. 지구가 상당한 양의 열을 방출하고 있다는 사실은 오래전부터 알려져 있었지만 열이 식어가는 속도를 추정할 수 있는 방법이 없었다. 뷔퐁은 하얗게 빛날 정도로 가열한 둥근 공을 만졌을 때 열이 소실되는 속도를 추산했고, 그러한 방법으로 측정한 지구의 나이는 7만 5천 년에서 16만 8천 년 사이였다. 지금 생각하면 엄청나게 작은 값이지만 당시로서는 획기적인 결과였다. 이후 19세기 중엽에 이르러 다양한 지식인들이 지구의 나이에 대해 관심을 갖기 시작했다. 2천만 년과 4억 년 사이라고 한 사람도 있었고, 다른 사람의 추정치를 훨씬 뛰어넘는 23억 년이라고 주장한 사람도 있었다.

그러던 중 우라늄이라는 원소를 통해 지구의 나이를 밝힌 사람이 있었다. 1896년 대학원생 마리 퀴리는 상당한 양의 에너지를 일정하게 방출하면서도 겉으로 보기에 크기는 물론 다른 어떤 성질도 달라지지 않는 어떤 암석이 있다는 사실을 발견했다. 마리 퀴리는 이러한 현상을 '방사능'이라고 명명했다. 마리 퀴리는 연구를 이어가던 중 폴로늄과 라듐이라는 원소를 발견했고, 이 발견으로 노벨물리학상을 수상했다. 그리고 파리대학에 라듐 연구소를 설립했다.

방사능에 관심을 기울인 사람은 또 있었다. 몬트리올 맥길대학에 있던 뉴질랜드 출생 어니스트 러더퍼드였다. 그는 방사능을 연금술로 해석했고 작은 양의 물질에 엄청난 양의 에너지가 들어 있다는 사실과 지구가 뜨거운 이유가 대부분 그런 방사성 붕괴 때문이라는 사실을 알아냈다. 또 방사성 원소가 붕괴되면 다른 종류의 원소가 된다는 사실도 발견했는데, 우라늄 원자가 며칠 후에는 납 원자로 변할 수 있다는 것이었다.

러더퍼드는 방사성 물질의 시료가 붕괴되어 절반으로 줄어드는 데에 일정한 시간이 걸린다는 반감기까지 발견했다. 현재 남아 있는 방사성 물질의 양과 그것이 얼마나 빠르게 붕괴되는가를 알면 거꾸로 그 시료의 연대를 계산할 수 있다는 것이었다. 러더퍼드는 50~80%의 우라늄을 포함하고 있는 산화우라늄 광물인 역청 우라늄광 조각을 연구해 그것의 나이가 7억 년이라는 사실을 밝혔다. 그의 발견은 가장 과학적인 혁명이었지만, 당시 사람들은 그의 새로운 주장을 인정해주지 않았다. 결국 지구의 나이를 확실하게 알게 되기까지 반세기가 더 걸렸다.

1948년 시카고 대학의 대학원생이었던 클레르 패터슨은 지구의 나이를 정확하게 결정할 수 있는 새로운 납 동위원소 측정법을 개발해 연구하고 있었다. 납은 신경독성 물질이다. 납을 많이 섭취하면 뇌와 중추신경계에 회복 불가능한 손상이 생기고, 납에 과다 노출되면 시력 상실, 불면증, 암, 경련 등의 증상이 나타난다. 당시에도 납이 얼마나 위험한 물질인지 널리 알려져 있었지만, 20세기 초 거의 모든 소비재에 납이 들어 있었다.

이러한 상황이 가능했던 건 1923년 뉴저지주의 스탠더드 오일이 설립한 에틸가솔린사 때문이었다. 에틸가솔린사는 납이 들어 있는 휘발유 첨가제에 에틸이라는 새로운 이름을 붙여 독성이 약하게 보이도록 만든 후 소비자에게 대량 공급했다. 얼마 지나지 않아 작업자들에게 납 중독 증상이 나타나기 시작했고, 유연 휘발유를 생산하기 시작했던 초기에 적어도 15명의 작업자가 사망했다.

클레르 패터슨은 이렇게 위험한 납을 가지고 어떻게 지구의 나이를 측정할 수 있었을까? 사실 시카고대학의 교수 해리슨 브라운은 화성암에 들어 있는 납 동위원소의 양을 알아내는 새로운 방법을 이미 알고 있었다. 하지만 실제 진행하기 위해서는 오랜 시간이 걸린다는 사실을 깨닫고 클레르 패터슨에게 그 일을 박사학위 과제로 맡겼다.

패터슨은 1948년부터 무려 7년 동안 오래된 암석 시료를 엄격하게 선택했고, 납과 우라늄 비율을 정확하게 측정했다. 지구의 나이를 측정하려면 납과 우라늄을 포함하고 있으면서 지구만큼이나 오래된 암석이 필요했는데, 패터슨은 그만큼 오래된 암석을 찾기 위해 엄청난 노력을 기울였다. 마침내 패터슨은 지구의 나이가 45억 5천만 년이라는 사실을 밝혀낼 수 있었다. 200년 동안의 노력 끝에 드디어 지구의 나이가 밝혀진 것이다.

#지구의 지각 #판게아 #판구조론 #지구의 내부

지구의 내부는 어떻게 구성되어 있을까? 먼저 지구의 표면부터 알아보자. 현재 지구는 5대양(북극, 남극, 인도양, 태평양, 대서양) 6대륙(아시아, 북아메리카, 남아메리카, 아프리카, 유럽, 오세아니아)으로 이루어져 있다.

20세기 초반 몇몇 과학자들은 아프리카와 남아메리카의 마주 보는 해안이 서로 닮아있다는 사실에 흥미를 갖고 대륙들이 한때는 미끄러지면서 돌아다녔다는 생각을 가졌다. 독일의 기상학자인 알프레트 베게너는 유럽과 미국에 똑같은 종류의 달팽이가 살게 된 이유가 무엇인지 의문을 가졌고, 세계의 대륙들이 한때는 판게아Pangaea라고 부르는 하나의 대륙이었기 때문에 식물과 동물이 서로 섞일 수 있었다고 생각했다. 그리고 그 후에 대륙들이 서로 떨어져 지금의 위치로 움직여갔다고 주장했다.

지질학자들은 화석 분포의 문제를 '필요한 곳에 육교가 있었다'는 이론으로 설명하면서 베게너의 주장을 비웃었다. 이들은 히파리온이라는 고대의 말이 프랑스와 플로리다에 살고 있었다는 사실이 밝혀졌을 때, 역시 간단하게 대서양을 가로지르는 육교를 그려 설명해버렸다. 결국 선사시대의 바다는 대륙 등을 잇는 가상적인 육교로 채워진 것이다.

이후 광물학자인 해리 헤스가 바다를 탐사하던 중 지구에서 가장 크고 거대한 산맥 대부분이 원래 바다 밑에 있었음을 알아냈다. 그는 대서양의 해저 산맥은 상당히 최근에 생긴 것이고, 그것으로부터 동쪽이나 서쪽으로 갈수록 점점 더 오래전에 만들어진 것임을 밝혀냈다. 결국 바다 밑에서 해저 산맥을 중심으로 양쪽에 새로운 지각이 만들어지고 있고, 이전에 만들어진 지각은 새로 만들어지는 지각에 의해 양쪽으로 밀려나고 있다는 것이다. 이러한 과정을 '해저 확장설'이라고 하는데, 당시 아무도 헤스의 주장에 귀 기울이지 않았다.

그러던 중 케임브리지대학의 지구물리학자인 드러먼드 매슈스와 그의 대학원생인 프레드 바인이 대서양 바닥에서 측정한 자기장 연구를 이용해 헤스의 말대로 해양의 바닥이 정확하게 확장되고 있으며, 대륙도 움직이고 있다는 사실을 밝혔다. 단순히 대륙만 움직이는 것이

빌 브라이슨 《거의 모든 것의 역사》

아니라 지각 전체가 움직인다는 사실이 밝혀지면서 '대륙 이동'이라는 말은 사라지고, 지각의 움직이는 각 부분을 판plate이라 칭해 판구조론plate tectonics이라고 부르게 되었다.

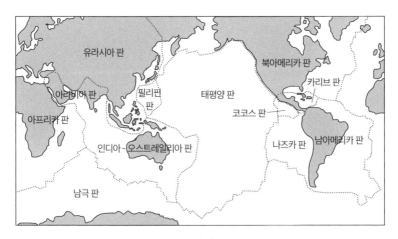

판구조론에 따른 분류

　지구 표면은 크기를 정의하는 방법에 따라 8~12개의 대형판과 20개 정도의 작은 판으로 구성되어 있으며, 그런 판들이 서로 다른 방향과 속도로 움직이고 있다. 그리고 여전히 변화가 일어나고 있다. 사람의 평균 일생 동안 대략 2m 정도씩 멀어지고 있다고 한다. 지구는 암석으로 된 행성 중에서 유일하게 판 구조를 갖고 있는데, 바로 이 점이 지구에 생명체가 살아가는 데 매우 중요한 역할을 한다고 추측한다.

　그러면 판 아래 지구 내부에서는 무슨 일이 일어나고 있을까? 우리는 우리 발밑에서 무슨 일이 일어나는가에 대해 놀라울 정도로 아는 것이 없었다. 지구 표면에서 중심까지의 거리는 약 6,400km이다. 지구 중심까지 우물을 파고 벽돌을 떨어뜨리면 바닥에 닿기까지 겨우 45분이 걸린다는 것이다.

우리는 지구의 중심을 뚫고 들어가려고 노력했지만 실패했다. 지구 내부에 대해 아는 것이라곤 석탄 광부 수준이다. 땅속을 파고 들어가다가 암석에 부딪히면 그것이 전부였다. 우리는 지구 중심의 근처조차 가보지 못했다. 지구가 사과라면 우리는 아직 껍질도 벗겨보지 못했다는 의미다.

지구의 내부는 무엇으로 이루어져 있을까? 1912년 크로아티아의 지진학자 안드리야 모호로비치치는 지구 내부 깊숙한 곳까지 침투한 충격파가 지구 내부의 얕은 곳에서 어떤 장벽을 만난 것처럼 비스듬한 각도로 반사된다는 사실을 발견했다. 그가 지각과 그 밑에 있는 층인

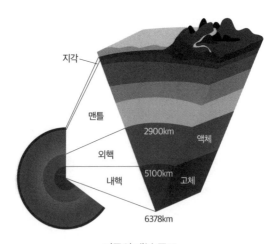

지구의 내부 구조

맨틀 사이의 경계면을 발견한 것이다. 맨틀의 존재는 모호로비치치 불연속면이 발견됐을 때부터 알려지게 됐다.

이때부터 사람들은 지구가 여러 층으로 되어 있다는 사실을 희미하게 깨닫기 시작했고, 1936년 지구에는 두 개의 핵이 있다는 사실까지 알아냈다. 세계 곳곳에서 수없이 많은 지진이 일어나자 판 내부의 지진이 무슨 이유로 일어나는지 궁금해하기 시작했다. 과학자들은 지구의 내부를 파헤치기 시작했다.

1960년대 들어서서 과학자들은 해저 바닥으로부터 모호로비치치 불연속면까지 구멍을 뚫어 채취한 지구의 맨틀 샘플을 분석하겠다는 모홀 계획을 세웠다. 지구 내부에 있는 암석의 성질을 이해하면 내부가 어떻게 작용하는지 알게 될 것이고, 결국 지진이나 다른 재앙을 예측할 수 있다고 생각한 것이다.

과학자들은 멕시코 연안의 태평양 4,200m 밑에 있는 비교적 얇은 지각에 5,100m 깊이까지 구멍을 뚫으려 했다. 모홀 계획은 성공했을까? 겨우 180m밖에 뚫지 못한 채 완전히 실패했다. 모홀 계획은 엠파이어스테이트 빌딩 꼭대기에서 스파게티 가닥으로 뉴욕 보도에 구멍을 뚫는 것과 마찬가지였다. 아무 결과 없이 비용만 늘어나던 작업은 결국 1966년 중단됐다.

4년 후, 소련의 과학자들은 러시아 콜라반도에 있는 육지로 가서 15 *km*의 구멍을 뚫는 일을 시작했다. 그들은 19년 동안 12,262m를 뚫었지만 이내 작업을 포기했다. 콜라반도에 뚫은 구멍은 지각의 3분의 1에도 미치지 못했다. 결국 우리가 지구 내부에 대해 알게 된 것은 아주 조금뿐이다. 우리 발밑의 세상은 암석으로 이루어진 바깥쪽의 지각, 뜨겁고 끈적끈적한 암석으로 된 맨틀, 액체 상태의 외핵 그리고 고체 상태의 내핵, 이렇게 네 층으로 이루어졌다는 사실이다.

#지구를 둘러싸고 있는 대기

지금까지 지구의 모양과 나이, 내부를 알아보았다. 이제 지구를 이루고 있는 것들에 대해 궁금해지지 않는가? 먼저 지구를 둘러싸고 있는 기체층, 대기는 우리에게 어떤 존재일까?

대기는 우리에게 엄청나게 고마운 존재다. 대기는 우리를 따뜻하게 해주는데, 만약 대기가 없었다면 지구의 평균 온도는 섭씨 영하 50도가 되어 인간은 존재하지 못했을 것이다. 대기는 쏟아져 들어오는 우주선, 전하를 가진 입자들, 자외선 같은 것들을 흡수하거나 비켜나게 만드는 역할도 한다. 기체로 채워진 대기는 4.5m 두께를 가진 콘크리트 보호막과 같다. 대기에 의한 감속 효과가 없었다면 빗방울마저도 우리를 기절시켰을 것이다.

대기는 불균등하게 대류권, 성층권, 중간권 그리고 열권이라고 부르는 전리권의 네 부분으로 이루어져 있다. 대류권은 그 자체만으로도 우리가 살아가기에 충분한 양의 온기와 산소를 가지고 있기 때문에 우리에게 가장 소중한 부분이다. 사람이 살 수 있는 고도의 한계는 대략 5,500m인 것 같지만 고지대에서 살던 사람들조차 그런 높이에서는 오래 견딜 수 없다. 공기가 희박하고 춥기 때문이다.

우리는 공기가 아주 가벼워서 질량이 없다고 생각하지만, 사실 공기는 상당한 질량을 갖고 있다. 그리고 그 무게가 스스로 엄청난 영향을 미친다. 여러분은 평소 공기를 느낄 수 있는가? 아마 느끼지 못할 것이다. 하지만 만약 아침에 일어나서 기압계가 2.5cm 올라갔다면, 그건 밤사이에 거의 0.5톤의 무게가 우리를 짓누르고 있는 것이나 마찬가지다.

0.5톤의 무게가 짓누른다는 사실을 전혀 느끼지 못하는 이유는 무엇일까? 바다 밑에서 몸이 압착되지 않는 것과 같은 이유인데, 압축이 불가능한 액체로 되어 있는 우리 몸이 같은 세기로 밀어내 내부와 외부의 압력이 같기 때문이다. 그러다 강한 바람이 불 때처럼 공기가 움직이면 공기가 상당한 질량을 갖고 있음을 알게 된다. 우리 주위에는 52억 톤의 100만 배의 공기가 있다. 지구상 1km^2당 1,000만 톤에 해당하는 것으로 정말 어마어마한 양이다.

#물로 이루어진 지구　**#미지의 세계 심해**

지구는 또 엄청난 물로 이루어진 행성이기도 하다. 물은 지구 모든 곳에 있다. 감자의 80%, 소의 74%, 인간의 65%가 물이다. 인간이 물 없이 살 수 있을까? 불가능하다. 물이 없으면 인간의 신체는 빠른 속도로 망가진다. 하지만 물이 어디에나 있기 때문에 우리는 그게 얼마나 특별한 물질인지 종종 잊곤 한다.

지구상 물의 총량은 어느 정도 될까? 13억 1,000만km^3이다. 신기한 건 이 수치에 더해지지도 않고 사라지지도 않는다는 점이다. 바다는 38억 년 전부터 지금과 같은 부피를 가지고 존재했다.

지구의 물 97%는 바다에 있다. 태평양에 51.6%, 대서양에 23.6%, 인도양에 21.2%, 나머지 바다에는 3.6%가 분포되어 있다. 바다는 아주 옛날부터 우리에게 중요했지만, 19세기에 들어설 때까지만 해도 인류는 바다에 대해 알고 있는 게 거의 없었다. 1830년대 영국의 물리학자인 에드워드 포브스가 수면에서 600m 이하에는 생물이 전혀 살지 않는다는 탐사 결과를 발표하기도 했다.

바다에 대한 조직적 연구는 1872년 처음 시작됐고, 현대적인 심해 탐사는 1930년에 이루어졌다. 하지만 제도권 학자들은 바다에 대한 연구를 무시했고, 바다 탐사 역시 제대로 이루어지지 않았다. 1950년대 말까지도 바다 저 깊은 곳에 무엇이 있는가에 대해 알려진 것이 없었다.

1960년 심해잠수정을 만든 자크 피카르와 미 해군 대위 돈 월시는 심해 가장 깊은 계곡인 마리아나 해구로 잠수했다. 그들은 잠수한 지 네 시간이 채 되기 전에 1만 917m까지 내려갔는데, 바닥에 닿는 순간 가자미가 놀라 도망치는 모습을 목격했다. 그들은 세계에서 가장 깊은 곳에서 20분 동안 체류한 후 다시 수면으로 올라왔다.

인간이 바다 그렇게 깊은 곳에 들어간 것은 그때뿐이었다. 그 이후 아무도 없었다. 왜 그랬을까? 해군 예산을 관리하던 하이만 G. 리코버 중장이 격렬히 반대했기 때문이다. 그는 해저 탐사는 지원 낭비일 뿐이라 생각했고, 해군은 연구기관이 아님을 강조했다. 또 당시 미국 정부는 달 탐사를 위한 아폴로 계획을 더 중요하게 생각했다. 여러 결정들 때문에 심해 탐사는 하찮은 활동이 되어버린 것이다.

그로부터 17년이 지나서야 놀라운 심해에서 생물학적 발견이 이뤄졌다. 갈라파고스 제도 근처에 있는 심해 분출구와 그 부근에서 대형 생물이 군락을 이루고 있다는 사실을 알아낸 것이다. 3m가 넘는 갯지렁이와 폭 30cm가 넘는 조개를 비롯해 다양한 새우와 홍합 그리고 지렁이들이 발견됐다. 바닷속에는 몇 종의 동물들이 살고 있을까? 많게는 3,000만 종의 동물이 살고 있을 거라고 추정하지만, 대부분은 아직 발견되지 않았다.

우리는 바다에 무지했다. 그래서였을까? 해양학자들은 1957~1958년에 심해를 방사성 폐기장으로 활용하기로 결정하고, 이를 목표로 연구했다. 심지어 그런 목표를 감추려 하지 않고 자랑스럽게 공개하기까지 했다. 1958년에 인류는 이미 10년 이상 상당히 많은 양의 방사성 물질을 바다에 버리고 있었다. 미국은 1946년부터 200리터짜리 드럼에 넣은 방사성 폐기물을 바다에 집어 던졌고, 대략 50여 곳의 바다에 수십만 드럼의 폐기물을 1999년대까지 버렸다. 미국뿐만 아니라 러시아, 중국, 일본, 뉴질랜드 그리고 유럽의 거의 모든 국가가 바다에 폐기물을 버렸다. 이러한 행위가 바다 밑에 사는 생물들에게 어떠한 영향을 주었는지는 알 수 없다. 우리는 여전히 바다 밑의 생명에 대해 너무나 모르기 때문이다.

#지구의 주인은 미생물 #미생물의 공격

지구의 주인은 누구라고 생각하는가? 흔히 인간이라고 생각하겠지만 지구의 주인은 박테리아다. 박테리아는 태양이 폭발하기 시작했을 때부터 있었고, 우리가 지구에 살 수 있게 허락한 존재들이다. 우리는 박테리아가 없으면 하루도 살 수 없다. 박테리아는 우리가 버린 것들을 부지런히 씹어 먹어 다시 쓸 수 있도록 해준다. 내장 속에 있는 박테리아는 비타민을 합성해주고, 우리가 섭취한 것을 쓸모 있는 당과 다당류로 바꿔주고, 몸속에 들어온 외래 미생물과 싸워 물리친다.

박테리아의 번성은 놀라울 정도다. 하나의 박테리아가 280조 마리로 번식하는 하루의 시간 동안 인간의 세포는 겨우 한 번 분열이 가능하다. 아무리 깨끗한 사람이라 할지라도 피부 전체 면적에 대략 1조 마리의 박테리아가 산다. 피부 $1cm^2$에 10만 마리가 사는 셈이다. 그뿐만이 아니다. 소화기관에는 적어도 400종 100조 마리의 박테리아가 살고 있다. 사람의 몸은 1경 개의 세포로 구성되어 있는데, 그 속에 박테리아는 10경 마리가 살고 있다. 쉽게 말해 박테리아는 사람의 중요한 구성 요소인 것이다.

박테리아는 인간의 몸에만 사는 것일까? 지구의 주인답게 박테리아는 지구 어디에나 살고 있다. 진흙 연못이나 바위 깊숙한 곳에 살기도 하고, 남극 대륙의 계곡이나 수심이 $11km$나 되는 태평양 바닷속에도 산다. 지구에 존재하는 식물을 포함한 모든 생물자원의 총량을 합치면 미생물이 적어도 80% 또는 그 이상을 차지한다. 세상은 아주 작은 것들의 소유이고, 아주 오랫동안 그런 상태로 지내왔다.

대부분의 미생물은 인간의 생존에 대해 중립적이거나 긍정적인 태도를 보인다. 지구상에서 가장 사나운 감염을 일으키는 미생물, 올바키아라 세균은 실제로 사람을 해치지 않는다. 그러나 독성이 강한 미생물도 많아 인간에게 해가 되기도 한다. 전체적으로 1,000종의 미생물 중 1종 정도가 인간에게 독성을 나타낸다.

돼지 독감 또는 스페인 독감이라고 불렸던 병은 인간에게 엄청나게 치명적이었다. 돼지 독감은 1918년 봄에 약한 독감으로 시작했으나 몇 달 만에 아주 심하게 바뀌었다. 바이러스가 돌연변이를 일으킨 것이다. 제1차 세계대전에서 희생된 사람의 수는 2,100만 명이었는데, 이때 사망한 미국인의 80%는 적군의 총이 아니라 독감 때문에 죽었다. 1918년 가을에서 다음 해 봄까지 미국에서 약 55만 명이 사망했고, 영국과 프랑스, 독일에서 약 22만 명이 희생됐다. 제3세계의 통계는 정확하지 않지만 1억 명이 희생되었다는 주장도 있다.

미생물은 언제 어디에서 우리를 어떻게 공격할지 모른다. 하지만 분명한 것은 우리의 생활습관이 전염병을 불러온다는 것이다. 인류가 발명한 비행기 덕분에 이제 감염체는 놀라울 정도로 손쉽게 지구 곳곳을 돌아다닐 수 있게 되었다. 그렇기 때문에 의료진뿐만 아니라 보통 사람들도 미생물에 대해 잘 알고 있어야 한다.

☑ Insight Point

- ☐ 지구의 크기는 공 모양이 아닌 타원형
- ☐ 지구의 나이는 45억 5천만 살
- ☐ 지구는 판구조론에 의해 움직이며 지구의 내부는 지각, 맨틀, 외핵, 내핵으로 구성
- ☐ 지구는 대기, 물, 미생물로 이루어져 있어 인간의 생명이 유지 가능

거의 모든 인간의 역사 ─────

#생명의 탄생   #모든 것은 세포에서 시작

우리는 지구에 대해 많은 사실을 알게 됐지만, 여전히 제대로 알지 못한다. 하지만 분명한 것은 생물이 존재하는 곳은 지구뿐이라는 것이다. 그러나 지구에서 생물이 살 수 있는 곳은 아주 적은 공간이다. 인간에게 주어진 공간은 더 적다. 지구에서 우리가 살 수 있는 면적은 전체 육지 면적의 12% 또는 바다를 포함한 지구 전체 면적의 4%에 불과하다. 지구에 살게 된 인간은 험난한 과정을 거쳐 탄생해 지구 환경에 적응하도록 진화했다. 이제 인간이란 존재가 어떤 과정으로 탄생했는지 알아보자.

인간은 단 하나의 세포에서 시작된 존재다. 첫 번째 세포가 둘로 분할되고, 둘이 넷이 되는 분할이 47회 반복되면 1경의 세포가 생긴다. 그럼 인간으로 태어날 준비가 된 것이다. 인간에게는 수백 종류의 세포가 있으며 길이가 몇 미터나 되는 가는 실처럼 생긴 신경 세포, 작은 판 모양의 적혈구 세포, 시각을 도와주는 막대 모양의 광섬유 세포 등 각 세포는 크기와 모양이 다양하다. 인간의 세포는 대체로 지름이 $1mm$의 100분의 2, 즉 $20\mu m$(마이크로미터)로 눈으로 보기에 굉장히 작다. 하지만 미토콘드리아를 비롯한 수천 개의 복잡한 구조, 수백만 개의 수백만 배에 이르는 분자들을 담기에는 충분한 크기다.

세포는 어떻게 구성되어 있을까? 크기나 모양에 상관없이 몸속에 있는 세포들은 바깥 껍질인 세포막, 생명체가 살아 있도록 해주기 위해 꼭 필요한 유전 정보가 들어 있는 핵, 그리고 세포질로 구성되어 있다. 세포가 하는 일은 무엇일까? 세포는 모든 일을 한다. 세포는 영양분을 추출해 에너지를 전달하고 노폐물을 처리한다. 즐거움을 느끼고 생각할 수 있게 하며 일어서서 팔과 다리를 펴고 신나게 뛰어놀도록 해준다. 머리카락을 자라게 만들고, 뇌가 아무 소리 없이 움직이도록 만드는 것도 세포다.

세포는 리소좀, 엔도좀, 리보솜, 페르옥시솜 등 온갖 크기와 모양을 가진 수백만 종의 단백질들이 수백만 종의 다른 것들과 충돌하는 와중에 영양분에서 에너지를 추출하고, 구조를 만들고, 노폐물을 제거하고, 침입자를 몰아내는 등의 일을 수행한다. 보통 하나의 세포에는 약 2만 종의 단백질이 있고, 그중 2천 종은 5만 개씩이나 존재한다.

우리 몸속에서 일어난 생화학적 활동은 엄청나게 힘이 드는 일이다. 심장은 모든 세포에 충분한 양의 산소를 공급하기 위해 한 시간에 284l, 하루에 6,816l, 1년에 2,488,000l의 혈액을 내보낸다. 어느 정도 양인지 상상할 수 있는가? 올림픽 경기장 규모의 수영장을 가득 채울 수 있는 양이다.

세포는 더 이상 쓸모가 없어지면 죽는다. 매일 수십억 개의 세포들이 당신을 위해 죽어가고, 수십억 개의 다른 세포들이 남은 것을 청소한다. 이 과정을 계속 반복한다. 피부 세포는 모두 죽은 세포다. 보통의 몸집을 가진 성인은 대략 2kg 정도의 죽은 피부를 가지고 있다. 매일 수십억 개의 작은 파편들이 떨어져 나가는 것이다.

대부분의 세포는 한 달 이상 사는 경우가 드물지만 간세포는 다르다. 간세포의 구성 성분은 며칠마다 새로 만들어지지만, 몇 년 동안 살아 있을 수 있다. 뇌세포 또한 예외적으로 평생을 함께하는 존재다. 출생할 때 1,000억 개 정도의 뇌세포가 만들어지는데 그게 전부다. 그리고 매시간 500개 정도가 죽는다. 뇌세포 역시 구성 성분들은 대략 한 달 만에 완전히 새로운 것으로 바뀐다. 세포 수준에서 보면, 우리는 모두 어린아이다.

대부분의 세포는 다른 세포로부터 당장 필요한 임무를 부여받지 못하면 저절로 죽는다. 세포가 예정된 순서에 따라 죽지 않고 분열되면서 마구 성장하기도 하는데, 우리는 이를 암이라고 부른다. 암세포는 혼란에 빠진 세포인 셈이다. 평균 10억 번의 1억 배 정도의 세포 분열이 일어날 때마다 한 번의 치명적인 악성 세포가 등장하는데, 인간에게 암은 모든 면에서 불행한 일이다.

모든 생명체는 계속 존재하고 싶다는 충동에 사로잡혀 있다. 해면의 세포들을 해체해서 다시 물속에 넣으면 세포 조각들이 다시 모여들어 스스로 해면 구조를 회복한다. DNA라고 부르는 분자 때문이다.

자, 이제 DNA가 우리에게 얼마나 중요한지 알아보자.

#놀라운 분자 DNA   #유전자의 힘

당신의 존재를 결정하는 사람은 몇 명이나 될까? 당신의 부모님이 만나지 않았더라면 당신은 지금 이곳에 있을 수 없다. 그러나 당신의 존재를 결정하는 사람은 당신의 부모님뿐만이 아니다. 8대 조상을 거슬러 올라가면 당신의 존재를 위해 결합한 선조의 수는 250명이 넘는다. 30대 전으로 올라가면 당신 선조의 수는 10억 명이 넘는다. 64대 전으로 거슬러 올라가면 당신의 존재를 결정하는 데 참여한 사람의 수는 지금까지 지구에 살았던 모든 사람의 수를 합친 것보다 수천 배가 넘는 10^{18}명이 된다. 우리 모두는 가족인 것이다.

사람의 유전자를 비교하면 99.9%는 똑같다. 0.1%의 작은 차이가 각각의 개성을 부여한다. 생물의 유전 정보인 유전체는 서로 다르다. 만약 그렇지 않았다면 우리는 모두 똑같았을 것이다. 그럼 유전체는 무엇일까? 세포의 핵 속에는 모두 46개의 복잡한 덩어리로 되어 있는 염색체가 있다. 그중 23개는 어머니로부터, 나머지 23개는 아버지로부터 받은 것이다. 당신의 몸에 있는 99.999%에 이르는 거의 모든 세포는 같은 짝의 염색체를 가지고 있다.

염색체는 DNA라고 부르는 실 모양으로 생긴 화합물로 이루어져 있다. 우리 몸속에는 엄청나게 많은 DNA가 있는데, 거의 모든 세포에 대략 1.8m에 이르는 DNA가 들어 있다. 몸속에 들어 있는 모든 DNA를 한 줄로 이으면 지구와 달을 수없이 왕복할 정도의 길이가 된다. DNA는 지구상에서 가장 놀라운 분자라 할 만하다.

DNA는 1869년 스위스의 과학자인 요한 프리드리히 미셰르에 의해 처음 발견됐다. 미셰르는 외과 수술용 붕대에 묻어 있던 고름을 현미경으로 들여다보다가 처음 보는 물질을 발견했다. 세포의 핵 속에 있는 뉴클레인이었다. 엄청난 발견에도 불구하고 당시 사람들은 그의 주장에 흥미를 느끼지 않았다. 반세기가 지나도록 DNA는 유전 문제에서 보조적인 역할을 한다고 여겨졌다.

그러던 중 1888년 과학자 토머스 헌트 모건에 의해 염색체가 우연히 발견됐다. 20세기가 시작될 때쯤에는 염색체가 유전 정보 전달에 관여한다는 사실을 알게 되었다. 그러나 어떤 방법으로 관여하는지 알 수 없었다. 수수께끼 같은 유전자와 그것을 구성하는 DNA에 관한 생물학적 복잡성은 여전히 문제로 남았다.

DNA의 가장 중요한 특성은 복제다. DNA 복제는 매우 정확하게 이루어지지만, 100만 번에 한 번 정도씩 잘못되기도 한다. 잘못된 복제는 몸에 아무 문제를 일으키지 않지만, 가끔 문제가 되기도 하고 도움이 되기도 한다. 어떤 병에 쉽게 걸리도록 만들기도 하고, 보호 기능이 우수한 색소를 만들기도 한다. 세월이 흐르는 동안 그런 작은 변화들이 개인 그리고 집단 전체에 누적되어 두드러진 개성을 갖게 만든다.

현재 널리 알려진 이론처럼 우리는 DNA를 복제하는 기계에 불과하다. DNA는 우리를 위해서가 아니라 DNA 자신을 위해 존재할 뿐이다. 우리 몸은 유전자가 그렇게 명령하기 때문에 선택의 여지없이 따라야 하고, 모든 생물은 그저 유전자의 노예들이다. 번식으로 자신의 유전자를 퍼뜨리려는 욕구는 자연에서 가장 강력한 충동이며 유전자는 인간에게 어마어마한 영향을 끼친다.

유전자는 질병과 연관이 많다. 혈우병, 파킨슨병, 낭포성 섬유증 같은 몇 가지 질병은 하나의 잘못된 유전자 때문에 나타난다. 그리고 우리의 운명이나 건강, 심지어는 눈의 색깔까지도 각각의 유전자가 아니라 여러 유전자의 연합 작용에 의해 결정된다. 그래서 디자인된 아이를 탄생시키는 일은 어렵다.

최근에는 생각조차도 유전자의 영향을 받는 것으로 밝혀졌다. 남자의 수염이 얼마나 빨리 자라는가는 그 사람이 성에 대해 얼마나 많이 생각하는가와 연관이 있다. 그리고 일부 중요한 유전자를 파괴하면 다른 유전자가 그 틈을 채워주는 것으로 밝혀졌다. 인간 유전체를 규명하는 일은 아직 시작에 불과하다.

☑ Insight Point

☐ 지구에서 가장 놀라운 분자는 DNA이며,

　　인간은 DNA를 복제시키는 기계에 불과하다.

☐ 신체뿐만 아니라 생각하는 것도 유전자의 영향을 받는다.

우리 인간은 점진적으로 만들어진 것에 불과하다. 38억 년에 걸친 조절, 적응, 변이 그리고 행운의 수선 결과일 뿐이다. 결국 우리가 지구에 존재한다는 건 엄청난 행운이다. 우리는 존재할 수 있는 특권을 얻었을 뿐만 아니라, 그 가치를 인식할 수 있고 다양한 방법으로 삶을 개선할 수 있는 유일한 능력을 갖고 있다. 언어를 사용하고 예술작품을 만들고 조직적으로 활동하는 등 훌륭한 위치에 도달한 것이다.

이렇게 되기까지 지구 역사의 0.001%에 불과한 시간이 걸렸다. 행운이 없었다면 이 짧은 시간 동안 우리가 존재하는 건 불가능했을지도 모른다. 우리는 이제 막 시작했다. 종말의 길로 가지 않기 위해서는 행운 이상의 노력이 필요하다.

생각해봅시다

❋ 우주와 지구, 인간과 관련해 인류사에서 가장 중요한 발견은 무엇이라고 생각하는가?

❋ 지구를 구성하는 수많은 요소 중 인간의 삶에 가장 필요하다고 생각하는 것은 무엇인가?

❋ 먼 훗날 인간은 멸종하지 않고 지구에 존재할 수 있을까?

❋ 지구에 가장 오래 살아남을 존재는 무엇이라고 생각하는가?

빌 브라이슨 《거의 모든 것의 역사》

Chapter 7

댄 애리얼리

부의 감각

돈을 제대로 쓰기 위한 기술

돈에 관련된 의사결정을 잘하고 싶으면 반드시 읽어야 할 책!

– 〈워싱턴포스트〉

돈이라는 까다로운 주제를 쉽고 재미있게 풀어낸다.
돈의 세상을 안내하는 가치 있는 가이드.

– 〈퍼블리셔스위클리〉

왜 우리는 물건을 사고 늘 후회할까? 택시비는 아끼면서 유흥비는 흥청망청 쓸까? 열심히 저축하는데도 왜 늘 가난할까? 돈 앞에서 우리 행동은 어떻게 달라지나?

우리 생활과 떼려야 뗄 수 없는 '돈'에 대한 모든 것을 알려주는 책이 있다. 미국 듀크대학교 경제학과 교수이자 행동경제학 분야의 세계적 권위자 댄 애리얼리의 《부의 감각》이다.

댄 애리얼리는 《부의 감각》《상식 밖의 경제학》《거짓말하는 착한 사람들》《댄 애리얼리, 경제 심리학》등 수많은 저서를 통해 완벽하지 못한 인간의 선택에 대처하는 경제학적 해법을 알려준다. 그는 일상생활은 물론 기업 경영에 적용할 수 있는 참신하고 탄탄한 이론을 전파하며 '미국을 대표하는 소장 경제학자'로 떠올랐다. 경제전문지 〈포춘Fortune〉이 선정한 '당신이 꼭 알아야 할 신진 경영대가 10인'에 이름을 올리기도 했다.

댄 애리얼리의 다양한 연구 업적은 〈뉴욕타임스〉〈월스트리트저널〉〈워싱턴포스트〉〈보스턴글로브〉등 다수 매체에 소개되어 큰 반향을 일으켰다. 댄 애리얼리는 대니얼 카너먼에 이어 행동경제학의 새로운 열풍을 일으켰고, 세계적인 베스트셀러 작가로 자리매김했다.

댄 애리얼리는 다양한 실험을 통해 보다 현실적으로 인간의 행동을 설명할 수 있는 이론적 근거를 마련하는 데 주력해왔으며, 그 덕분에 '경제학계의 코페르니쿠스'라는 별명까지 얻게 됐다.

댄 애리얼리와 코미디언이자 작가인 제프 크라이슬러가 공동으로 집필한 책《부의 감각》은 돈 앞에서 우리 행동이 어떻게 달라지는지, 돈을 제대로 쓰기 위해 어떤 습관이 필요한지, 미래의 나를 위해 돈을 어떻게 절약해야 하는지를 다룬다. 돈에 대한 인간의 의사결정을 행동경제학적인 관점에서 흥미롭게 풀어내는 책이다. 저자 본인의 이야기는 물론 다양한 사례들을 통해 돈 문제와 관련해 우리가 저지르는 실수들을 구체적으로 보여주고, 이를 극복할 방법들을 설명해준다.

어떻게 하면 돈을 제대로 쓰고, 또 모을 수 있을까? 어쩌면 인생에서 가장 중요할 수 있는 '돈 쓰기의 기술' 그리고 '부의 감각 기르는 방법'을 알아보자.

돈이란 무엇인가? ————

#돈의 의미 #가치 전달자 #돈의 유용성을 높이는 특징

돈이란 무엇인가? 돈은 우리 삶에서 얼마나 중요한 존재일까? 이 질문에 당신이라면 어떤 대답을 하겠는가? 돈은 개인 생활에서도 경제나 사회에서도 중요한 것이다. 돈은 우리에게 꼭 필요한 것이지만, 정작 사람들은 돈에 대해 아는 게 별로 없다. 돈은 그 자체로는 아무 의미가 없기 때문이다.

그럼 우리는 왜 돈을 중요하게 생각할까? 돈이 있어야 내가 가치 있게 여기는 '어떤 것'을 얻어낼 수 있기 때문이다. 즉, 돈은 제품과 서비스의 가치를 한결 쉽게 평가하고 교환할 수 있게 만들어주는 '가치 전달자'라고 말할 수 있다.

우리는 고대 선조들과 달리 생필품을 얻기 위해 물물교환을 하거나 도둑질을 하는 데 많은 시간을 들일 필요가 없다. 돈이라는 새로운 가치 전달자가 우리 삶에 나타났기 때문이다. 제품이나 서비스의 가치를 평가하고 교환하는 용도 외에도 돈의 유용성을 높이는 몇 가지 특성이 있는데, 그 내용은 다음과 같다.

돈의 유용성을 높이는 특성

1. 일반적: 돈은 모든 것과 교환할 수 있음

2. 나눌 수 있음: 크기와 상관없이 모든 항목에 적용

3. 대체 가능: 동일한 액수를 나타내는 다른 돈과 대체 가능

4. 저장 가능: 미래에 언제든 사용할 수 있음

5. 공동선: 누구나 사용할 수 있음

돈의 유용성을 높이는 특성 중에서 가장 결정적이고 멋진 특성은 이 세상에 존재하는 거의 모든 것과 교환할 수 있다는 점이다. 만약 돈이 없었다면 어떤 일이 벌어졌을까? 우리가 알고 있는 현대사회의 생활 역시 존재할 수 없었을 것이다.

돈은 인쇄술이나 텔레비전만큼 인간의 생활 조건을 달라지게 만든 대표적인 요소 중 하나다. 하지만 돈은 어려움을 만들어내는 '저주의 원천'이기도 하다. 어떤 의사결정이든 돈이 연결되면 그 과정이 믿을 수 없을 정도로 복잡해지고 어려워지기 때문이다.

#돈과 관련된 의사결정이 복잡한 이유   **#기회비용**

돈과 연관된 의사결정이 더 복잡하고 힘든 이유는 무엇일까? 돈으

로는 거의 모든 것을 할 수 있지만, 그렇다고 모든 것이 다 가능하지는 않기 때문이다. 돈을 쓰기 위해서는 반드시 선택을 해야 한다. 즉, 기회비용을 생각해야 하는 것이다.

기회비용은 뭔가를 하기 위해 지금이나 나중에 반드시 포기해야 하는 것을 의미한다. 일상의 모든 선택이 기회비용과 연결되지만, 지금은 기회비용을 돈으로만 좁혀서 생각해보자. 지금 당장 어떤 곳에 돈을 지출하면, 미래에는 희생을 해야 한다. 왜냐? 다른 곳에는 그 돈을 지출할 수 없기 때문이다. 말 그대로 미래에 제공받을 수 있는 어떤 기회를 포기해야 하는 것이다.

지출과 관련된 의사결정을 할 때 반드시 기회비용을 생각해야 하지만, 보통의 사람들은 그렇게 하지 않는다. 심지어 전혀 생각하지 않는 경우도 많다. 우리가 돈과 관련해서 저지르는 가장 큰 실수 중 하나는 바로 기회비용을 고려하지 않고 충분한 대안을 생각하지 않은 소비다. 기회비용을 무시하는 이런 경향은 인간의 사고에 기본적으로 부족함이 있다는 것을 의미한다. 게다가 현대에는 신용카드, 담보 대출, 학자금 대출 등 수많은 금융상품이 존재하는데, 이런 금융상품들은 사람들이 돈을 지출할 때 미래의 영향을 제대로 이해하지 못하게 가로막는 역할을 한다.

우리는 모두 가치 있는 것을 얻기 위해 기꺼이 돈을 지불한다. 원래대로라면 가치는 기회비용을 반드시 반영해야 한다. 즉, 어떤 물건을 사거나 어떤 경험을 하기 위해 기꺼이 포기해야 하는 것을 정확하게 금액에 반영해야 한다는 것을 의미한다. 하지만 이상적이지 못한 인간

댄 애리얼리 《부의 감각》

은 사물의 가치를 종종 부정확하게 평가한다.

예를 들어 카페에서 커피 한 잔을 마시려면 보통 4,000~5,000원의 비용을 지불해야 한다. 하지만 바로 옆 건물 편의점에 가면 같은 원료를 쓰는 커피가 단돈 1,000원이다. 뿐만 아니다. 우리는 수백만 원이 넘는 비용을 투자해 해외여행을 다니면서도 무료 주차장을 찾느라 20분씩 허비하지 않는가?

우리는 사물의 일반적인 가치와는 전혀 상관없는 여러 가지 방식으로 가치를 평가하는 경향이 있다. 자기가 사물을 얼마나 높게 평가하는지, 얼마나 많은 돈을 기꺼이 지불할 의사가 있는지에 따라 지출할 수 있는 금액을 다르게 설정하는 것이다.

이처럼 우리는 돈의 복잡한 특성과 기회비용을 고려하지 않는 태도를 상대로 끊임없이 싸우고 있다. 그럼 돈을 제대로 쓰기 위해서는 어떻게 해야 할까? 돈을 제대로 이해할 필요가 있다. 합리적인 소비자가 되기 위해 필요한 정보, 가장 먼저 '돈의 특성'에 대해 살펴보자.

☑ Insight Point

□ 돈이란 무엇인가?

: 제품과 서비스의 가치를 한결 쉽게 평가하고 교환할 수 있게

만들어주는 '가치 전달자'

□ 돈과 관련된 의사결정이 힘든 이유는 현재의 선택이 지금 혹은 미래에 미칠

영향, 기회비용을 생각하기 때문

돈에 대해 당신이 꼭 알아야 할 것들 ──────

#돈의 상대성 #착각을 부르는 상대성

① 정상가 30만 원 → 할인가 18만 원   ② 정상가 18만 원

여기 두 개의 티셔츠가 있다. ①번 티셔츠의 정상가는 30만 원이다. 그런데 40% 세일을 해 18만 원에 판매하고 있다. 반면 ②번 티셔츠는 할인 없이 정상가가 18만 원이다. 사람들은 어떤 티셔츠를 더 구매하고 싶어 할까? 답은 ①번 티셔츠다.

티셔츠의 최종 가격이 동일하지만 우리는 이왕이면 세일 중인 티셔츠를 고르는 경향이 있다. 왜일까? 상대성이라는 개념이 작동하기 때문이다. 이런 행동이 논리적이라고 생각하는가? 우리는 재화와 서비스의 가치를 객관적으로 평가하지 못한다. 하지만 이런 일은 일상에서 굉장히 자주 일어난다.

여기 상대성이 발휘되는 상황을 생생하게 보여주는 사례가 있다. 수전은 어린 시절부터 미국의 백화점 JC페니에서 쇼핑하는 것을 즐긴 단골손님 중 하나였다. 온 매장을 돌아다니면서 % 기호 옆에 쓰인 가장 큰 숫자를 찾는 것을 즐겼다. 저렴한 가격에 옷을 구매하기 위해 기꺼이 발품을 팔았다. 이게 바로 JC페니의 상술이었다. 제품의 가격을 높게 책정한 다음, 그걸 다시 깎아서 가격표를 매기는 '눈 가리고 아웅하는' 식의 정책을 펼치고 있었던 것이다. 수전을 비롯해 이 백화점을 이용하는 단골손님들은 '20% 할인'이나 '가격 인하' 등 파격적인 할인 정책에 마음을 빼앗겼다. 다른 사람보다 더 저렴한 가격에 물건을 사기 위해 눈에 불을 켜고 쇼핑을 했다.

하지만 2012년 JC페니 백화점에 신임 CEO가 취임하면서 백화점의 오랜 전통을 부수기로 결정한다. 신임 CEO였던 론 존슨은 높은 가격을 매긴 뒤 할인하는 얄팍한 상술을 없애고 처음부터 공정하고 정직한 가격에 판매하자고 제안했다. 론 존슨은 투명한 정책을 펼친 만큼 소비자로부터 찬사와 존경을 받을 거라 믿었다. 결과는 어땠을까? 1년 만에 JC페니는 9억 8,500만 달러의 손실을 기록했다. 자신만만했던 신임 CEO는 해고됐다. 단골손님들이 '공정하고 정직한' 가격을 끔찍하게 싫어해 백화점으로 향하던 발길을 끊어버렸기 때문이다.

왜 이런 일이 생긴 걸까? 엄청난 할인을 제공하는 것처럼 보였던 과거와 달리 할인 제도가 모두 사라지면서 가격에 배신감을 느끼는 고객이 많아졌기 때문이다. 론 존슨이 해고된 뒤 JC페니에서는 기존처럼 가격을 인상한 뒤 할인가로 판매하기 시작했다. 그러자 기존 고객들의 발길을 다시 돌릴 수 있었다. 할인해서 판매하는 가격이 정상가와 차이가 없는데도 말이다. 즉, 고객들은 스스로 속임수 당하는 쪽을 선택

한 것이다. 이처럼 상대성이 작동하면 어떤 결과가 나타날까? 우리는
종종 논리적이지 못한 선택을 하게 된다.

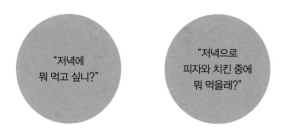

"저녁에
뭐 먹고 싶니?"

"저녁으로
피자와 치킨 중에
뭐 먹을래?"

위와 같은 두 개의 질문을 받았다고 가정해보자. 사람들은 어떤 질
문에 더 빠르고 단호하게 대답할까? 후자의 질문이다. 첫 번째 질문에
는 선택권이 무수히 많지만, 두 번째 질문에는 선택권이 두 가지 뿐이
기 때문이다. 이 같은 상황에서 상대성은 멍청함을 부르는 독약이라고
말할 수 있다. 왜냐? 우리의 의사결정 과정을 지나칠 정도로 단순화시
켜버리고 지름길을 택할 확률을 높이기 때문이다.

이 이야기가 전하는 메시지는 무엇일까? 우리는 어떤 물건, 대상에
대한 가치를 정확하게 측정하는 방법을 알지 못한다. 그래서 다른 것,
예를 들어 내가 구하려고 했던 제품의 경쟁 제품이나 동일한 것의 다
른 버전과 비교해 그 가치를 측정하는 경향이 있다. 상대성이라는 원
리를 보다 더 일반적인 차원에서 살펴보자.

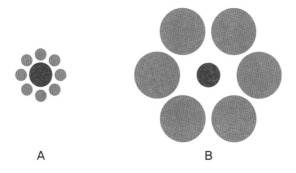

A   B

　A와 B 그림 가운데를 보면 검은색 원이 그려져 있다. A와 B 중에서 어느 쪽의 검은색 원이 더 커 보이는가? 대부분 왼쪽이라고 대답한다. 하지만 가운데 보이는 검은색 원의 크기는 같다. 왼쪽에 그려진 검은색 원의 크기가 더 커 보이는 이유는 무엇일까? 가까이 놓인 회색 원과 비교하기 때문이다. 이것을 '시각적 상대성'이라고 한다. 상대성은 삶의 다양한 영역, 다양한 방식으로 우리의 생각을 좌우한다.

　이탈리아의 다이아몬드 상인인 살바도르 아셀은 자신의 유망 상품이던 타이티 흑진주를 시장에 내놓을 때 상대성의 영향을 받는 인간의 심리를 활용했다. 그가 처음 타이티 흑진주를 내놨을 때는 구매하겠다고 나서는 사람이 한 명도 없었다. 그래서 살바도르 아셀은 한 가지 방법을 고안해냈다. 보석 가게 진열장에 전시할 때 흑진주를 가운데 놓고 그 주변을 다이아몬드를 비롯한 귀한 보석으로 장식한 것이다. 결과는 어땠을까? 흑진주에 대한 입소문이 나기 시작하면서 가격이 천정부지로 치솟았고, 사람들은 흑진주의 가치를 다이아몬드나 사파이어 목걸이와 비슷하게 평가했다. 주변에 놓인 귀한 보석들이 흑진주의 가치까지 함께 높인 것이다.

상대성은 사람의 자존감에도 영향을 미치는데, 우리는 보통 나보다 더 성공한 동료들과 스스로를 비교하며 자신의 업무 능력을 평가하기 때문이다. 우리는 스스로를 다른 사람과 비교한 다음, 상대보다 더 나은 점을 발견했을 때 행복을 느낀다.

#지불의 고통 **#선불 유형** **#현불 유형** **#후불 유형**

여기 두 쌍의 신혼부부가 있다. 다음 상황을 보고 당신이라면 어느 쪽을 선택할지, 그리고 어떤 선택을 했을 때 조금 더 행복한 신혼여행을 즐길 수 있을지 생각해보자.

신혼여행 비용

A부부: 전체 비용을 미리 다 결제

B부부: 비용을 때마다 계산

A부부는 신혼여행을 떠나기 몇 달 전 여행 경비를 모두 지불했다. 한꺼번에 큰돈이 빠져나갔기 때문에 두 사람은 엄청난 지불의 고통을 느꼈다. 어쩌면 손을 떨었을지 모를 일이다. 하지만 두 사람이 신혼여행지에 도착했을 때는 어떨까? 지불의 고통은 이미 과거의 일이다. 대신 모든 비용을 다 지불했기 때문에 두 사람은 술을 마시거나 서비스를 받을 때, 좋은 음식을 먹을 때 모두 공짜인 것 같은 기분을 느낄 수 있게 됐다.

댄 애리얼리 《부의 감각》

반면 B부부는 통장에서 큰돈이 한 번에 빠져나가는 지불의 고통은 피했지만, 신혼여행지에 머무는 동안 줄곧 지출의 고통을 경험해야 했다. 뭔가를 하고 싶을 때마다 돈을 지불해야 했는데, 그때마다 느끼는 지불의 고통 때문에 즐거움이 줄어들었다. 술을 마시거나 서비스를 받을 때, 좋은 음식을 먹을 때마다 일일이 비용과 편익을 따져 선택해야 했다. 사소한 금액일지라도 고통은 계속 동반됐다.

이처럼 우리는 뭔가를 얻기 위해 돈을 지불할 때 '심리적 고통'을 경험하게 된다. 그때 느끼는 심리적 고통이란 무엇일까? 자기가 가진 돈을 포기해야 할 때 느끼는 통증을 말한다. 지출에 대한 생각을 많이 하면 할수록 고통은 그만큼 커진다. 사람들은 모두 소비하는 것을 좋아하지만, 돈을 지불하기는 싫어하는 경향이 있다.

지불과 소비가 동시에 일어날 때 소비할 때 느낄 수 있는 즐거움이 크게 감소하는데, 지불과 소비 행위 사이에 시간의 차이가 있을 경우에는 지불에 그다지 주의를 기울이지 않게 된다. 즉, 지불의 고통을 하나의 공식으로 표현해보면 다음과 같다.

지불의 고통 = 시간 + 주의력

지불의 고통은 아프지만 우리에게 꼭 필요하다. 고통이 지출에 대한 통제력을 높여주기 때문이다. 하지만 사람들은 지불의 고통을 누그러뜨릴 여러 방법을 고안해낸다. 제품이나 서비스에 대한 대가를 지불하는 시간을 분리해 지불의 고통을 줄이는 것이다.

보통 지불 방법은 크게 세 가지 유형으로 나뉜다.

1. 선불   2. 현불   3. 후불

선불은 말 그대로 어떤 것을 소비하기 전에 그 대가를 지불하는 것이다. 돈을 지불하는 그 순간에는 고통을 느끼지만, 소비할 때는 거의 고통을 느끼지 않을 수 있다. 앞서 언급한 신혼부부 A처럼 말이다. 기프트 카드나 카지노 칩, 마일리지 등 '사용처가 제한된 지불수단' 역시 선불 방식의 일종이다.

예를 들어 내가 가진 돈으로 스타벅스나 아마존 등에서 사용할 수 있는 기프트 카드를 충전하면 어떻게 될까? 돈의 쓰임새는 고정된다. 게다가 지불을 이미 완료했기 때문에 돈을 사용할 때 지불의 고통을 줄일 수 있다. 통상적으로 직접 돈을 내고 스타벅스 커피를 사서 마실 때는 소박한 상품을 선택하지만, 기프트 카드를 사용하면 '벤티 소이 차이 라테'나 '자바칩 프라푸치노'와 같은 비싼 음료를 마실 확률이 높다. 즉, 지출과 관련된 의사결정을 냉정하게 따질 가능성이 그만큼 줄어든다는 걸 의미한다.

두 번째 지불 방법은 현불이다. 신혼여행을 떠날 때 B부부가 선택한 방식이다. 어떤 것을 소비하는 동안 대금을 지불하면 지불의 고통이 더 예리하게 느껴질 뿐 아니라 소비의 즐거움도 줄어든다. 하지만 사람들로 하여금 자신의 지출을 보다 예리하게 의식할 수 있도록 만들어준다는 장점이 있다.

마지막으로 후불 방식이 있다. 후불 방식의 대표적인 예는 신용카드다. 어떤 금액을 미래에 지불한다는 생각을 하게 되면 지금 당장 같은 금액을 지불할 때보다 고통이 감소한다. 소비하는 시간과 대금을 지불하는 시간을 분리해 고통을 줄인 것이다. 미래의 시점이 지금으로부터 멀면 멀수록 고통도 그만큼 줄어든다. 물론 지불의 고통이 사라졌다고 좋은 것만은 아니다. 신용카드와 같은 후불 제도는 돈 문제와 관련해 우리의 시야를 흐리게 만들고, 기회비용을 불투명하게 만드는 경향이 있기 때문이다.

#기대치에 발목 잡히기　**#가치 평가의 방법**　**#가격의 중요성**

가치판단을 왜곡하는 또 다른 것으로 '기대치'가 있다. 기대치란 무엇일까? 기대치는 '이루어지리라 기대했던 목표의 정도를 비유적으로 이르는 말'이다. 만일 누군가가 어떤 물건에 대해 '정말 멋질 것'이라고 기대한다면 '그것이 별로일 것'이라고 생각할 때보다 더 높게 평가할 확률이 높다. 똑같은 와인이라도 깨진 머그잔에 담긴 것보다 멋진 크리스털 잔에 담긴 와인이 더 맛있을 것이라고 기대하는 것처럼 말이다. 또 기대치가 높을수록 가격 역시 더 비싸게 지불할 것이다. 기대치는 모든 구매가치에 영향을 미친다.

가치를 직접적으로 평가할 수 없을 때는 어떻게 할까? 사람들은 가격을 가치와 연동시켜 생각한다. 특히 사치품의 경우, 낮은 가격에 판매하면 품질이 낮을 것이라는 편견을 갖게 만든다. 그래서 사치품을 판매하는 곳이나 사치스러운 음식을 판매하는 식당은 별미 요리를 할인 가격에 판매하지 않는다.

똑같아 보이지만 하나는 비싸고 하나는 싼 랍스터가 있다면 당신은 어떤 랍스터를 먹겠는가? 할인가에 판매하는 캐비아나 푸아그라를 보면 어떤 생각이 드는가? 사치품을 낮은 가격에 판매하면 소비자들은 해당 사치품의 품질과 관련한 의문을 품게 된다. 뭔가 잘못된 게 있어서 가격을 내렸다고 생각할 확률이 높은 것이다.

랍스터가 아니라 심장 수술비가 매우 낮다면 어떤 생각을 할까? 사람들은 그 수술에 뭔가 문제가 있다고 생각하면서 더 비싼 금액을 내도록 유도하는 '최고의 의사'를 찾아 나설 확률이 높다. 심장 수술에 문외한인 사람이라도 최고의 의사에게 수술을 받는다면 비용이 굉장히 비쌀 것이라고 예측하기 때문이다.

이런 선택이 이루어지는 이유는 무엇일까? 사람들이 어떤 가치를 평가할 때 거기에 '매겨진 가격'에 의미를 부여하기 때문이다. 어떤 것의 가치를 직접 평가할 수 없을 때 사람들은 주로 가격을 가치와 연동시켜 생각한다. 뚜렷한 가치 단서가 없을수록 가격을 보고 평가하는 경향이 있다.

#가치 과대평가 #이케아 효과

그럼에도 불구하고 사람들은 스스로를 가장 신뢰한다. 어떤 가치 판단을 할 때에도 자기 자신이 탁월하게 똑똑하다고 생각하면서 스스로에게 의존하는 것이다. 심지어 본인이 다른 사람만큼 경험이 많지 않아도 특별히 똑똑하지 않아도 그렇다. 또 우리는 '내가 소유하고 있는

댄 애리얼리 《부의 감각》

것'의 가치를 과대평가하는 경우가 많다. 여러 개의 실화를 바탕으로 재구성한 브래들리 부부의 이야기를 살펴보자.

브래들리 부부는 미국 중간 규모 도시에 살고 있다. 부부는 집의 규모를 줄여 여윳돈을 만들고 싶다는 생각을 했다. 처음에는 부동산 중개인에게 맡기지 않고 직접 매물로 집을 내놓았다. 매매 가격은 130만 달러였다. 하지만 아무도 집을 사겠다는 사람이 나타나지 않았다. 집을 보러온 사람들도 집에 몇 가지 흠이 있다는 이유로 계약하려고 하지 않았다. 집을 보러온 사람들은 벗겨진 페인트, 녹슨 온수기, 특이한 집 구조 등을 이유로 들었다. 브래들리 부부는 결국 부동산 중개인에게 도움을 청했다. 부동산 중개인이 평가한 매매 가격은 110만 달러였다. 두 사람은 14년 전 그 집을 40만 달러에 샀다. 얼마에 팔든 엄청난 매매 차익을 얻을 수 있었다. 하지만 브래들리 부부는 이렇게 이야기했다. "우리 집의 가치가 110만 달러라고요? 더 높으면 높았지, 110만 달러는 너무 적어요!"라고 말이다.

이 이야기는 무엇을 의미할까? 사람들이 자신의 소유물을 지나치게 높게 평가한다는 것을 의미한다. 이른바 '소유 효과'다. 이상적이고 합리적인 시장이라면 매도자와 매수자가 상품의 가치를 동일하게 평가할 것이다. 하지만 실제 현실에서 이루어지는 대부분의 거래는 매물을 갖고 있는 사람이 사고자 하는 사람보다 가치를 높게 경가하는 경향이 있다.

소유 효과는 여러 가지 형태로 나타나는데 우리가 그 대상에 '노력'을 투자했을 경우 추가적인 감정을 느끼게 만든다. 어떤 것이든 자신의 노력을 투자하면 우리는 그 소유물에 더 많은 애정을 느낀다. 노력하는 과정이 어려우면 어려울수록 대상에 대한 감정이 한층 커지는 경향이 있다. 이런 현상을 '이케아 효과'라고 부른다.

이케아 효과
소비자들이 불편을 감수하고 자신의 노력이 투입된 제품에 대해
더 만족하는 현상

이케아 가구 하나를 조립하는 데 어떤 노력이 들어가는지 한번 생각해보라. 보통 가구업체에서는 소비자가 구매한 가구를 배달해주고 조립 서비스까지 해준다. 이케아는 어떨까? 소비자가 자신이 구매한 제품을 운반하고 조립해야 한다. 소비자들은 왜 이런 불편함을 감수하면서까지 이케아 제품을 사용하는 걸까? 사람들은 보통 자신이 공들여 이룬 것에 성취감을 느끼고, 그 대상에 애착을 갖는다. 이케아의 판매 전략이 이러한 소비자의 심리적 만족도를 높였기 때문이다. 마찬가지로 손수 완성한 가구는 소비자에게 높은 심리적 만족감을 준다.

댄 애리얼리 《부의 감각》

사람들은 스스로를 가장 신뢰하지만 다른 사람과 너무 차이가 있는 것을 바라지 않는다. 그래서 어떤 일을 할 때 다른 사람의 행동을 근거 삼아 자신의 행동을 판단하는 경향이 있다. 이를 '군중심리' 혹은 '자기 따라 하기'라고 말한다.

> **군중심리**: 다수의 사람들이 하는 선택을 따라 하는 현상
>
> **자기 따라 하기**: 자신의 과거에 내린 의사결정을 바탕으로 판단하거나 따라 하는 현상

군중심리는 집단과 행동을 함께하는 것을 의미한다. 즉, 다른 사람의 행동을 근거로 삼아 어떤 행동이 좋거나 나쁘다고 판단하는 것이다. 우리는 누군가가 뭔가를 좋다고 말하거나 누군가가 돈을 지불하고 구매하는 경우, 그게 좋은 것이라고 확신하는 경향이 있다. 줄이 길게 늘어선 식당을 보면서 '저 식당은 맛집일 가능성이 높다'고 생각하는 것처럼 말이다. 사람들은 정보를 가지고 있지 않은 상태에서 다수의 사람들이 하는 선택을 따라 하곤 한다.

자신이 과거에 내린 비슷한 의사결정을 바탕으로 판단하는 경우도 있다. 이것을 '자기 따라 하기'라고 부른다. 자기 따라 하기는 군중심리와 동일하지만, 다른 사람의 의사결정이 아닌 과거 자신의 선택을 따라 하는 것을 의미한다. '통상적으로' '늘 그랬던 것처럼'이라고 말하며 어떤 것에 가치를 매기는 식이다. 왜냐하면 사람들은 자기가 했던

행동을 신뢰하는 경향이 있기 때문이다. 하지만 종종 자기 따라 하기는 자기기만과 오류, 부정확한 가치 평가라는 문제를 만든다.

#공정함이 가치에 미치는 영향　**#공정함의 평가 기준**　**#노력**

돈을 쓸 때 우리가 실수하는 이유는 또 있다. 어떤 것의 가격이 공정하게 책정됐는지 아닌지에 따라 큰 폭으로 좌우되기 때문이다. 공정하다는 건 무엇을 의미할까? 공평하고 올바른 성질 혹은 '준만큼 받는 것'을 말한다. 다른 말로 '투명성'이라고도 부를 수 있다. 다음의 사례를 살펴보자.

회사원 제임스는 엔진오일을 교환하기 위해 카센터를 찾아간다. 50달러를 내고 엔진오일을 교환하기로 했는데, 작업을 다 마치려면 몇 시간이 걸릴 것이라는 이야기를 듣는다. 집까지의 거리는 약 $3km$ 정도다. 제임스는 집까지 걸어가기로 마음먹는다. 그런데 운이 나쁘게도 절반쯤 갔을 무렵 폭우가 쏟아지기 시작한다. 제임스는 우산을 사기 위해 근처 편의점에 들어간다. 우산 하나를 집어 들고 계산대로 향하는 순간, 주인이 우산에 붙은 '5달러' 가격표를 떼어내고 '10달러'라고 써서 붙이는 장면을 목격한다. 제임스는 주인에게 따진다. 하지만 주인은 "비가 올 때는 특별 가격이라 10달러를 받는다"고 이야기한다. 제임스는 우산을 사지 않고 그냥 비를 맞으면서 집으로 돌아오는 쪽을 택한다.

사람들이 인식하는 가치에 '공정함'이 미치는 영향을 잘 보여주는 사례다. 어떤 거래를 평가할 때 전통적인 경제학 모델은 창출되는 가치와 지불해야 하는 가치만 단순 비교한다. 즉, 비가 오지 않을 때는 우산을 찾는 사람이 적기 때문에 5달러에 판매할 수 있지만, 비가 와서 우산의 수요가 높아졌을 때 10달러에 판매하는 것은 효율적인 가격 정책이라고 이야기할 수 있다. 하지만 우리는 어떤가? 제임스와 마찬가지로 가격만 놓고 가치를 비교하지 않는다. 공정함 같은 다른 요소까지 가격과 함께 놓고 비교한다. 사람들은 아무리 가치가 좋아도 불공정하다고 느껴지면 이를 거부하는 경향이 있다.

콜라 자동자판기에 온도기를 장착해 기온이 높아지는 만큼 높은 가격에 판매한다면 어떨까? 수요공급에 따른 가격 전략은 논리적이고 합리적인 정책이다. 하지만 사람들은 이런 발상을 불공정하다고 인식했다. 이런 자동판매기가 실제로 생산되지 않았음에도 불구하고 굉장히 분노하는 모습을 보였다. 반면 가격을 올려야 하는 타당하고 공정한 이유가 있다면 사람들은 높은 가격에 크게 신경 쓰지 않는다.

공정함의 원칙이 가치 인식을 바꿔놓는 이유는 무엇일까? 사람들은 왜 불공정하다고 믿는 것의 가치를 더 낮게 평가하는 걸까? 공정과 불공정은 무엇에 의해 좌우될까? 이 모든 질문에 대한 대답은 바로 '노력'이다.

지불해야 하는 특정 가격의 공정함을 평가할 때 사람들이 일상적으로 사용하는 지름길은 노력의 수준이다. 비가 오지 않을 때나 비가 올 때나 우산을 파는 일에는 동일한 노력이 들어간다. 그래서 사람들은 그 일에 들어가는 노력이 전혀 증가하지 않는 상황에서 가격을 인상하는 것은 불공정하다고 느낀다.

사람들은 스스로를 합리적이라고 생각하지만 현실은 그렇지 못하다. 결과보다 작업에 들인 노력을 더 높이 평가한다면, 유능한 사람보다 무능한 사람에게 더 지불해야 한다. 하지만 사람들은 실제 가치와 아무 상관없는 방식으로 뭔가를 평가한다. 눈앞에 노력이 보이지 않으면 공정하지 않다고 생각하고, 노력이 쉽게 눈에 띄어 공정해 보이면 고마워하면서 그 상품에는 높은 가격이라도 보상해주는 이중적인 모습을 보인다. 객관적인 평가보다 노력의 외양을 중시하는 것이다.

대표적으로 언어는 사람들이 보고 싶어 하는 그 '노력'을 엿볼 수 있도록 돕는 역할을 한다. '건강하고 똑똑한 선택' 혹은 '환경 친화적인 제품' '당신을 행복하게 만들어주는 좋은 것들을 위한 위원회 인증' 등 언어는 공정함과 높은 품질을 갖췄음을 알려주는 '가치의 대리자'가 된다.

언어는 노력에 대한 인식을 줄 뿐만 아니라 그런 용어를 사용하는 사람들의 전문성을 인정하도록 우리를 유도하는 역할을 한다. 전문가가 하는 말을 잘 알아들을 수는 없지만, 어쨌든 자격을 갖춘 검증된 사람들이 이 서비스를 제공하고 있고, 내가 그걸 이용하고 있다는 믿음을 주는 것이다. 뿐만 아니라 높은 금액을 내더라도 이용할 가치가 있는 제품이라고 믿게 만드는 역할을 한다.

지금까지 살펴본 것처럼 돈은 축복인 동시에 저주다. 돈을 교환 수단으로 갖는 것은 멋진 일이지만, 때때로 사람들을 잘못된 길로 이끌기도 하고 잘못된 일에 초점을 맞추도록 유도하기 때문이다. 그럼 우리는 어떻게 해야 할까?

돈은 그저 교환의 수단일 뿐이라는 사실을 알아야 한다. 돈을 있는 그대로 바라보고, 의사결정을 할 때 돈이 존재하지 않는 것처럼 설정하는 전략이 필요하다. 혹은 가치 관련 등식에서 가끔씩 돈을 빼놓고 생각하는 것도 좋다. 예를 들어 휴가를 가기 위해 준비한 비용을 '내가 볼 수 있는 영화가 몇 편이나 되는지' 혹은 '내가 마실 수 있는 와인이 몇 병이나 되는지'로 변환해 바라보는 것이다. 즉, 두 개의 물건이나 서비스를 돈이 아닌 숫자로 계량화해 물건끼리 직접 비교하는 것이다. 이렇게 되면 새로운 관점으로 선택할 수 있다.

☑ Insight Point

☐ 우리가 합리적인 소비를 하지 못하는 이유

　　1. 재화와 서비스의 가치를 객관적으로 평가하지 못함

　　2. 지불의 고통을 회피하는 성향

　　3. 기대치에 따라 가치 판단을 왜곡

　　4. 자기가 가진 것을 과대평가하는 인간의 심리

　　5. 가격이 공정하게 책정됐는지 평가하는 경향

부의 감각을 키우는 방법 ————

`#만족 지연` `#자제력` `#저축의 중요성`

중요한 것은 돈에 대해 더 많이 생각한다고 해서 더 좋은 결정을 내릴 수 있는 것은 아니라는 사실이다. 돈에 대해 너무 많이 생각할수록 오히려 사람들은 더 잘못된 선택을 내리는 경우가 많다. 그렇다면 부의 감각을 키우기 위해 어떤 노력이 필요할까?

가장 먼저 현재의 유혹을 이겨내고 이후의 삶에 대비해 저축을 해야 한다. 은퇴 후의 삶을 생각하며 은퇴자금을 모으거나 저축을 하기 위해서는 '만족 지연'과 '자제력'이 필요하다.

만족 지연이란 무엇일까? 나중에 누릴 수 있는 보다 큰 기쁨을 위해 당장의 욕구를 미루는 것이다. 하지만 우리는 무엇이 자신에게 좋은 선택인지 알면서도 뿌리치기 어려운 유혹에 둘러싸여 있다. 우리가 '만족 지연'과 '자제력'을 발휘하기 힘든 이유를 살펴보자.

롭 맨스필드는 성공한 자영업자다. 그는 수준 높은 교육을 받았으며 수입 규모도 상당하다. 하지만 롭은 매달 내야 하는 세금이나 건강보험에 들어가는 돈을 제외하고는 은퇴 이후의 삶을 대비해 따로 저축을 하진 않고 있다. 왜냐하면 그는 아내와 함께 근사한 식당에서 낭만적인 저녁 식사를 하거나, 주말마다 여행을 가거나, 새로 나온 오토바이 장비를 구매하는 등 저축보다 지금의 인생을 여유롭게 즐기는 게 더 중요하다고 생각하기 때문이다.

은퇴를 대비해 저축을 하지 않는 사람이 롭뿐일까? 불행하게도 대부분의 사람들이 그렇다. 이유는 무엇일까? 현재의 선택에는 감정이 개입되는 반면, 미래의 선택에는 감정이 개입되지 않기 때문이다. 게다가 사람들은 미래의 자기 생활, 선택, 환경을 상상할 때 현재와 다르게 생각하는 경향이 있다. 미래의 나는 운동을 열심히 하고, 은퇴 생활을 위해 자금을 저축하고, 멋진 사람이 되어 있을 것이라고 믿는 것이다. 하지만 미래는 그렇지 않을 확률이 더 높다.

많은 경우 사람들은 자제력 부족 때문에 비이성적인 행동을 하곤 한다. '한 번 살고 가는 인생인데 쓰고 보자'는 생각을 가지면서 말이다. 하지만 결과는 어떨까? 스포츠계의 살아있는 전설들을 살펴보자.

보통 프로 운동선수들은 엄청나게 많은 돈을 단기간에 번다. 그들은 미래에도 훨씬 더 많은 돈을 벌 수 있을 것이라고 생각하며, 많은 돈을 버는 만큼 좋은 차를 몰거나 비싼 물건을 소비하며 살았다. 세월이 지난 지금은 어떨까? 높은 확률로 파산하거나 생활고에 시달리는 경우를 심심치 않게 볼 수 있다. 실제로 미국 NFL 미식축구 선수 가운데 약 16%는 은퇴 후 12년 안에 파산했고, NBA 농구 선수 중 약 60%는 은퇴 후 5년 안에 재정적인 문제로 어려움을 겪는다고 한다. 엄청나게 큰 금액을 벌수록 자기 통제의 어려움이 심화하는 것이다.

우리가 여기서 배울 수 있는 건 무얼까? '지금으로부터 얼마의 세월이 지난 뒤' 하고자 하는 일들, 특히 저축이나 은퇴 자금을 모으는 건 지금 당장 시작하는 게 중요하다는 것이다.

#미래의 나를 위한 노력 **#율리시즈 약정**

사람들은 미래의 자아를 자기와 동떨어진 존재로 생각한다. 그래서 미래를 위한 저축을 스스로가 아닌 낯선 이에게 돈을 주는 행위라고 생각하는 경향이 있다. 이 문제를 해결하려면 어떻게 해야 할까? 미래 자아와의 연결성을 강화해야 한다.

한 연구 결과에 따르면, 달력에 특정 날짜를 지정할 때 사람들은 미래의 자신을 보다 구체적으로 받아들인다고 한다. 그러므로 저축을 더 많이 하기 위해서는 20년 뒤라는 막연한 계획보다 '2040년 10월 18일'과 같이 구체적인 날짜를 지정하는 게 더 좋다. 미래를 더 생생하고 구체적이며 실제적이고 친숙하게 만들 수 있는 방법은 이처럼 아주 간단하다. 혹은 현재의 자아와 미래의 자아를 연결해주는 기술을 사용하는 방법도 있다. 컴퓨터를 이용해 늙은 자신의 모습을 마주한 경우, 사람들은 보다 많은 돈을 저축하려 든다.

스스로 자제력을 발휘하지 못할 것 같다면 '율리시즈 약정'을 이용하는 것도 하나의 해결책이 될 수 있다. 율리시즈 약정이란 무엇일까? 이는 그리스 신화의 율리시즈와 사이렌의 이야기에서 따온 것이다. 사이렌이 노래를 부르면 근처를 지나는 뱃사람들이 정신을 잃고 배가 좌초되면서 목숨을 잃는 경우가 많았다. 율리시즈 또한 사이렌이 노래를 부르며 유혹하면 자신과 부하들이 바닷물에 수장될 것이라는 사실을 잘 알고 있었다. 하지만 율리시즈는 사이렌의 노래가 듣고 싶었고, 부하들에게 명령해 자신의 몸을 돛대에 묶으라고 명령한다. 그리고 노를 젓는 부하들은 자신의 귀를 밀랍으로 막도록 명령한다. 이렇게 하면 자신은 사이렌의 노래를 들을 수 있고, 그 목소리에 홀려 바다에 몸을 던지는 행동은 막을 수 있으니 말이다. 이 계획을 통해 율리시즈와 부하들은 죽음의 바다를 무사히 건널 수 있었다.

율리시즈 약정은 일종의 협약이라 말할 수 있다. 유혹을 막아주는 장벽 역할을 할 만 한 협약이다. 자신의 자유로운 의지를 박탈해 스스

댄 애리얼리 《부의 감각》

로에게 어떤 선택권도 주지 않는 것이다. 신용카드의 한도를 미리 조정한다거나 선불카드만 사용한다거나 모든 카드를 폐기하고 오로지 현금만 사용하는 것 등을 예로 들 수 있다.

#스스로를 의심하기 **#공정함보다 더 중요한 가치**

저축만큼이나 '돈을 잘 쓰는 것'도 중요하다. 돈을 잘 쓰기 위해서는 어떤 노력이 필요할까? 바로 스스로를 의심하는 것이다. 앞서 살펴본 것처럼 우리는 돈의 함정에 빠질 확률이 굉장히 높다. 그러므로 다른 사람이 책정한 가격은 물론, 자기 스스로 결정한 가격에도 의심을 품을 필요가 있다. 또 어떤 것에 늘 똑같은 가격을 매기는 행동도 돌아볼 필요가 있다.

뿐만 아니라 어떤 것의 가격이 공정하게 책정됐는지 따지지 말아야 한다. 왜냐하면 세상은 공정하지 않기 때문이다. 어떤 일에 얼마의 노력이 투입됐는지 우리는 제대로 판단할 수 없다. 가격의 공정함을 따지는 대신 나에게 가치 있는 것이 무엇인지 생각하는 게 더 중요하다. 어떤 것의 가치에 대해 특별한 정보나 의견이 없다면 어떻게 해야 할까? 인터넷을 뒤지거나, 조사를 하거나, 주변 사람에게 물어보는 등 여기저기 알아보고 연구해야 한다.

#생활 속 실천 **#프레임 설정**

잘못된 행동을 어떻게 바꿔야 하는지 아는 것과 실제 행동을 바꾸는 것은 별개의 일이다. 돈과 관련된 행동은 특히 더 그렇다. 게다가 현재 대부분의 금융 관련 기술은 우리에게 불리한 경우가 많은데, 왜냐하면 그 기술은 사람들이 돈을 되도록 많이 빨리 쓰게 할 목적으로 설계됐기 때문이다.

대표적인 예가 전자지갑이다. 현금을 들고 다니지 않아도 되고, 과거의 지출을 분석하는 데 도움이 되는 자료를 제공받을 수 있다. 돈 관리에 신경을 덜 써도 된다. 하지만 이 현대적인 금융 도구는 사람들의 지출 행동을 더 악화시킨다. 돈을 너무 쉽게, 아무 생각 없이, 빠르게 사용할 수 있도록 만드는 것이다. 그 바람에 우리는 이성적으로 생각하고 현명하게 행동하기 어려워진다. 지출을 '보다 쉽게' 할 목적으로 설계된 기술이 반드시 지출을 '보다 건전하게' 만들어주지는 않는다는 점을 깨달아야 한다. 그럼 돈을 모으는 데 도움이 되는 시스템은 어떻게 만들 수 있을까?

인간은 숫자에 민감하게 반응하는 경향이 있다. 저축과 관련된 인간의 행동과 선택을 바꿀 수 있는 방법으로 '올바른 시간 프레임 설정하기'가 있다. 예를 들어 '이 커피는 하루에 4,000원입니다'라는 말과 '이 커피는 1년에 1,460,000원입니다'라는 말의 의미는 똑같다. 하지만 사람들은 각각의 말에 다른 반응을 보인다. 이게 무슨 뜻일까?

어떤 금액의 돈이 지출될 때 시간 단위, 주 단위, 월 단위, 혹은 연 단위 등 시간의 프레임을 어떻게 달리 하느냐에 따라 사람들의 의사결정이 매우 달라진다는 걸 의미한다. 비슷한 예로, 월급을 연봉으로 제시하면 보다 장기적인 관점을 취하게 된다. 즉, 월급의 일정 부분을 저축할 수 있도록 만들려면 수익을 월 단위보다 연 단위로 표시해야 한다.

반면 미래를 위해 지금보다 더 많은 돈을 저축해야 한다고 설득할 때는 연 단위보다 월 단위의 시간 프레임으로 설정하는 것이 좋다.

#재량소득의 재분류 **#돈 숨기기** **#친구들과 돈 얘기하기**

대부분의 사람들은 고정된 수입으로 집세, 교통비, 보험료 등 고정된 금액을 지출하면서 살아가간다. 그리고 나머지는 '재량소득'이 된다. 재량소득의 일부는 지출에 사용해야 하지만 그와 동시에 이 돈의 일부에 손대는 것을 피할 수 있도록 저축할 돈, 비상금 등으로 재분류할 필요가 있다.

지출을 줄이기 위한 가장 좋은 방법은 무엇일까? 내가 가진 돈을 보이지 않는 곳에 숨기는 것이다. 하나의 통장 안에 넣어두면 그 돈을 아무 생각 없이 그냥 다 써버리기 때문이다. 자동이체처럼 돈이 자동으로 다른 계정으로 빠져나가도록 해두면 지금 가지고 있는 돈에 대해 덜 생각하게 되고 저축액을 늘릴 수 있다.

저축액을 늘리기 위한 또 다른 팁으로 '친구들과 돈에 대해 이야기하기'를 꼽을 수 있다. 돈을 어디에 쓰는지, 저축은 얼마나 하는지, 지출은 얼마나 하는지, 어디에 가장 많이 지출하는지, 평소 돈과 관련해 어떤 실수를 하는지, 내 저축액은 얼마인지 친구들에게 공개하는 것만으로도 미래의 돈을 위해 현재의 돈을 희생하는 행위를 공개적으로 지지받는 듯한 느낌을 가질 수 있다. 또 돈과 관련해 맞닥뜨리는 복잡한 의사결정을 더 잘할 수 있도록 서로 도울 수 있으며, 돈과 관련한 문제가 발생했을 때 보다 현명하게 처리할 수 있게 된다.

☑ Insight Point

☐ 부의 감각을 키우는 방법

I. 만족 지연과 자제력을 발휘해 저축액 늘리기

2. 돈의 함정에 빠지지 않게 스스로를 의심하기

3. 율리시스 약정을 통해 자유로운 의지를 박탈하기

4. 올바른 시간 프레임 설정

5. 재량소득을 재분류하고 돈을 숨기기

6. 친구들과 돈에 대해 이야기하기

마지막으로 돈을 쓰기 전에 우리는 다시 한 번 진지하게 생각해봐야한다. '여기에 돈을 지출하는 게 옳은 선택인가? 그저 낭비에 지나는 것은 아닌가?'라는 질문을 스스로에게 던져볼 필요가 있다. 없어서는 안 되는 게 돈이지만, 동시에 인간을 어리석게 만드는 발명품이기 때문이다. 이 발명품과 조화롭게 공존하는 방법은 각자에게 달려 있다.

생각해봅시다

❋ 이 책을 읽기 전 돈의 본질에 대해 생각해본 적 있는가?

❋ 이 책을 읽고 돈에 대해 바뀐 생각이 있다면?

❋ 당신이 비합리적인 소비를 하는 가장 큰 이유는 무엇인가?

❋ 미래의 나를 위해 지금 당장 실천 가능한, 부의 감각을 키우는 방법은 무엇일까?

댄 애리얼리 《부의 감각》

· Chapter 8 ·

헬레나 노르베리 호지

오래된 미래

라다크에서 배우는 인류의 미래

라다크 사람들의 책임 있는 태도는
우리 모두가 경애하고 배울 만한 것이다.

– 달라이 라마

《오래된 미래》가 반복해 읽혀온 까닭은
생태학적 문제의식을 바탕으로 삶의 본질적 의미를 구하기 때문이다.
길지 않은, 그러나 심오한 메시지를 담은 이 책은
지난 20여 년 동안 많은 이들의 삶과 생각을 뒤흔들어 왔다.

– 김호기(연세대학교 사회학과 교수)

과학기술이 발전하고 살기 편한 세상이 오면 우리는 행복해 질 수 있을까? 인류를 위협하는 환경 오염 문제와 사회 붕괴 현상을 막으려면 어떻게 해야 할까? 스웨덴 출신의 언어학자이자 세계적인 생태환경운동가 헬레나 노르베리 호지는 일찍부터 이 문제를 고민해왔다.

언어학을 전공한 헬레나 노르베리 호지가 환경운동가가 된 것은 1970년대 초, 작은 티베트라고 불리는 라다크에 머물게 되면서부터다. 16년 동안 라다크에 머물면서 체험을 통한 연구를 진행한 그녀는 공동체에 바탕을 둔 라다크의 전통사회가 서양 문명에 의해 파괴되는 과정을 목격하고 실천적 생태환경운동가로 변신했다.

헬레나 노르베리 호지는 사회·생태적 재앙에 직면한 인류의 미래 대안이 '지역화'에 있다고 주장하며 '환경친화적 삶'의 중요성을 강조했다. 그녀는 서양 문명이 평화로운 라다크 마을을 어떻게 파괴하는지를 낱낱이 기록해《오래된 미래》를 펴냈다.

그녀의 대표작인《오래된 미래》는 50여 개 언어로 번역되었고, 이후 세계적인 스테디셀러로 자리매김했다. 지금도 그녀는 '라다크 프로젝트'를 주도하며 지속가능한 발전을 위해 노력하고 있다.

헬레나 노르베리 호지는 이러한 노력을 인정받아 '제2의 노벨상'이라 불리는 바른생활상을 수상했으며, 〈어스저널〉은 그녀를 '전 세계에서 가장 놀라운 환경운동가 10인'에 선정했다. 미국 렌셀러 폴리테크닉 인스티튜트 대학교 생물학과의 환경과학 교수 칼 맥대니얼은 저서《살 만한 지구를 위한 지혜》에서 '세상을 바꾸는 선견자 8인'으로 헬레나 노르베리 호지를 꼽았다.

세계화로 파괴된 경제 생태계를 극복하기 위해서는 어떤 노력이 필요할까? 인간과 환경이 공존하는 세상을 만들기 위해서는 어떤 노력이 필요할까? 자연의 회복과 공동체적 삶의 본질을 되찾기 위해 우리가 나아가야 할 방향은 어디일까? 라다크인의 삶에서 우리는 힌트를 얻을 수 있다.

라다크에서 배우는 전통의 미학 ──────

#리틀 티베트 **#자연과 함께하는 삶**

이야기에 들어가기에 앞서 라다크에 대해 먼저 알아보도록 하자. 라다크는 인도 북부에 위치한 작은 지역으로 '히말라야의 불교 왕국'이라고도 불린다. 인도의 통치 지역인 잠무와 카슈미르의 접경에 위치하고 있으며, 히말라야 산맥에 둘러싸인 고원 지대에 위치해 있다. 인도의 잠무와 카슈미르 지역은 중국, 티베트, 파키스탄과 국경을 접하고 있기도 하다. 라다크는 '전략적 요충지'라는 이유로 오랜 세월 여행자들의 출입이 금지되어 있다가 1974년경 처음 외부에 개방됐다.

라다크(Ladakh)라는 이름은 '산길의 땅' '고갯길이 있는 땅'이라는 티베트의 단어 '라 다그스(La Dags)'로부터 기원했다고 알려져 있다. 인도에 속해 있지만 언어, 예술, 건축, 의술, 음악, 종교에 이르기까지 티

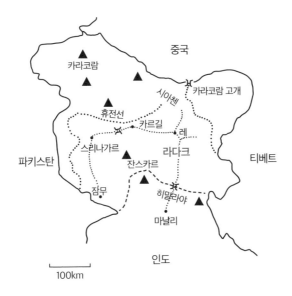

라다크의 위치

베트의 영향을 가장 많이 받아서 라다크를 '리틀 티베트'라고 부르기도 한다. 실제로 라다크와 티베트 사이에는 물품 교역을 비롯해 불교 사상에 대한 교류가 지속적으로 이루어지고 있다.

영하 20도를 넘는 겨울이 8개월 이상 계속되는 척박한 환경에서도 라다크 사람들은 최소한의 것으로 자급자족하며 공동체를 유지한다. 이들의 주요 작물은 보리이고, 보릿가루를 구워 만든 '은감페ngamphe' 가 주식이다. 밭의 3분의 2는 보리를 기르고, 나머지는 밀이나 콩, 순무 등을 재배한다.

라다크 경제 활동의 중심은 동물이다. 양과 염소, 당나귀, 조랑말, 암소, 야크 등의 동물들은 연료가 되는 배설물뿐만 아니라 노동력, 털과 젖을 공급한다. 동물들은 훌륭한 운송수단이 되기도 한다.

혹독한 기후와 부족한 자원에도 불구하고 라다크 사람들은 행복한 생활을 누리고 자신의 삶에 만족스러워한다. 실제로 그들은 느긋한 속도로 일하며 많은 여가를 즐긴다. 그래서인지 라다크 사람들은 항상 행복한 얼굴을 하고 있다. 생동감과 활기도 넘친다.

#서양 중심의 문화 유입 **#지구촌에 나타난 문제점**

오늘날에는 서양의 문화가 단 하나의 표준적인 문화로 인식되고 있다. 그런 과정에서 다양한 문제점이 발생하기도 한다. 서양 중심의 경제화·세계화로 인해 생긴 문제점에는 어떤 것이 있을까?

대표적으로 지구 온난화, 독성 물질로 인한 오염, 방사능 문제 등을 꼽을 수 있다. 또 경제 개발과 현대화로 인해 농경 생활이 붕괴되는 현상이 세계 곳곳에 나타나고 있다. 급속도로 진행되는 도시화 때문에 사람들 사이의 분열 현상은 더욱 심화되고 있고, 우울증 환자가 세계적으로 늘고 있다. 지구촌 곳곳이 몸살을 앓기 시작한 것이다.

우리를 위협하는 환경 문제와 사회 붕괴 현상을 막기 위해서는 어떤 노력이 필요할까? 자연과 인류가 공존하는 '생태 문명'으로의 전환이 필요하다. 그중에서도 라다크는 '생태 문명 전환'의 좋은 모델이 되고 있다. 우리에게 라다크는 굉장히 생소한 지역이다. 고립된 산간 지역 라다크에서 찾아낸 '지구 치유 방법'은 무엇일까?

헬레나 노르베리 호지 《오래된 미래》

#농경 공동체 #검약의 생활

라다크의 농경기는 2~6월 사이에 시작된다. 하지만 라다크 사람들에게는 정확한 시간을 알려주는 시계나 달력이 없다. 그럼 농사를 시작하는 시기는 어떻게 알 수 있을까? 마을 높은 곳에 위치한 첨탑 모양의 돌을 보고 그 시기를 짐작한다. 햇빛을 받아 마을 아래로 드리워지는 돌무더기 그림자의 방향을 보고 씨를 뿌리거나, 밭에 물을 대거나, 수확을 시작할 시기를 결정하는 것이다.

파종 시기가 되면 농부들은 점성가를 찾아가 파종을 시작하기에 가장 좋은 날을 결정한다. 그다음 하는 일은 무엇일까? 땅과 물의 영혼을 달래기 위해 제사를 지낸다. 제사는 하루 종일 이루어지는데, 행복과 풍요를 기원하는 기도를 하며 노래와 춤을 추는 식으로 진행된다. 일을 하면서 휘파람을 불기도 하고 노래를 부르는 등 일과 축제가 하나가 된 모습을 쉽게 관찰할 수 있다.

라다크 사람들에게 노래는 삶의 일부다. 어떤 일을 할 때도 그에 맞는 노래가 함께한다. 일을 서두르지 않는다. 자신만의 속도에 따라 웃음과 노래를 섞어가며 여유롭고 즐겁게 일한다. 그들이 부르는 짧은 노래 하나가 있다.

라모 키옹LHAMO KHYONG 라모 키옹

얄레 키옹YALE KHYONG, 라모 레LHAMO-LE

(쉽게 해요, 쉽게 해요, 쉽게 해야 해요)

라다크에는 기계화된 생산라인이 없다. 그래서 편안하고 평화로운 느낌을 준다. 수확의 계절이 되면 또 한 번의 축제가 열리는데, 그때도 남녀노소 모든 사람이 함께 모여 노래를 부르며 곡식을 베고, 일이 끝난 저녁에 또 다시 모여 함께 술을 마신다.

라다크 사람들은 '검약'을 실천하며 살아간다. 보통 검약이라고 하면 어떤 이미지가 떠오르는가? 돈이나 물건을 허투루 쓰지 않는 '구두쇠' 혹은 '인색한 사람'을 떠올릴 가능성이 높다. 하지만 라다크에서는 그 의미가 조금 다르다. 라다크 사람들에게 '검약'이란 한정된 자원을 조심스럽게 아껴 쓰는 것을 의미한다. 이들은 자신에게 주어진 것 외에 더 많은 것을 욕심내지 않는다.

농부에게 가장 중요한 게 무얼까? 바로 땅이다. 하지만 라다크의 농부들은 경작하지 못하는 농지를 군이 소유하려고 하지 않는다. 낡고 사용가치가 다 소진됐다고 생각하는 물건도 라다크 사람들은 함부로 버리지 않는다. 사람이 먹을 수 없는 것은 동물의 먹이나 연료로 쓰고, 사용할 수 있는 것은 그 용도가 다할 때까지 재활용한다. 라다크 사람들이 외부 세계에 의존하는 것이라고는 소금과 차, 요리 기구 정도다.

#라다크인의 식생활 **#건강의 이유**

보리로 만든 음식 몇 가지와 밀로 만든 음식, 그리고 버터차는 라다크의 주요 음식이다. 이 음식들은 소박하지만 영양가가 풍부하다. 음식에 들어 있는 효모와 보리를 통해 비타민 B를 섭취한다. 또 라다크 사람들은 염소나 야크 같은 동물의 고기는 먹지만 생선은 잘 먹지 않

헬레나 노르베리 호지 《오래된 미래》

는다. 살생을 최소화하고자 하는 라다크 사람들의 생활태도 때문이다. 생선을 먹으려면 더 많은 살생을 해야 한다. 어차피 살생해야 한다면 더 많은 사람이 먹을 수 있도록 더 큰 짐승을 택하는 것이다.

서양의 이론으로 본다면 라다크 사람들의 식사는 불균형적이다. 과일이나 채소는 너무 적게 먹고, 버터나 소금은 너무 많이 섭취한다. 하지만 서양 사람들에게 발생하는 건강 문제, 예를 들어 심장질환 같은 문제를 라다크에서는 거의 볼 수 없다. 라다크 사람들은 대부분 날씬하고 비만한 사람이 굉장히 드물다. 배 둘레에 두툼한 뱃살이 생기자 병원을 찾아가 "배에 주름이 생겼다"고 이야기하는 사람이 있을 정도다. 라다크 사람들이 건강한 삶을 유지하는 비결은 무엇일까? 두 가지 이유를 예측해볼 수 있다.

1. 우리가 알고 있는 영양의 기준은 절대적인 것이 아니다.
2. 몸이 필요로 하는 영양소는 그 지역에서 나는 음식과 일치한다.

우리가 알고 있는 영양에 대한 기준은 절대적인 것이 아니다. 앞서 언급한 대로 라다크 사람들은 버터나 소금 등을 많이 먹는다. 이는 극단적으로 높은 콜레스테롤을 섭취한다는 것을 의미한다. 하지만 그로 인해 라다크 사람들에게 발생하는 문제는 굉장히 미미하다. 영양뿐 아니라 운동량이나 스트레스의 정도도 건강에 영향을 미치기 때문이다.

두 번째로 사람의 몸에 어떤 영양분이 필요한지는 그 사람이 살고 있는 지역의 환경 상황에 따라 달라진다는 것이다. 곡물류를 섭취하지 않고 생선과 고기만을 먹고도 건강한 생활을 하는 에스키모처럼 라다크 사람들도 보리와 낙농 제품으로 건강하게 살 수 있는 몸을 가졌음을 의미한다.

라다크에서 건강에 문제가 생기면 어디로 찾아갈까? '암치'라 불리는 마을의 의사나 '라바'라 불리는 샤먼 혹은 '온포'라 불리는 점성가를 찾아가 문제를 논의한다. 마을 주민의 걱정거리나 문제에 따라 세 사람 중 누구의 자문이 필요한지 결정되는데, 일반적으로 암치를 제일 먼저 찾는다. 암치는 조상 대대로 전해 내려오는 티베트 의술을 바탕으로 환자들을 치료한다. 예를 들어 만성 두통을 앓던 환자에게 '티트카 갓파'라는 용담 가루에 여덟 가지 꽃과 약초, 뿌리, 나무껍질을 섞어 만든 가루약을 처방했더니 두통이 싹 나았다. 또 서양 의사들로부터 간염 진단을 받은 한 여자에게 강도 높은 성관계를 처방하기도 했다. 다소 충격적이지만, 그 처방을 받은 여성은 실제로 며칠 만에 병세가 호전됐다.

익숙한 서양의 의술을 생각하면 우리에게는 너무 낯설지만, 라다크의 의술 체계는 굉장히 체계적이고 종합적이다. 해부, 생명활동의 과정, 질병의 진단과 치료법의 내용을 상세히 다루고 있는 문헌이 있다. 이를 바탕으로 환자를 치료하고 약재를 처방한다. 대부분의 경우에는 천연 약재를 사용해 치료한다. 그 마을에서 나는 약초나 광물질을 최대한 활용해 자연과 함께 '지속 가능한 삶'을 영위하려고 노력하는 것이다.

헬레나 노르베리 호지 《오래된 미래》

우리는 라다크의 전통사회로부터 자립 정신, 절약 정신, 사회적 조화, 환경적 지속성, 내면의 풍요로움을 배워야 한다. 그중에서 가장 필요한 것은 '공존하는 삶'이다. 현대인은 개인의 권리를 중요하게 생각하지만 라다크인은 다르다. 돈을 벌거나 개인의 권리를 챙기는 것보다 이웃과 좋은 관계를 유지하는 것을 더 중요하게 생각한다. 그래서 상대의 마음을 상하게 하거나 화를 내는 일을 극도로 경계한다. 라다크에서 화를 내는 사람은 큰 질타를 받게 되기 때문이다. 이곳에서 가장 심한 욕은 '화 잘 내는 사람'이다. 라다크 사람들은 마찰이나 갈등이 생길 만한 상황을 만들지 않는다. 만약 갈등이 발생하더라도 '중재자'를 통해 문제를 해결한다.

서로 간의 오해와 갈등을 풀기 위한 라다크 사람들의 방법은 무엇일까? '자발적 중재자'에게 모든 것을 맡기는 것이다. 우리는 보통 오해와 갈등을 풀기 위해 충돌하고 싸우는 경우가 많다. 하지만 라다크에서는 생판 모르는 제삼자나 아주 친한 사람이 중재자가 되어 양쪽의 입장을 듣고 분쟁을 조절한다. 자발적 중재자는 가족일 수도 있고, 이웃일 수도 있고, 지나가는 사람일 수도 있다. 누군가는 이런 걱정을 할지 모른다. 자발적 중재자가 친한 사람의 편을 들지 않을까? 하지만 라다크에서는 친한 사람일수록 서로의 입장을 잘 이해하고 있기 때문에 더 좋은 방향으로 문제를 해결할 수 있다고 믿는다.

전통적으로 라다크 지역은 공동의 의사결정을 할 때 민주적인 절차를 따른다. 마을 전체의 대표는 '고바'라고 불리는 의장이 맡는데, 고바는 마을의 심판관 역할을 한다. 문제가 발생할 경우 고바는 공동으로 합의한 법률을 따르는데, 그 법률은 다음과 같다.

1. 농작물을 보호하기 위해 가축이 함부로 돌아다니지 못하도록 관리할 것
2. 마을마다 관리인을 두고, 가축이 농작물을 훼손하는 경우 그것을 잡아다가 주인에게 벌금을 징수할 것

융통성 없는 규칙이나 법률보다 실제적이고 구체적인 상황에 따라 적절한 대응방안을 마련한 것이다. 이처럼 라다크 사람들은 개인의 이익과 공동체의 이익이 상충되지 않은 사회에 살고 있다. 그래서 경쟁보다는 상호 협조를 통해 공동체를 이끌어간다.

대부분의 농사일도 공동 작업으로 이루어진다. 같은 마을이라도 곡식이 익는 시기가 조금씩 다르기 때문에 시기를 맞춰 서로 협동해 일한다. 이런 방식을 '베스'라고 한다. 또 마을 사람들이 공동으로 가축을 돌보기도 하는데, 이를 '라레스'라고 한다. 한두 사람이 각 농가의 가축을 함께 모아 돌봐주는 동안 나머지 사람들은 그 시간을 활용해 다른 일을 하는 식이다.

베스BES: 수확 기간 동안 농부들이 서로 돌아가며 곡식을 거두는 관행

라레스RARES: 마을 사람들이 공동으로 가축을 돌보는 관행

랑제LHANGDSE: 파종할 때 농기구나 가축을 공동으로 사용하는 관행

일손이 달리는 농번기에는 어떨까? 파종할 때를 비롯해 농사일로 바쁠 때는 모든 작업이 가능한 빨리 끝날 수 있도록 농기구나 가축을 공동으로 사용한다. 농기구나 가축을 공동으로 활용하는 것은 오래전부터 이어져 온 관행이다. 이를 '랑제'라고 부른다. 즉, 공동 작업을 통해 작업의 효율성을 높이고, 품앗이를 통해 상부상조하는 것이다.

#더불어 사는 삶

라다크 사회는 민주적으로 운영되며 부의 격차는 거의 없다. 아이들은 대가족 제도 안에서 충분한 사랑을 받고 자라나며, 노인과 젊은이들은 함께 어우러져 생활한다. 즉 가족 구성원을 비롯해 마을 사람 모두가 육아를 하는 것이다. 노인의 경험과 지혜는 젊은이들을 성장하게 하고, 젊은이와의 교류를 통해 노인들 역시 건강한 신체와 맑은 정신을 유지한다.

'노인' 하면 어떤 모습이 떠오르는가? 보통 허공을 멍하게 바라본다든가 소외되거나 외로워하는 모습을 상상할 것이다. 하지만 라다크의 노인들은 생활의 모든 부분에 참여한다. 세상을 떠나는 날까지 공동체의 중요한 구성원으로 대접받는다. 아이들은 다치거나 혹은 누군가에게 꾸중을 들으면 할머니에게 달려가 위로를 받는다. 반대로 아이들은 몸이 불편한 노인들을 위해 누가 시키지 않아도 그들을 부축하거나 도움을 주려고 한다.

라다크 생활방식의 또 다른 특징으로는 아이와 엄마가 항상 함께 있다는 점을 꼽을 수 있다. 마을의 모임, 축제, 잔치 등 엄마를 따라 아이

역시 자리를 같이한다. 주목할 만한 것은 아이가 쉬지 않고 사람들에게 질문하거나 괴롭혀도 절대 화를 내지 않는다는 점이다.

라다크 사람들에게 종교는 삶의 한 부분이다. 라다크에 있는 모든 것에 종교가 영향을 미친다고 해도 과언이 아니다. 불교는 라다크 사람들의 절대다수가 믿는 종교 중 하나지만, 다른 종교를 차별하거나 싸움을 벌이지 않는다. 라다크 사람들은 자신은 자연의 일부이며, 타인과 더불어 살아가야 하는 존재임을 인지하고 살아간다. 그래서 라다크 사람들은 육체적으로나 정서적으로 건강한 생활을 누릴 수 있다.

☑ Insight Point

☐ 서양 중심의 경제화·세계화로 인해 파생된 문제점

　: 지구 온난화, 독성 물질로 인한 오염, 방사능 문제, 농경 생활 붕괴,

　사람들 사이의 분열 심화, 우울증 증가

☐ 라다크 전통 생활의 특징

　: 자급자족 경제, 민족문화와 공동체 생활을 중시, 인간과 자연의 상생

라다크에 불어닥친 변화의 바람 ─────────

#변화의 시작　#관광 지역으로 개방

지금까지 우리는 라다크 사람들이 행복감을 느끼는 요인을 개인적, 종교적, 사회적, 환경적 요건으로 나누어 살펴봤다. 하지만 서양 문화

의 영향으로 라다크 사람들의 삶도 급변하기 시작했다.

라다크는 식민주의와 개발의 영향권에서 벗어나 있는 지역 중 하나였다. 하지만 아시아의 주요 교역로에 위치한 지정학적 요인 때문에 외부 문화에 노출될 수밖에 없었다. 라다크 사회를 급변하게 만든 요인은 무엇일까? 먼저 1962년 중국의 침략을 막기 위해 라다크에 주둔하고 있던 인도군에 의해 문화적인 영향을 받았다. 이후 1974년부터 인도가 라다크를 관광 지역으로 개방하며 다양한 변화를 겪게 됐다. 세계의 다른 지역과 마찬가지로 라다크 역시 서양식 개발이 시작된 것이다.

서양식 개발이란 무엇일까? 도로나 전력 설치를 비롯한 에너지 생산시설 건설, 화폐 경제의 활성화 등을 말한다. 물론 이런 개발 덕분에 공적 부문은 성장했고, 관광산업 역시 활발해졌다. 하지만 수천 명의 관광객을 실은 버스 때문에 교통 정체 문제가 나타났고, 석탄을 사용하면서 대기 오염이 심해졌다. 현대화의 영향으로 라다크의 인구는 치솟기 시작했고, 농촌 생활을 하던 젊은이들이 도시로 유입하면서 수도인 '레'를 비롯한 주변 지역에 건설 붐이 일어났다.

그 결과는 어땠을까? 도시 구획이 불규칙하게 변하는 '스프롤 현상'이 나타났다. 스프롤 현상은 도시가 급격하게 팽창하면서 시가지가 도시 교외 지역으로 질서 없이 확대되는 현상이다. 이로 인해 라다크 지역은 다른 제3세계 국가의 슬럼가처럼 변하기 시작한다.

하지만 더 큰 문제는 따로 있었다. 늘 웃고 춤추며 여유 있게 살던 라다크 사람들이 개발 후 남과 비교하면서 불행함과 열등감을 의식하기 시작한 것이다. 라다크의 관광객 수는 1984년을 기준으로 1만 5천 명까지 늘어났는데, 외국 관광객의 유입은 라다크 사람들의 정서에 엄청난 영향을 미치게 된다. 외국 관광객 한 사람이 하루에 쓰는 돈은 라다크 가정이 1년 동안 쓰는 돈과 맞먹을 정도였는데, 그런 외국인의 모습을 보면서 라다크 사람들은 자신들이 가난하다는 생각을 갖게 됐다. 또 라다크의 아이들은 외국인과 마주치면 입버릇처럼 "한 푼만 주세요."라고 말하게 되었다.

새로운 경제구조는 빈부 격차를 심화시켰고, 서양식 교육은 라다크의 전통적인 기술을 잃어버리게 만들었다. 공동체를 중시하고 자연을 존중하던 고유의 문화를 뒤로한 채 세계 공용의 지식을 배우게 된 것이다. 이러한 변화는 라다크 사람들의 불만족과 탐욕을 부추겼고, 1천 년이 넘도록 사람들의 욕구를 안정감 있게 충족시켜 온 고유의 경제체제는 파괴되고 있었다.

라다크 사회에 발생한 변화는 또 있다. 이전에는 좀처럼 찾아보기 힘들었던 스트레스 과다, 고독감 등 정서적인 병리 현상을 비롯해 환경 파괴, 인플레이션, 실업 문제 등이 나타나기 시작했다. 여기에 인도 영화의 유입과 텔레비전 보급 확산까지 더해져 젊은이를 중심으로 현대화의 상징이 되는 선글라스, 워크맨, 몸에 꽉 끼는 청바지 등이 유행하기 시작했다. 사람들의 개성 파괴 현상은 심화됐고, 공격적 성향은 짙어졌다. 과거보다 화를 내는 사람이 많아지고, 아이와 어른이 함께 어울리던 라다크의 문화는 점점 사라져갔다.

#도시에 집중되는 노동력 **#일자리 경쟁** **#문명형 질병**

도시화가 지속적으로 추진되면서 사는 곳과 일하는 곳이 달라지게 됐는데 이로 인해 새로운 사회문제들이 생겨났다. 젊은 남성들이 도시로 떠나면서 여성들은 마을에 홀로 남겨지게 됐고, 지역 공동체 역시 분화되기 시작한 것이다.

도시로 나온 이들은 어떤 생활을 하게 됐을까? 도시의 상황 역시 좋지만은 않았다. 몇 안 되는 일자리를 놓고 치열한 경쟁을 벌여야 했기 때문이다. 실업은 심각한 사회문제로 떠올랐다. 남성과 여성의 직무 구분이 더욱 뚜렷해지면서 여성은 사회적으로 '열등한 부류'로 구분됐고, 안정감과 자신감을 잃어버리게 됐다.

시간이 상품화되면서 라다크 사람들은 생활의 속도를 더욱 빨라지게 하는 기술과 기계를 사용하기 시작했다. 역설적으로 그런 기술과 기계 때문에 라다크 사람들에게서 느낄 수 있었던 여유로움은 더 이상 찾아볼 수 없게 됐다.

무엇보다도 건강한 몸을 유지하던 라다크 사람들에게 암, 뇌졸중, 당뇨병 같은 '문명형 질병'이 일상적인 것이 됐다. 운동 부족과 과다한 스트레스, 지방과 설탕 함량이 높은 가공식품, 서양식 음식을 즐겨 먹게 되면서 비만이나 이상 체형으로 변하는 사람들을 쉽게 만날 수 있게 됐다. 서양 중심의 교육과 개발 과정에서 라다크인은 땅으로부터 분리되고, 같은 라다크인들끼리도 분리됐다. 라다크는 이제 세계 경제의 사다리 가장 아래쪽에 자리 잡게 됐다.

☑ Insight Point

☐ 서양 문화의 유입으로 인해 라다크에 생긴 변화들

　• 스트레스 과다, 서양 문화에 대해 열등의식을 갖기 시작

　• 빈부 격차 심화, 환경 파괴, 실업 문제, 문명형 질병 증가 등

미래를 향해 나아가야 할 길 ────

`#서양식 생활양식 재평가`　`#반개발의 중요성`

현대화·세계화는 겉으로 볼 때 문화에 대한 위협으로 느껴지지 않는다. 그 과정에 있을 때는 부정적인 결과를 예측하기 어렵기 때문이다. 개발이 불러오는 파괴적인 영향은 시간이 흐른 뒤에 돌이켜봐야만 알 수 있다.

갈수록 늘어나는 라다크의 부채를 비롯해 환경 문제, 기아 문제, 빈부 격차 심화, 문명형 질병 증가 등의 사회적인 문제들은 서양식 경제개발에 무언가 잘못된 부분이 있음을 시사한다. 이런 문제들을 해결하기 위한 방법은 무엇일까? 가장 먼저 서양식 개발과 생활양식을 새롭게 평가할 필요가 있다.

전통을 지키며 살아가는 사람들의 모습은 우리가 생각하는 이상적

헬레나 노르베리 호지 《오래된 미래》

인 삶과 거리가 멀다. 우리가 생각하는 기초적인 편의 시설이 없고, 외부 세계와의 교류도 제한되어 있기 때문이다. 라다크의 주민들은 매일 개천에서 물을 길어오는 일이나 동물의 배설물을 연료로 사용하는 일, 화로로 조리하는 일 등을 힘들게 여기지 않는다. 하지만 서양인들은 이런 문화를 열등하다고 판단한다. 즉, 개발도상국과 서구 사회의 상호 정보가 부족하다는 것이다.

개발을 추진하는 사람들은 라다크 사회의 실제 모습을 바라보기보다 자신들이 만들어 놓은 이상적 기준에 따라 평가하는 경향이 있다. '진보'나 '지구촌'이라는 말을 붙였지만 이로 인해 문화는 획일화됐고, 라다크 사회는 분열되기 시작했다. 진보라는 이름으로 전통 문명을 파괴하는 일을 멈추기 위해서는 어떻게 해야 할까? 지역 생태계의 지속성을 유지하기 위한 프로젝트를 지원하는 정책이 수립되어야 한다.

어떻게 해야 라다크의 전통문화 장점을 손상시키지 않고 여러 가지 문제를 해결할 수 있을까? 가장 효과적인 방법은 바로 '반反개발'이다. 반개발은 자연 그리고 타인과 공존하며 지속가능한 개발을 하는 것을 의미한다. 그 시작은 소비 지향적이고 획일적인 문화의 확산을 먼저 중단하는 것이다. 그래야 빈곤과 사회 분열, 생태계 붕괴를 막을 수 있다.

개발은 사람과 자연에 대한 존경에서 시작해야 한다. 여기서 존경이란 지역의 자원과 지식, 기술을 최대한 활용해야 한다는 것을 의미한다. 사회구조와 환경에 미치는 영향, 지리적 여건을 연구한 뒤 최적의 기술을 도입해야 한다.

중국과 인도 사이 히말라야산맥 동쪽에 위치한 나라, 부탄의 국왕은 사회복지를 가늠하는 지표가 서양의 기준인 '국민 총생산'이 아닌 '국민 총행복'이 되어야 한다고 주장했다.

국민 총생산(GNP)	국민 총행복(GNH)
일정 기간 동안 한 나라의 국민이 생산한 재화와 용역의 부가 가치를 시장 가격으로 평가한 총액	평균 행복, 행복 수명, 행복 불평등, 불평등 조정 행복 등 4개의 세부 지수를 측정해 평가한 총액

즉, 경제 개발의 궁극적인 목적이 인간의 복지가 되어야 한다는 것이다. 문화적 전통과 환경을 보호하면서 문명을 받아들이고 그들의 삶을 좀 더 윤택하게 살아가는 방법을 택해야 한다.

실제로 1983년에 설립된 비정부기구 '라다크 생태개발그룹'은 라다크의 전통문화와 조화를 이루는 생태적이고 지속 가능한 개발을 모색하고 있다. 라다크의 태양열을 이용한 주택 난방 시스템 제작, 라다크 전통의 중요성을 알린 연극 제작, 해외 강연과 세미나 등 다양한 프로그램을 통해서 말이다. 생태적 균형과 사회 구성원 사이의 조화에 기반을 두고 있던 라다크 전통사회로의 회귀를 택한 것이다. 또 도시와 지방, 남성과 여성, 문화와 자연 사이의 균형을 복원하기 위해서도 지속적인 노력을 펼치고 있다.

헬레나 노르베리 호지 《오래된 미래》

□ 라다크인의 삶을 통해 돌아본 미래의 개발 방향

    – 서양식 개발과 생활양식에 대한 재평가

    – 자연 그리고 타인과 공존하는 태도

    – 해당 지역의 자원과 지식, 기술을 활용한 개발

우리가 라다크를 통해 배워야 할 점은 무엇일까? 가장 중요한 것은 경제적, 합리적이라는 이름 아래 이어져 온 자연과 인간성 파괴에 대한 문제를 인식하는 것이다. 나아가 서로에 대한 깊은 존중과 배려, 자연환경의 제약을 의연하게 받아들이는 태도를 돌아봐야 할 필요가 있다. 잃어버린 자연과 전통을 되살리는 것이야말로 우리의 미래를 기약하는 일이다.

생각해봅시다

❋ 라다크인의 삶의 태도 중 가장 인상적이었던 점은?

❋ 라다크를 통해 깨닫게 된 서양 문명의 가장 큰 문제점은?

❋ 세계화, 경제화를 통해 생겨난 우리 사회의 문제점은 무엇인가?

❋ 잃어버린 자연과 전통을 되살리기 위해서는 어떤 노력이 필요할까?

Chapter 9

미하이 칙센트미하이

몰입

우리에게 몰입이 필요한 이유

'플로우flow'라고 불리는 행복의 정신 상태를 탐구하는 책.
창의적이거나 즐거운 활동에
완전히 참여하고 있을 때의 그 느낌에 대해 말한다.

– 〈타임스〉

행복한 삶을 가꾸는 방략을 담은 자기계발서.
책을 따라가다 보면 '나도 행복을 만들 수 있겠구나' 하는 생각이 든다.
칙센트미하이 행복론의 완결판이라 할 만하다.

– 〈연합뉴스〉

우리는 언제 가장 행복할까? 우리는 어떻게 하면 행복해질 수 있을까? 이 질문에 답하기 위해서는 이 사람을 알아야 한다. 심리학과 경영학에서 가장 널리 인용되는 이론을 완성한 심리학자이자 '긍정심리학계의 아버지'로 불리는 미하이 칙센트미하이다.

미하이 칙센트미하이는 '삶의 질 연구센터'를 설립해 어떻게 하면 사람들의 삶이 좀 더 창의적이고 행복할 수 있을지를 평생 연구해왔다. 사람들이 평소 어떤 활동을 하고, 그 순간에 어떤 감정을 느끼는지 알아보기 위해 다양한 직업을 가진 수천 명의 사람을 인터뷰하고 자료를 모았다. 이른바 '경험 표집 방법'이다.

그는 사람들이 가장 행복해하는 상황을 알아보기 위해 일주일 동안 사람들에게 무선호출기를 가지고 다니게 한 다음, 신호음이 울릴 때마다 자신의 생각과 느낌을 설문지에 기록하게 했다. 다량의 데이터를 분석한 연구를 기반으로 미하이 칙센트미하이는 1970년대 '몰입Flow' 이론을 처음 제시했고, 이후 수백 명의 연구자가 몰입 이론을 연구하며 전 세계에 몰입 신드롬을 불러일으켰다.

'몰입'의 사전적 정의는 무언가를 깊이 파고들거나 무언가에 빠지는 것을 뜻한다. 심리학에서 말하는 몰입은 행위에 깊이 빠져들어 시간의 흐름이나 공간, 자신에 대한 생각까지도 잊어버리게 되는 때를 말한다. 나아가 인간의 행복은 물질을 소유하는 것보다 자아 성취에서 나오며, 타고난 것이 아닌 자발적 노력에서 만들어진다는 점을 강조한다.

미하이 칙센트미하이의 몰입 이론은 학계뿐 아니라 덴마크, 핀란드, 일본을 비롯한 세계 각국의 교육 정책에 적극적으로 반영되고 있다. 그는 현재 몰입 이론을 바탕으로 행복과 삶의 질을 높이는 정책을 조언하고 있다. 클린턴 전 미국 대통령과 토니 블레어 전 영국 총리는 가장 좋아하는 저술가, 학자로 칙센트미하이를 꼽았다.

미하이 칙센트미하이와 그의 이론은 〈뉴욕타임스〉 〈워싱턴포스트〉 〈뉴스위크〉, 영국 BBC와 이탈리아 RAI 등의 언론매체에서도 다루며 화제가 됐다. 그의 대표 저서인 《몰입》은 우리나라에서 지난 1999년 출간돼 약 20만 부 이상 판매되며 스테디셀러로 자리 잡았다.

인생에서 행복을 찾는 열쇠는 무엇일까? 어떻게 하면 행복해질 수 있을까? 칙센트미하이가 말하는 행복한 인생이 무엇인지 본격적으로 알아보자.

행복이란 무엇인가? ───────

#행복의 정의 #최적 경험과 플로우

　인간은 오래전부터 행복을 추구했다. 2300년 전 고대 그리스의 철학자 아리스토텔레스는 "인간은 세상 그 무엇보다도 행복을 추구한다"고 말했다. 아리스토텔레스가 살던 시대와 오늘날을 비교해보면 많은 것이 변했다. 과거보다 물질적 풍요를 누리게 됐고, 평균 수명이 늘어났고, 생활을 편리하게 해주는 물건도 많아졌다. 하지만 아리스토텔레스가 살던 시기보다 우리는 지금 더 행복할까?

　우리는 행복이 무엇인지, 어떻게 하면 행복해질 수 있는지 그때보다 더 나은 해답을 얻지 못했다. 이 책은 '인간이 언제 가장 행복할까?'에 대한 이야기다. 여기서 가장 확실한 것 하나는 행복이 우연히 찾아오지 않는다는 점이다. 행복을 얻기 위해서는 꾸준한 노력이 필요하다.

　행복을 얻기 위해서는 먼저 행복이 무엇인지를 알아야 한다. 행복이란 무엇인가? 행복의 사전적 정의는 '생활에서 충분한 만족과 기쁨을 느껴 흐뭇함 또는 그러한 상태'를 말한다. 우리는 언제 충분한 만족과 기쁨을 느낄까? 바로 최적 경험을 할 때다.

그렇다면 최적 경험이란 무엇일까? 외적 조건에 압도되지 않고 자기 행동을 스스로 조절할 수 있을 때를 말한다. 여기에서 말하는 외적 조건은 우리 통제권 밖에 있는 일들을 뜻한다. 태어날 때부터 지닌 기질, 외모, 부모의 경제적 수준, 우리가 태어난 시기의 역사적 상황 같은 것들 말이다.

누군가는 이렇게 물어볼 수도 있다. "최적 경험이라는 건 외부 여건이 좋을 때만 경험할 수 있는 것 아닌가?"라고 말이다. 하지만 수용소에 갇혀 있거나 생과 사를 오갈 정도로 심각한 위협을 겪는 상황에서도 최적 경험을 할 수 있다. 즉, 행복은 외적 요소에 의해 좌우되는 것이 아니라 오히려 같은 문제를 두고도 어떻게 해석하는가에 달려 있다고 할 수 있다.

최적 경험은 '플로우Flow'라는 개념에 바탕을 두고 있다. 플로우는 지금 하고 있는 일에 푹 빠져 있는, 몰입된 상태를 말한다. 좋아하는 운동 경기를 관람할 때나 흥미진진한 영화를 보거나 책을 읽을 때, 좋아하는 사람과 함께 있을 때 모든 일이 물결 따라 흘러가듯 저절로 일어나는 듯한 느낌을 받게 되는데 이것이 바로 플로우다. 지금 하는 경험이 즐거워서 그 상황을 지속하기 위해 어떤 고통도 감내할 수 있는 상태라고 말할 수도 있다.

수영 선수는 자신의 기록을 깨기 위해 노력하는 순간 최적 경험을 느낄 수 있고, 바이올린 연주자는 몹시 어려운 작품을 연주할 때 최적 경험을 느낄 것이다. 우리는 내 인생을 스스로 통제할 수 있는 힘을 갖게 될 때, 내 인생의 주인공이 나라는 자각을 느낄 때 최적 경험을 한다. 그 안에서 행복감을 느낀다.

플로우가 중요한 이유는 크게 두 가지다. 첫 번째는 플로우가 현재의 삶을 즐겁게 만들어주기 때문이고, 두 번째는 개인의 자신감을 향상시켜 궁극적으로 인류 전체에 공헌할 수 있기 때문이다. 무엇보다 플로우 활동은 자아를 성장시키는 데 도움을 준다.

플로우는 생각보다 간단하고 누구나 쉽게 이해할 수 있는 개념이지만, 플로우를 실천하는 일은 힘이 든다. 왜일까? 새해가 되면 많은 사람들이 다이어트 계획을 짠다. 누구나 날씬해지고 싶다는 욕망을 갖고 있고, 어떻게 해야 살을 뺄 수 있는지도 알고 있다. 하지만 실천에 옮기는 일은 어떤가? 주변의 수많은 방해물과 싸워야 한다. 단순히 체중 몇 그램을 빼는 일에서도 수많은 방해물과 싸워야 하는데, 최적 경험을 하기 위해서는 얼마나 많은 노력이 필요할까? 다이어트보다 훨씬 더 많은 고통과 장애물을 감수해야 한다.

#불만족의 근원 #삶을 불행하게 하는 이유

최적 경험은 개인이 매순간 자신의 의식에서 일어나는 일을 얼마나 통제할 수 있는지에 따라 달라진다. 즉, 마음을 어떻게 다루냐에 따라 삶의 질이 달라진다. 어떻게 하면 최적의 플로우 상태를 경험할 수 있을지 설명하기 전에 플로우를 경험하지 못하도록 방해하는 요소들을

미하이 칙센트미하이 《몰입》

먼저 살펴보자. 인간이 행복을 느끼기 어려운 이유는 크게 두 가지다.

인간이 행복해지기 어려운 이유

1. 우주가 인간의 욕구대로 움직이지 않기 때문

2. 만성적인 불만족

하나는 인간에게 우주의 운행 법칙을 바꿀 만한 힘이 주어지지 않았기 때문이고, 다른 하나는 새로운 목표와 욕구를 채우기 위해 인간이 현재의 삶에서 행복을 느끼지 못하는 존재이기 때문이다. 우리는 자연재해, 질병과 싸움 등 항상 일촉즉발의 위기를 떠안고 살아가고 있고, 생존에 꼭 필요한 의식주 문제가 해결되고 나면 마음속에는 또 다른 욕구와 욕망이 샘솟기 시작한다.

그래서일까. 주변에서 행복한 사람을 본 적 있는가? 우리는 주변에서 행복감을 느끼는 사람보다 불안과 초조, 조바심을 느끼는 사람을 더 쉽게 만날 수 있다. 삶에서 느끼는 불안과 우울, 초조함에서 벗어나려면 우리는 어떻게 해야 할까?

☑ Insight Point

☐ 플로우의 정의: 자신이 하고 있는 일에 몰입된 상태

☐ 플로우가 중요한 이유

    – 현재의 삶을 즐겁게 만들어준다는 장점

    – 자아를 성장시키는 데 도움

의식의 구조 ————

#너 자신을 알라   #의식을 통제하는 방법

　즐거움과 삶의 목적을 발견해나가는 능력을 개발하기 위해서는 독립적인 자세가 필요하다. 그리고 무엇이 인생에서 가장 중요한 것인가에 관해 자기 삶의 태도를 근본적으로 돌아볼 필요가 있다. "우리가 경험하는 것이 우리의 현실을 만든다"는 말은 우리 스스로 의식을 통제하고 외부 세계의 유혹과 방해에서 자유로워질 수 있을 때 비로소 불안과 초조, 조바심에서 벗어날 수 있음을 뜻한다.

　의식이란 무엇일까? 의식이란 의도적으로 정돈된 정보를 뜻한다. 의식의 중요한 역할은 우리 주위에 있는 정보를 머릿속에 그려내는 것이다. 우리가 느끼고, 냄새 맡고, 듣고, 기억하는 모든 것이 의식의 후보라고 할 수 있다. 어떤 정보를 의식 속에 입력하는지에 따라 삶의 질이 달라진다.

　의식에 들어온 정보를 순서화하는 힘을 '의도intention'라고 하는데, 사람이 어떤 것을 바라거나 성취하기를 원할 때 의도가 발생한다. 하지만 주어진 시간 안에 뇌가 처리할 수 있는 정보의 양은 한정되어 있다. 그래서 정보는 두 갈래의 길을 통해 우리의 의식 속에 들어오게 된다. 하나는 선택적 주의를 통해서고, 하나는 습관화된 주의를 통해서다.

정보 습득 방법

1. 선택적 주의: 필요한 정보만 선택해 의식

2. 습관화된 주의: 생물학적 명령, 사회적 명령에 따른 의식

 도로 위의 수많은 자동차를 볼 때 우리는 어떤 생각을 하는가? 특별한 신경을 쏟지 않을 거다. 하지만 그 자동차가 중앙선을 넘거나 지그재그로 달린다면 어떨까? 우리는 그 차를 주목하기 시작할 것이다. '주의'라는 건 지천으로 깔린 수많은 정보 가운데에서 우리에게 필요한 정보를 효율적으로 선택하는 것을 뜻한다.

 자기의식을 제대로 통제하고 있는지 알아보기 위해서는 자신의 의지대로 주의를 집중할 수 있는지, 목표를 이룰 때까지 계속 집중할 수 있는지, 목표를 달성한 뒤 일상을 즐기면서 살아갈 능력이 있는지를 살펴보면 된다. 삶을 어떤 형태로 만들고 어떤 내용을 채울지는 우리가 주의를 어떻게 사용하는가에 따라 달라진다. 즉, 주의는 경험의 질과 의식을 향상시키는 데 가장 유용한 도구라고 할 수 있다.

 우리는 주의에 의도적으로 집중할 수 있고, 반대로 쓸데없는 일에 낭비할 수도 있다. 그렇다면 주의를 사용하는 주체인 나는 어디에 있는가? 기억과 행위, 욕망과 쾌락, 고통은 모두 내 의식 '자아' 속에만 존재한다. 주의는 자아를 형성하고, 반대로 자아는 주의에 의해 영향을 받는다. 의식의 내용물과 목표는 주의가 선택한 결과물이고 주의는 자아에 의해 통제되는 것이다. 하지만 때때로 마음먹은 의도나 이런 의도를 실행하는 걸 방해하는 정보가 의식 속에 들어올 때가 있다. 의

식에 부정적인 영향을 미치는 것은 무엇일까? 바로 '심리적 무질서'다.

#심리적 엔트로피 **#의식의 무질서**

심리적 무질서는 이미 마음먹은 의도와 상충되는 정보가 의식 속에 들어올 때 발생한다. 고통, 공포, 불안, 분노, 질투 같은 것을 예로 들 수 있다. 어떤 정보가 우리의 의식을 방해할 때 우리는 '심리적 엔트로피'라고 불리는 내적 무질서 상태에 빠지게 된다. 이 상태가 지속되면 의식을 집중해 목표를 수행하는 능력을 상실하고 만다. 즉, 자아 기능의 효율성이 손상되는 상태를 맞이하게 되는 것이다.

고통, 공포, 불안, 분노, 질투 같은 정보가 아주 심각하거나 만성적인 게 아니어도 심리적 엔트로피가 나타날 수 있다. 예를 들면 이런 문제다. 연구에 참여했던 A라는 사람은 시청각 장비를 만드는 공장에서 납땜하는 일을 하고 있다. 그런데 어느 날 출근하기 전에 자동차 타이어 하나에 바람이 빠져 있는 것을 목격한다. 바람이 너무 심하게 빠져 자동차 휠이 거의 땅에 닿을 지경이었다. 그런데 A에게는 타이어를 수리할 만한 돈이 없다. 출근길에 정비소에 들러 타이어에 공기를 주입하고 겨우 출근을 한 A는 공장에 출근해서도 자기 일을 뚝딱 해치우지 못한다. 심지어 실수를 해서 공장의 전체 조립 라인이 멈추는 상황까지 발생했다. 사소하리만치 간단한 문제임에도 불구하고 왜 이렇게 일상에 부정적인 영향을 미치게 된 걸까? 자아의 내적 질서가 무너져버렸기 때문이다.

그럼 우리의 의식을 방해하는 새로운 정보가 우리 일상에 항상 부정적인 영향만 미칠까? 아니다. 우리가 어떻게 판단하는가에 따라서 심리적 엔트로피를 불러일으킬 수도 있고, 목표 수행을 도울 수도 있다. 우리의 인식 속으로 들어온 정보가 우리의 목표와 일치하게 되면 심리적 에너지가 무리 없이 작용하게 되고, 이런 긍정적인 피드백은 우리의 자아를 강화시킨다. 그렇다면 긍정적인 피드백으로 자아가 강화된 상황, 심리적 엔트로피의 반대 상태는 무엇일까? 바로 '최적 경험'이다.

최적 경험은 의식이 질서 있게 구성되고 우리의 주의가 목표만을 위해 사용될 때를 말한다. 이렇게 무언가에 몰입된 상태를 우리는 '플로우'라고 이름 붙였다. 플로우 상태를 경험한 사람은 목표를 성공적으로 수행하는 데 자신의 심리적 에너지를 대부분 사용한다. 그리고 더 강한 자아를 만들어낸다.

#플로우 경험의 결과 **#복합적 자아의 탄생**

플로우를 경험하면 자아는 이전에 비해 복합적으로 발전하게 되는데, 이는 우리가 성장할 수 있는 발판이 된다. 복합적 자아는 두 가지 심리적 과정을 거쳐 탄생한다. 이 두 가지 과정은 '분화'와 '통합'이다.

분화는 자신이 유일하고 고유한 존재라고 여기며 다른 사람과 자신을 분리하려고 하는 경향을 말한다. 통합은 반대의 경우로, 다른 사람들이나 다른 아이디어와 합하려는 경향이다. 복합적 자아는 두 가지 경향을 성공적으로 결합시킨 자아를 말한다.

플로우를 경험한 뒤에는 분화가 더욱 심화되는데 그 이유는 뭘까? 사람들은 보통 어려운 도전 과제를 끝내고 나면 스스로를 유능하고 특별하다고 여기기 때문이다. 하지만 플로우는 자아를 통합하는 데 도움을 준다. 깊이 몰입하게 되면 의식의 질서를 잡아주고 사고, 의도, 감정을 비롯한 감각들이 하나에 목적에 집중되기 때문이다.

분화만 되고 통합되지 못하면 지나친 이기주의에 빠지기 쉽다. 반대로 통합만 되고 자아를 분화시키지 못했을 때는 자율적인 개성을 갖기 어려워진다. 심리적 에너지를 분화와 통합이라는 과정에 균등하게 분배할 때 자아는 복잡성을 갖추게 된다.

플로우는 우리의 삶을 조금 더 조화롭고 에너지 넘치게 변화시킨다. 또 플로우를 경험함으로써 복합적 자아를 갖게 된다. 어떤 목표를 성취하기 위해 노력할 때보다 행위 그 자체를 즐길 때 우리 삶의 질이 향상될 가능성이 높아진다. 그럼 어떨 때 플로우를 경험할 수 있을까? 이제 플로우 경험을 할 수 있는 조건을 살펴보자.

플로우 경험의 조건

1. 주어진 도전을 잘 해결할 수 있는 능력이 많을 때

2. 목표가 명확할 때

3. 분명한 규칙과 즉각적인 피드백이 있을 때

위의 세 가지 조건이 갖춰졌을 때 우리는 쉽게 플로우 경험을 할 수 있다. 예를 들어 운동 경기, 암벽 등반, 춤, 요트 타기, 체스 등의 활동을 할 때 우리는 손쉽게 플로우 상태를 경험할 수 있다. 이런 활동들은 일상생활의 경험과 확연히 구분되면서 그 활동에 집중할 수 있게 설계되

어 있기 때문이다. 운동 경기를 할 때면 그 시간 동안에는 현실 세계 대신 '경기'라는 색다른 현실에 집중하게 되지 않는가. 애초에 플로우 상태에 쉽게 도달할 수 있도록 고안되어 있는 것이다. 운동 경기, 암벽 등반, 춤, 요트 타기, 체스 등의 최우선 기능은 무엇일까? 바로 즐거움을 주는 것이다. 이런 활동들의 구조화된 방식 때문에 구경하거나 참여하는 사람들도 아주 즐거운 마음 상태를 경험하게 되며 의식의 질서를 찾을 수 있게 된다.

☑ Insight Point

☐ '심리적 엔트로피'의 정의

　: 두려움, 슬픔, 지루함, 고통, 공포, 불안, 질투, 분노, 걱정 등에 의해

　정신이 무질서해진 상태

☐ 플로우 활동의 긍정적 효과

　: 복합적 자아 획득, 질서화된 의식, 조화로운 삶

삶의 질을 높이는 방법 ─────

#즐거움과 쾌락의 차이　#즐거움의 구성 요소

즐거운 활동은 현재의 작업에 주의를 완전히 집중하게 하고 몰입하게 만든다. 또 본인 행동에 대한 통제감을 느끼도록 해준다. 하지만 때때로 우리는 즐거움과 쾌락을 혼동하는 경우가 있다.

즐거움과 쾌락은 어떻게 다를까? 우리는 맛있는 음식을 먹을 때, 만족스러운 섹스를 했을 때, 돈으로 살 수 있는 모든 안락함과 편리함을 누릴 때 행복하다고 생각한다. 하지만 이것은 생물학적 프로그램이나 사회적 환경에 의해 설정된 기대 수준이 충족됐을 때 느끼는 만족감, 즉 쾌락이다.

대부분의 사람은 쾌락을 경험할 때 행복감을 느낀다고 착각한다. 맛있는 음식을 먹었을 때 쾌락을 느끼긴 쉽다. 하지만 음식을 즐긴다는 건 다른 문제다. 쾌락은 정신적 노력 없이도 느낄 수 있지만 즐거움은 주의를 기울여야 느낄 수 있다. 물론 쾌락만으로도 인생은 견딜 만하다. 하지만 쾌락만 추구하는 인생은 운이나 외부 환경에 의존하기 때문에 위태로울 확률이 높다.

그럼 즐거움은 어떨 때 느낄 수 있을까? 사람들은 긍정적인 경험을 할 때 즐거움을 느낀다. 경험 표집 방법을 통해 조사한 결과 문화나 문명화 정도, 사회 계층이나 연령, 성별에 관계없이 즐거움을 경험할 때 비슷한 느낌을 갖게 된다. 이것은 곧 최적 경험과 이 경험을 가능하게 하는 심리적 조건이 전 세계적으로 동일함을 뜻한다. 즐거움이라는 현상에는 여덟 가지 구성 요소가 있다.

즐거움의 구성 요소

1. 내가 완성시킬 수 잇는 가능성 있는 과제
2. 하고 있는 행위에 집중
3. 수행하는 과제에 대한 명확한 목표

미하이 칙센트미하이 《몰입》

4. 즉각적인 피드백을 받을 수 있음

5. 일상에 대한 걱정과 좌절을 의식하지 않음

6. 자신의 행동에 대한 통제감을 느낌

7. 자아에 대한 의식이 사라짐

8. 시간의 개념이 왜곡됨

즐거움은 일반적으로 본인이 완성시킬 가능성이 있는 과제에 직면했을 때 일어난다. 그리고 본인이 하고 있는 행위에 집중할 때 느낄 수 있다. 수행하는 과제에 대한 명확한 목표가 있고, 즉각적인 피드백을 받을 수 있을 때 우리는 즐거움을 느끼는 것이다. 또 일상에 대한 걱정이나 좌절을 의식하지 않고 자연스럽고도 깊은 몰입 상태로 행동할 수 있어야 한다.

나아가 즐거운 경험은 사람들에게 스스로의 행동에 대한 통제감을 느끼도록 해준다. 즐거운 경험을 하게 되면 자아에 대한 의식이 사라지는데, 역설적으로 플로우 경험이 끝나면 자아감이 더욱 강해진다. 마지막으로 시간의 개념이 왜곡된다. 몇 시간이 몇 분인 것처럼 느껴지고, 몇 분이 몇 시간처럼 느껴지기도 하는 것이다.

즐거움을 한번 경험해본 사람들은 그 느낌을 위해 많은 에너지를 쏟을 가치가 있다고 생각한다. 플로우의 핵심 요소는 경험 자체가 즐거움이자 목적이라는 것이다. 우리가 하는 대부분의 일은 자기 목적적 경험과 외적 목적이 결합된 것이다.

자기 목적적 경험은 미래에 얻게 될 이익을 기대하지 않고 단순히 그

일 자체를 통해 보상을 얻는 행위를 뜻한다. 반대로 외적 목적은 돈을 벌거나 사람을 돕고, 명성을 얻는 등의 행위다. 처음에는 외적 목적으로 활동을 시작하더라도 몰입하게 되면 내적으로도 보상을 받게 된다.

#문화의 목적 #게임과 플로우

인류가 진화하는 동안 우리에게 즐거움을 주고 경험의 질을 향상시키기 위해 생긴 것이 있다. 바로 문화다. 미술과 음악, 춤, 게임 같은 활동의 공통점은 무엇일까? 근본적인 목적은 다르지만, 우리에게 즐거움을 선사한다는 것이다. 그중에서도 게임은 아래와 같이 분류한 네 가지 방식으로 일반적인 경험의 경계를 넘어서는 기회를 제공한다. 게임과 플로우 활동의 공통점을 보자.

경쟁	요행	미혹	모방
타인과의 경쟁을 통해 잠재력을 발휘하게 됨	예측 불가능한 미래를 우리가 통제할 수 있다는 환상을 불러일으킴	무아의 경지를 느낌으로써 현실에 대한 지각을 바꿈	환상, 가장, 변장을 통해 자신의 현재 모습과 다른 자신을 느끼게 됨

현대 플로우 활동의 내용은 일반적으로 쾌락과 관련되어 있지만, 그렇다고 해도 경험의 질을 높이기 위해 우리가 밟아가는 과정은 그 자체로 아주 중요하다.

한편 플로우 경험을 방해하는 환경적인 요소들이 있다. 하나는 혹독한 자연조건과 같은 환경적 요인이고, 다른 하나는 노예 제도, 억압, 착취, 문화적 가치의 파괴 같은 사회적 요인이다. 환경적인 요소보다 사회적인 요인은 극복하기가 더 힘들다. 찬바람이 몰아치는 곳에 사는 에스키모인들은 황량한 환경 속에서도 춤을 추고, 아름다운 조각물을 만들고, 신화를 만들어냈다. 하지만 스페인에 정복당해 강제 부역을 하게 된 카리브해 섬의 원주민들은 생존에 대한 의욕을 잃고 더 이상 자손을 만들지 않았다. 왜일까? 삶이 고통스럽고 무의미하다고 느꼈기 때문이다.

#플로우 경험을 방해하는 요인   #사회적 무질서와 소외

노예 제도, 억압, 착취, 문화적 가치의 파괴 같은 사회적 요인을 비롯해 플로우를 경험하기 어렵게 만드는 요소가 또 있다. '사회적 무질서'와 '소외'다.

사회적 무질서는 말 그대로 규칙의 결여를 의미한다. 행동의 규범이 혼란한 사회 상태를 지칭하는 말이다. 어떤 것이 허용되고 허용되지 않는지 분명하지 않을 때 사회 질서를 따르던 사람들은 불안해하기 시작한다. 무질서 상태는 경제가 붕괴하거나 어떤 문화가 파괴됐을 때도 일어날 수 있다. 소외는 무질서 상태와 반대다. 소외는 사회 체계에 의해 제한당해 자신의 목표와 부합하지 않는 방식으로 행동하는 상태를 말한다. 예를 들어 가족을 먹여 살리기 위해 무의미하고 똑같은 작업을 수백 번씩 반복해야 하는 노동자는 소외를 겪게 된다.

사회적 무질서 상태에서는 어떤 것에 심리적 에너지를 쏟아야 하는

지 파악하기 힘들기 때문에 플로우 경험을 하기 어렵다. 소외가 일어날 때는 바람직한 일에 심리적 에너지를 투입할 수 없기 때문에 플로우 경험을 하기 힘들다.

하지만 이런 난관 속에서도 플로우 상태를 경험하는 사람들이 있다. 남극에서 조난을 당하거나 교도소 독방에 갇힌 사람들도 자신 앞에 닥친 난관을 극복하고 플로우 상태를 경험하는 경우가 있다. 이들은 어떻게 난관을 극복할 수 있었을까? 처절한 객관적 상황을 통제 가능한 경험으로 전환시키는 방법을 찾아냈기 때문이다.

스탈린 정권 시절, 경찰에 붙잡혀 1년 넘게 감옥에 감금됐던 세라믹 디자이너 에바 지젤은 감옥 안에서도 정신을 온전하게 지켜낼 수 있었다. 비결은 뭐였을까? 주변에 있는 재료로 브래지어 만드는 방법을 생각해보고, 상상 속의 자기 자신을 상대로 체스를 두고, 불어로 가상의 상대와 대화를 나누는 등의 방식을 통해 혹독한 감옥 생활을 견딘 것이다. 히틀러가 가장 좋아했던 건축가 스피어도 감옥에서 지내는 동안 베를린에서 예루살렘까지 걷는 가상 여행을 하며 몇 개월의 감금 생활을 버텼다.

이들의 공통점은 무엇일까? 모두 자신의 환경에서 가장 사소해 보이는 세부사항에 집중하고, 자신이 처한 위험 상황에서 수행할 수 있는 적절한 목표를 세운 뒤 여기에 심리적 에너지를 사용했다. 또 세상에 대한 관심을 갖고, 적극적으로 세상과 관계를 맺기 위해 노력했다.

지금까지 역경을 즐거움으로 변화시키는 힘이 외적 요인에서 비롯되는 게 아니라는 점을 살펴봤다. 결국 외적 요인과 그 외적 요인을 받아들이는 자세가 중요하다는 것이다.

그렇다면 위협의 소지가 되는 요인을 즐거운 도전으로 변화시키기 위해서는 어떻게 해야 할까? '자기 목적적 자아'를 가져야 한다. 즉 '스스로 만들어낸 목적을 갖고 있는 자아'를 가져야 한다. 자기 목적적 자아를 갖춤으로써 우리는 객관적 상황이 좋지 않을 때도 삶을 즐길 수 있게 된다. 그렇다면 자기 목적적 자아는 어떻게 개발할 수 있을까? 방법은 생각보다 간단하다.

자기 목적적 자아를 개발하는 방법

1. 목표 설정하기: 그 체계 안에서 필요한 기술 개발, 피드백 관찰

2. 활동에 몰입하기

3. 주변 상황에 관심 기울이기

4. 지금 현재의 경험을 즐기기

먼저 노력의 대상이 될 분명하고 혁신적인 목표가 필요하다. 목표와 도전이 생기면 그 체계 안에서 필요한 기술을 개발해야 한다. 물론 자신이 어떤 기술을 가지고 있는지에 따라 기술을 활용할 수 있는 특정 목표를 세울 수도 있다. 그렇게 기술을 개발하기 위해서는 자신의 행동의 결과에 주의를 기울여야 한다. 즉 피드백을 관찰해야 하는 것이

다. 이렇게 목표와 도전을 선택하고 나면 그 일에 깊이 몰입함으로써 자기 목적적 자아를 개발할 수 있다.

이때 행동의 기회와 자신이 보유하고 있는 기술 간의 균형을 잘 맞춰야 한다. 즉, 환경의 요구와 자신의 활동 능력 간에 적절한 균형이 필요하다는 것이다. 이와 동시에 주변 상황에도 관심을 기울여야 한다. 왜냐하면 엄청난 우주 속에서 자신이 맡은 제한적 역할에만 국한될 때는 공허한 존재가 되어 더 이상 삶을 즐길 수 없기 때문이다. 자기 목적적 자아를 개발하는 마지막 방법은 지금 현재의 경험을 즐기는 법을 배우는 것이다. 정신을 통제할 수 있다는 것은 그 일이 즐거움의 원천이 된다는 것을 의미한다.

다양한 상황에서 플로우 상태를 경험할 줄 아는 사람은 자극을 선별하는 능력, 그리고 그 자극에 대한 적절한 태도를 결정하고 초점을 맞추는 능력을 지니고 있음을 알아봤다. 이런 자기 목적적 자아는 가정환경의 영향을 받아 형성되는데, 최적 경험을 유발하는 가정환경 유형의 다섯 가지 특징을 살펴보자.

최적 경험을 유발하는 가정환경의 특징

1. 명료성
2. 중심성
3. 선택성
4. 부모의 신뢰성
5. 도전성

미하이 칙센트미하이 《몰입》

최적 경험을 유발하는 가정환경의 첫 번째 특징은 명료성이다. 아이들은 부모가 자신들로부터 무엇을 기대하는지를 명료하게 알고 있으며, 부모는 가족 간 상호작용을 할 때도 목표에 따라 명확한 피드백을 준다. 두 번째는 중심성이다. 자녀가 좋은 대학이나 직장에 들어가는 것보다 자녀가 하고 있는 일의 구체적인 경험과 감정에 부모가 더 관심을 갖고 있음을 뜻한다. 세 번째는 선택성이다. 최적 경험을 유발하는 가정환경에서 자란 아이들은 선택의 결과를 책임질 수 있다면 자신에게 다양한 가능성이 주어진다고 생각한다. 그게 부모가 세운 규칙이라고 할지라도 언제든 깰 수 있는 것이다. 다시 말하면 모든 선택권이 아이에게 주어짐을 뜻한다.

네 번째 특징은 신뢰성이다. 아이들은 부모의 보호 아래 있다는 편안함을 느낄 때 자신이 관심 있는 일이라면 어떤 것이든 간에 적극적으로 참여할 수 있게 된다. 마지막 특징은 도전성이다. 이는 자녀들에게 점차 복합적인 행동의 기회를 제공하는 부모의 헌신을 말한다. 여기서 언급한 다섯 가지 조건은 삶을 즐길 수 있는 이상적인 연습의 기회를 주기 때문에 '자기 목적적 가정환경'이라고 할 수 있다.

목표와 피드백의 명료한 제시, 통제감, 당면한 과제에 대한 집중, 내적 동기화 및 도전 의식을 독려하는 가정환경에서 성장한 아이들은 그렇지 않은 아이보다 더 행복하고, 강하고, 명랑하고, 만족스러움을 느낀다. 이런 가정에서 성장한 아이들은 한층 더 쉽게 플로우 경험을 할 수 있다.

그런데 이런 말을 들으면 한 가지 궁금증이 생긴다. 이런 가정환경에서 성장하지 못한 사람은 플로우 경험을 할 수 없는 걸까? 결코 그렇지 않다. 이런 성격은 훈련을 통해 숙달할 수 있는 '개발 가능한 능력'이다.

☑ Insight Point

☐ 플로우 경험을 방해하는 사회적 요인

  : 노예 제도, 억압, 착취, 무질서, 소외 등

☐ 스스로 만들어낸 목적을 갖고 있는 자기 목적적 자아를 지닌 사람일수록

  삶의 즐거움을 느끼기가 용이

일상에서 플로우를 경험하는 방법 ─────────

`#더 높게` `#더 빠르게` `#더 강하게`

우리에게는 불행하거나 우울할 때 혹은 지루할 때 언제든지 활용할 수 있는 무기가 있다. 바로 신체를 활용하는 것이다. 우리 몸이 하는 일은 그 어떤 것도 즐겁게 만드는 잠재성을 가지고 있다.

인간의 육체는 보고, 듣고, 만지고, 뛰고, 수영하고, 던지고 받는 등 수백 가지에 이르는 기능을 갖고 있다. 우리는 이 같은 기능을 통해 플로우를 경험할 수 있다. 물론 단순히 신체 활동만으로 플로우를 경험할 수 있는 것은 아니다. 플로우는 언제나 정신이 개입되어 있기 때문이다. 즉, 정신과 두뇌를 함께 작동시켜야 하는 과정인 것이다.

미하이 칙센트미하이 《몰입》

현대 올림픽의 경기 표어를 기억하는가? '더 높게, 더 빠르게, 더 강하게'라는 표어는 불충분하지만 인간의 신체가 어떻게 플로우를 경험할 수 있는지를 보여준다. 신체의 한계를 극복함으로써 얻을 수 있는 즐거움을 하나의 문장으로 표현한 것이다. 이 표어는 이미 달성한 기록을 능가하기 위해 노력하는 모든 스포츠의 근본적 원리를 함축하고 있다.

그렇다면 뛰어난 기량을 지닌 운동선수만이 신체적 기술을 잘 활용할 수 있는 걸까? 그렇지 않다. 허약한 사람이라도 조금 더 높이, 조금 더 빠르게, 조금 더 강해질 수 있다. 아주 단순한 신체적 행위로도 플로우를 생성해내려면 어떻게 해야 할까? 변화 과정의 핵심은 다음과 같다.

신체적 행위를 플로우로 변화시키는 과정

1. 궁극적 목표를 세운 후 실행 가능한 하위 목표를 최대한 많이 설정
2. 설정한 목표의 달성 정도를 측정할 수 있는 방법 찾기
3. 그 활동과 관련된 도전 목표를 세분화
4. 필요한 기술을 연마
5. 해당 활동이 지루해질 때는 목표를 높여 설정

스포츠나 신체 단련뿐 아니라 몸을 이용해 즐거움을 경험할 수 있는 방법은 아주 많다. 놓치고 살았던 우리의 신체적 능력을 한두 가지만 활용해도 삶의 질을 크게 향상시킬 수 있다. 단순한 신체적 행위를

플로우로 변화시킬 수 있는 대표적인 예는 바로 '걷기'다. 걷기는 누구나 할 수 있는 단순한 신체 활동이지만, 복합적인 플로우 활동이 될 수 있다.

우리는 걷기 전 어디로 갈지, 어떤 길로 갈지 목표를 먼저 설정한다. 그 다음 전체 일정에 맞춰 들러볼 곳을 선택하기도 하고, 특정 지역까지 갔다가 돌아오겠다는 목표를 세울 수도 있다. 그렇게 목표를 세운 뒤에는 목표 거리까지 얼마나 빠른 시간 내에 걸어갔다 왔는지, 걷는 동안 즐거운 생각을 얼마나 많이 했는지 등을 측정할 수도 있다. 또 걷는 활동이 지루해졌을 때는 등산로를 걷거나 더 먼 거리를 걷는 등의 목표를 재설정할 수도 있다.

신체에 숨겨진 잠재성은 무궁무진하다. 춤을 추거나 달리기를 할 때, 혹은 요가나 무도를 할 때, 예술작품을 보거나 음악을 들을 때도 우리는 플로우 상태를 경험할 수 있다.

지금까지 즐거움이란 '무엇을 하느냐'가 아니라 그 무엇을 '어떻게 하느냐'에 따라 달라질 수 있음을 이야기했다. 현대의 많은 사람들은 텔레비전을 보는 것으로 플로우 활동을 경험하고 싶어 한다. 텔레비전은 심리 에너지를 최소한으로 투자하고도 쉽고 지속적으로 주의를 집중하게 해주기 때문이다.

그런데 텔레비전을 보거나 휴식을 취할 때처럼 수동적 형태의 여가 활동에서는 플로우를 경험하지 못한다. 왜 그럴까? 정신을 집중하지 않기 때문이다. 따라서 이런 습관을 버리지 않은 채 플로우 상태를 경험하기란 거의 불가능한 일이라고 할 수 있다. 텔레비전을 시청하는 것처럼 어떤 외적 자극에 정신을 내맡기기보다는 습관을 통해 정신을 통제하는 것이 의식의 혼돈 상태를 피할 수 있는 바람직한 방법이다.

#일상에서 플로우 찾기 **#지적 활동**

우리는 지적 활동을 통해서도 플로우를 경험할 수 있다. 플로우는 근육과 신경을 사용해야 하지만, 다른 한편에서는 의지와 사고, 감정을 요구하기 때문이다. 정신적 활동을 즐기기 위해서는 육체적 활동을 할 때와 똑같은 조건이 충족되어야 한다. 필요한 기술이 있어야 하고, 규칙과 목표, 피드백을 얻어낼 수 있는 방법이 있어야 한다. 또 정신을 집중해 자신의 기술 수준에 맞는 기회들과 상호 작용할 수 있어야 한다. 그럼 정신을 이용하는 가장 단순한 방법은 무엇일까? 바로 공상이다.

공상은 마음속에서 가상으로 어떤 사건을 그려보는 것을 뜻한다. 공상은 유익한 점이 많다. 가상으로나마 불쾌한 현실을 보상해주고, 감정의 질서를 수립하는 데도 도움을 준다. 또 상상을 통해 문제를 해결할 수 있는 방법을 생각해보거나 새로운 발견을 할 수도 있다.

독서를 하거나 일기를 쓰는 행위를 통해서도 플로우 상태를 경험할 수 있다. 글은 단지 정보를 전달하기 위해서만이 아니라 정보를 창조하기 위해 쓰는 것이기 때문이다. 또 사건과 경험을 기록해두면 나중에 쉽게 회상하고 되살려볼 수 있다. 글을 쓴다는 건 경험을 분석하고 이해하는 하나의 방법인데, 이 과정은 감정의 혼란을 겪을 때 어느 정도 질서를 잡아주는 역할을 하기도 한다.

삶의 질을 결정하는 데는 또 다른 요인도 있다. 바로 타인과의 관계다. 사회과학 분야의 조사에 따르면, 사람들은 친구나 가족들과 함께 있을 때 더 행복감을 느낀다. 다른 사람과의 교류를 통해 인생을 더 흥미롭고 보람 있게 만들 수 있다. 이 말은 반대로 우리는 다른 사람의 애정에 많이 의존하고 있기 때문에 다른 사람이 우리를 어떻게 대하는가에 따라 영향을 받는다고 해석할 수도 있다.

우리는 혼자 있는 시간으로부터 도피하지 않고, 그 시간을 활용하는 방법을 배워야 한다. 즉, 살면서 어려움을 겪게 될 때마다 그 어려움을 억압이나 회피하고 싶은 것으로 받아들이지 말고 기술을 향상시킬 수 있는 기회로 삼아야 한다는 것이다.

대부분의 사람들은 고독을 두려워한다. 혼자 있을 때 우리는 부정적인 생각으로 머릿속을 채워가곤 한다. 직장 생활에 대한 염려와 건강, 투자, 집, 직장의 문제가 떠오르기 때문이다. 이때 우리가 찾는 것이 바로 텔레비전과 같은 외적 자극이다.

하지만 혼자 있는 상황을 다른 사람과 함께 있을 때 수행할 수 없는 목표를 성취하는 기회로 여긴다면 외로움을 느끼지 않고 오히려 고독을 즐길 수 있게 된다. 혼자 있는 때일수록 집중이 필요하다. 기술을 증진시키고 자아를 성장시키는 활동을 하면서 자유 시간을 보내면 우리는 플로우 상태를 경험할 수 있다. 그 경험이 우리를 성장시켜 줄 것이다.

□ 플로우를 경험하는 방법

　　— 신체적 활동: 스포츠, 걷기, 달리기, 춤, 요가, 무도 등

　　— 정신적 활동: 공상, 독서, 일기 쓰기 등

일 속에서 플로우 찾기 ────

`#노동의 즐거움`　`#일에서 최적 경험을 하는 방법`

　일상의 활동을 플로우 경험과 최대한 유사하게 만들기 위해서는 일에서도 즐거움을 찾아야 한다. 실제로 일상 속의 생산 활동이 플로우 경험과 유사한 방식으로 이루어진 문화가 있다. 바로 산업혁명의 영향을 받지 않은 알프스 마을이다.

　알프스 마을에 사는 거주민의 가장 두드러진 특징은 일과 자유 시간의 차이를 거의 느끼지 못한다는 데 있다. 그들은 하루에 16시간씩 노동한다. 소젖을 짜고, 아침 식사를 준비하고, 집 안 청소를 하고, 소떼를 초목 지대로 몰고 가고, 과수원의 일을 하고, 양털을 빗질하는 등의 일이다. 또 여름에는 높은 지대에 위치한 목초지에서 건초를 자른 뒤 건초 꾸러미를 머리에 이고 몇 마일을 걸어서 내려와야 한다.

　만약 당신이 알프스 마을에 사는 주민이라면 일을 덜 하고 싶으냐고 물었을 때 어떤 대답을 할까? 기회가 주어진다면 일은 적게 하고, 더 많은 시간을 독서나 운동, 여행 등 여가 활동에 쓰겠다고 답할 것이다.

하지만 알프스 마을에 사는 주민들은 달랐다. 그들은 일을 덜 하고 싶은 마음이 없다고 대답했다. 그리고 인생에서 가장 재미있는 일이 무엇이냐고 물었을 때 소젖을 짜고, 아침 식사를 준비하고, 집 안 청소를 하고, 소떼를 초목 지대로 몰고 가고, 과수원의 일을 하고, 양털을 빗질하는 일이라고 답했다.

이것은 어떤 의미일까? 자신이 하는 일을 즐기느냐 아니냐에 따라 개인이 느끼는 만족감에 막대한 차이가 생긴다는 것을 의미한다. 만약 보통의 노동자들이 알프스 마을의 주민처럼 진정으로 자신의 일을 즐기게 되면 개인적으로도 행복할 뿐만 아니라 노동 생산성도 향상되어 현재 우선시되고 있는 다른 목표까지 한결 효율적으로 달성할 수 있게 될 것이다. 즉, 최적 경험은 행동에 대한 주관적 평가와 개인의 능력에 따라 좌우되는 것이라고 말할 수 있다.

18세기 이전까지 농부들의 여가시간 대부분을 차지했던 가내수공업은 플로우를 제공하는 합리적인 활동 중 하나였다. 예를 들어 영국의 직조공들은 집에 베틀을 갖다 놓고 스스로 정한 스케줄에 따라 일을 하고, 생산목표를 자율적으로 정했다. 기분이 좋을 때는 베를 짜면서 민요를 부르기도 하고, 천이 완성되면 조촐한 음식을 놓고 축하를 하기도 했다. 하지만 이런 노동의 즐거움은 산업화로 인해 사실상 완전히 사라졌다.

산업화 이후 노동은 혹독하거나 지루한 것이 됐다. 많은 사람들이 노동을 '저주'라고 생각한다. 자신이 원하지도 않는 과업에 노력을 투자하고 있다고 느끼는데 어떻게 일 속에서 즐거움을 발견할 수 있겠

나. 그건 심리 에너지를 낭비하는 것이나 마찬가지다. 하지만 그 와중에도 일의 즐거움을 찾은 사람이 존재한다.

여기 열차 부품 조립 공장에서 일하는 60대 용접공 조 크레이머가 있다. 그는 거대한 격납고처럼 생긴 어두운 건물에서 일했다. 공장 안에는 무수한 불꽃이 튀고, 몇 톤 무게가 나가는 강철판이 머리 위 트랙으로 움직이고 여름이면 찜통, 겨울에는 살을 에는 추위로 가득한 곳이었다. 그야말로 최악의 스트레스를 유발하는 작업 공간이라고 말할 수 있는 곳이었다. 조는 공장에서 30년 넘게 일했고, 승진 제의도 몇 번 받았다. 하지만 그는 단순 용접공으로 남고 싶다며 제의를 거절했다. 조는 공장에서 가장 낮은 직급이었지만, 공장에서 일하는 사람들 중 그를 모르는 사람은 없었다. 왜냐하면 그는 공장에서 가장 중요한 사람이었기 때문이다.

조가 이처럼 유명해진 이유는 뭘까? 그는 공장에서 이루어지는 모든 작업을 완전히 숙달했기 때문에 필요할 때면 언제든지 누군가를 대신해 일할 수 있었다. 게다가 조는 고장 난 기계도 종류를 막론하고 모두 고칠 수 있었다. 그는 일을 하면서도 새롭게 나오는 복잡한 기계 체계를 배우고 수리하는 법을 배웠다.

가장 놀라운 점은 조가 이 일 자체를 즐기고 아주 좋아한다는 것이다. 조는 자신의 일에 몰입하며 외부적인 결과보다는 그 일 자체가 주는 희열과 기쁨에 도취됐다. 그런 긍정적인 에너지는 고스란히 일상까지 전달되어 행복하고 보람 있는 하루하루를 보내게 됐다. 어떻게 이런 일이 가능했을까? 조는 의미 없는 일상적인 일을 복합성 있는 일로 바꾸는 능력, 플로우를 이끌어내는 활동으로 변화시킬 수 있는 '자기 목적적 자아'를 가진 사람이었기 때문이다.

일을 통해 삶의 질을 향상시키기 위해서는 두 가지의 상호 보완적인 전략이 필요하다. 하나는 플로우 활동과 최대한 비슷해질 수 있도록 일을 재설계해야 한다는 것이고, 다른 하나는 사람들이 자기 목적적 성격을 개발할 수 있도록 돕는 일이다. 두 가지가 상호 보완되어야 우리는 일 속에서 최적 경험을 할 수 있다.

#플로우의 효과   #의식 통제의 마지막 단계

플로우 경험을 통해 얻는 건 무엇일까? 우리는 시키지 않아도 즐기며 일할 수 있게 된다. 우리가 하는 활동은 그 누가 시키지 않아도, 금전적 보상이 없어도 스스로 몰입할 수 있는 것이기 때문이다. 그리고 삶의 통제력을 얻게 된다. 마지막으로 플로우 경험을 하게 되면 그 결과의 성취가 내적 보상으로 이어진다. 가짜 자신감이 아닌 진짜 자신감을 얻는 것이다.

이처럼 플로우는 우리 삶의 질에 직접적인 이익을 준다. 건강, 금전 그리고 다른 물질적인 편의들은 삶을 개선시킬 수도 있고 그렇지 못할 수도 있다. 하지만 심리 에너지를 통제하는 법을 배우지 못한 사람에게는 그런 물질적 편의가 쓸모없는 것이 될 가능성이 아주 높다.

□ 일에서 플로우를 찾는 방법

　— 플로우 활동과 비슷해질 수 있도록 일을 재설계

　— 자기 목적적 자아를 개발

□ 플로우 활동의 효과: 일의 즐거움, 삶의 통제력, 내적 보상

인간이 할 수 있는 최대한의 최적 경험에 도달하기 위해서는 의식 통제의 마지막 단계가 꼭 필요하다. 이 단계는 전 생애를 하나의 통일된 플로우 경험으로 변화시키는 것을 말한다. 만약 어떤 사람이 목표를 계획하고 그 목표에 따라 세부적인 목표를 설정하고 자신의 모든 에너지를 이를 위해 필요한 기술에 투자한다면, 그의 행동과 감정은 조화를 이뤄 하나로 통합될 수 있을 것이다.

생각해봅시다

❋ 현재 내가 가장 몰입하는 일은 무엇인가?

❋ 내 몰입을 방해하는 가장 큰 요소는 무엇인가?

❋ 앞으로 일에서 몰입을 찾으려면 어떤 계획을 세워야 할까?

· Chapter 10 ·

호프 자런

랩걸

나무가 가르쳐주는 삶의 과학

과학과 인생, 사랑에서 살아남는 법에 관한 자서전이다.

— 〈가디언〉

사랑하는 딸에게 선물하고 싶은 책.

— 유시민(작가)

신경학에 대해 올리버 색스가 쓴 에세이와
고생물학에 관한 스티븐 제이 굴드의 저서를 연상시킨다.
읽는 이의 마음을 사로잡는다.

— 〈뉴욕타임스〉

여러분은 식물에 대해 얼마나 알고 있는가? 대부분의 사람들은 식물의 이름 정도만 알거나 식물의 이름조차 모를 수도 있다. 누군가는 그냥 스쳐 지나갔을 식물에 빠져 한평생 연구에 매진한 사람이 있다. 미국의 지질학자이자 지구생물학자인 호프 자런이다.

호프 자런은 자신의 삶을 식물에 빗댄 자전적인 책《랩걸》을 통해 과학계에서 인정받기까지의 성장 과정을 그려냈다.《랩걸》을 통해 작가로서의 재능을 인정받아 독자들에게 '좋은 글을 쓰는 과학자의 등장'이라는 호평을 받았다.

2014년 출판 기획안이 처음 공개된 직후《랩걸》은 미국 현지 10개 이상의 출판사가 경합을 벌여 화제가 되었고, 2016년 출간과 함께 베스트셀러에 오르며 뜨거운 관심을 받았다. 또 〈뉴욕타임즈〉의 추천도서, 〈아마존〉 선정 최고의 책으로 꼽혔으며, 〈스미소니언 매거진〉에서 최고의 과학책으로도 선정되었다.

호프 자런은 2005년 가장 뛰어난 지구물리학자에게 수여하는 제임스 매클웨인 메달을 받았으며, 국제문제 해결을 위해 활동한 인물에게 수여되는 풀브라이트 상을 세 번이나 수상한 유일한 여성 과학자다. 호프 자런은 2016년 〈타임〉이 선정한 영향력 있는 인물 100인에 오르기도 했다.

《랩걸》은 저자 호프 자런의 자전적 이야기를 다룬 책이다. 따라서 호프 자런을 '나'로 설정하고, 이후의 소개와 요약도 그녀의 관점에서 풀어냈다. 자연과 과학에 대한 호기심, 사랑, 순수한 열정으로 연구자의 길을 선택한 소녀가 긴 시간을 견디며 어엿한 과학자가 되기까지의 이야기다.

지구의 또 다른 주인, 식물 —————

잠시 창밖을 보자, 무엇이 보이는가? 초록색을 보았는가? 보았다면 당신은 세상에서 사람들이 만들어내지 못하는 것 중 하나를 본 셈이다. 육지에는 바다보다 600배나 되는 생명체가 존재한다. 이 격차를 만드는 것은 바로 식물이다. 식물의 개체수는 엄청나게 많고, 이 세상은 초록으로 가득 차 있다. 사람들은 식물에 둘러싸여 살고 있지만, 그것을 제대로 보지 못하고 파괴하고 있다.

지난 10년 동안 우리는 500억 그루가 넘는 나무를 베었고, 매년 80억 이상의 나무를 베어 그루터기만 남아 있다. 지구 육지의 3분의 1을 뒤덮었던 숲이 10년마다 1%씩 파괴되고 있다. 이는 프랑스 전체에 해당하는 크기로, 10년마다 프랑스 크기의 숲이 지구에서 사라지는 것이다.

식물은 점점 줄고 있으나 이에 대해 아무도 관심을 갖지 않는다. 식물은 우리의 관심이 필요하다. 식물은 그 힘든 상황에서도 우리를 둘러싸며 우리를 지켜주고 있기 때문이다. 우리의 삶 가장 가까이에 있는 식물의 다양한 모양, 다양한 색, 다양한 종류에 대해 이야기해 보자.

식물의 시작과 성장 ————

#과학과의 첫 만남 #과학자의 운명

사람은 빛을 향해 자란다는 의미에서 식물과 같다. 성장한다는 것은 누구에게나 길고도 고통스러운 과정이다. 내가 과학을 선택한 이유는 과학이 내가 필요로 하는 것을 줄 수 있었기 때문이다. 과학은 가장 기본적인 의미의 집, 안전함을 느끼는 장소를 내게 제공했다. 이처럼 내가 과학에 매료된 것은 부모님 덕분이다.

아버지는 우리 작은 마을에서 유일한 과학자였다. 아버지는 마을에 있는 전문대학에 자리한 실험실에서 물리학과 지구과학 입문을 42년 가까이 가르치셨다. 나는 아버지의 실험실에서 자랐다. 화학 실험 도구가 늘어서 있는 실험대에 키가 닿지 않을 때는 그 밑에서 놀았고, 키가 큰 다음에는 실험대에서 놀았다. 아버지와 함께 실험실에 갈 때면 언제든 실험실에 있는 장비를 가지고 놀 수 있었다. 아버지는 한 번도 안 된다고 하지 않으셨다.

어머니는 식물을 좋아했다. 내 고향 미네소타는 1년 중 9개월 동안 눈이 쌓였는데 내가 생생하게 기억하는 유일한 여름 활동은 식물을 좋아한 어머니와 함께 정원을 돌보는 것이었다. 5월이 되면 어머니와 나는 땅에 씨를 심고 작물을 키웠다. 우리 정원에 대한 가장 선명한 기억은 그곳에서 맡은 향기나 모습이 아니라 식물이 자라는 소리였다. 미국 중서부 지역에서는 식물이 자라는 소리를 들을 수 있다. 옥수수는 날마다 하루에 1인치씩 자라고, 그 빠른 성장에 맞춰 여러 겹의 껍질이 조금씩 움직인다. 바람이 불지 않는 조용한 8월에 옥수수밭 한가운데 서 있으면 움직이는 껍질의 소리를 들을 수 있었다.

어머니는 어렸을 때 마을에서 가장 가난했지만 가장 똑똑한 학생으로 유명했다. 시골에서 자란 여학생 중에는 흔치 않게 고등학생 때는 전국과학영재대회에서 선외 가작상을 받기도 했고, 대학교에 입학해서는 화학을 공부했다. 하지만 당시 대학은 주로 돈 많은 남성을 위한 곳이었다. 결국 어머니는 고향인 시골로 돌아와 아버지와 결혼했고, 네 아이를 낳은 후 20년을 자녀 양육에 전념했다. 하지만 막내가 유치원에 갈 무렵, 어머니는 학사학위를 따겠다는 집념으로 대학교에 다시 등록했고, 나는 자연스럽게 어머니 공부에 참여했다.

엄마와 함께 정원을 가꾸고 책을 읽었지만, 엄마와 딸로 산다는 것은 알 수 없는 원인 때문에 늘 실패로 끝나는 실험의 느낌을 줬다. 엄마가 당연히 누릴 자격이 있고, 누렸어야 했던 삶을 현실로 만들 수 있는 두 번째 기회가 나였다. 나는 그렇게 여성 과학자의 길을 걷게 됐다.

#식물의 시작 **#씨앗의 발아** **#뿌리내리기**

식물이 존재하기 위한 가장 첫 단계는 무엇일까? 모든 것은 씨앗에서 시작된다. 씨앗은 기다릴 줄 안다. 씨앗은 자라기 전에 적어도 1년을 기다린다. 체리 씨앗은 100년을 기다리기도 한다. 씨앗이 싹을 틔우려면 온도, 수분, 빛의 적절한 조합과 다른 많은 조건이 맞아떨어져야 한다.

씨앗은 기다리고 있는 동안에도 살아 있다. 그러나 사람들이 발아래를 내려다보는 일은 드물다. 발자국 하나마다 수백 개의 씨앗이 살아서 기다리고 있는데도 말이다. 씨앗은 가망 없지만 희망을 버리지 않고 절대 오지 않을 수도 있는 기회를 기다린다. 눈에 보이는 나무가 한 그루라면, 땅속에서 언젠가는 자신의 본모습을 드러내기를 열망하며 기다리는 나무가 100그루 이상 살아 숨 쉰다. 모든 씨앗은 기다림을 포기하지 않는다.

씨앗은 오랜 기다림 끝에 뿌리를 내린다. 첫 뿌리의 첫 임무는 닻을 내려 떡잎을 한곳에 고정시키는 것이다. 하지만 첫 뿌리를 내린다는 건 위험하고 두려운 일이다. 뿌리를 내리는 작업으로 씨 안에 들어있던 양분이 모두 소진되는데, 그 작업은 모든 것을 건 도박이다. 실패하면 죽음뿐이다. 성공할 확률은 백만 분의 일도 되지 않을 정도로 희박하다.

뿌리가 도박에 성공하면 어떻게 될까? 뿌리가 필요한 것을 찾게 되면 부피가 커져서 곧은 뿌리로 자란다. 이를 '주근'이라고 한다. 주근은 식물 전체의 닻 역할을 하고, 몇 년에 걸쳐 하루에 약 3.8l 이상의 물을 빨아들인다. 주근은 커지면서 기반암을 쪼개는 힘까지도 발휘한다.

가장 깊이 뿌리를 내리는 식물은 무엇일까? 아카시아나무다. 1860

년 수에즈 운하를 위해 처음 땅을 파기 시작했을 때 아카시아나무의 뿌리가 땅 밑 12m, 30m까지 뻗은 것을 발견했다.

아카시아나무는 가장 깊이 뿌리를 내리는 식물이다.

#과학자의 뿌리내리기 **#빌과 만나다**

내가 고향을 떠나 첫 뿌리를 내린 곳은 캘리포니아 샌프란시스코였다. 버클리대학교의 석박사 조교가 된 나는 현장 학습단을 이끌고 캘리포니아의 센트럴 밸리를 끝없이 누볐다. 우리는 5~7개의 구덩이를 파서 그 안을 관찰했다. 몇 시간을 들여다보다가 텐트에서 잠을 자고, 다음 날 다른 곳으로 이동해서 똑같은 짓을 6주 내내 반복했다.

그러던 어느 날, 사람들이 모인 데서 몇 미터 떨어진 곳에 따로 남아 혼자 구덩이를 파는 학부생 중 한 명을 알게 됐다. 학생의 이름은 빌이었다. 나는 빌에게 다가가 이야기를 나누기 시작했다. 빌은 특이했다. 그는 구덩이에서 살았기 때문에 땅 파는 것을 좋아한다고 말했고, 땅을 파기 위해 직접 자신의 삽을 가져오기까지 했다.

같이 이야기를 나눈 그날 이후 우리는 무심코 서로를 찾았고, 말을 많이 하지 않았지만 같이 앉는 것 역시 아주 자연스러워졌다. 현장 학습이 끝나갈 무렵 나는 지도교수에게 빌이 실험실에 필요한 사람이라고 말했고, 지도교수도 빌의 채용을 허락했다. 나는 빌에게 스카우트를 제안했고, 빌 역시 이를 받아들였다. 내 인생에 없어서는 안 될 빌과의 인연은 그렇게 시작됐다.

#식물에게 필요한 빛 #이파리 생성

나에게 빌이 꼭 필요한 존재인 것처럼 식물에게도 반드시 필요한 존재가 있다. 그것이 무엇일까? 바로 빛이다. 씨는 뿌리내리자마자 모든 에너지를 위로 뻗어 올라가는 데 집중한다. 광합성을 통해 이파리를 만들어내는 것이다.

이파리는 인류의 운명을 좌우하기도 한다. 이파리가 당을 만들기 때문인데, 무기물에서 당을 만들 수 있는 것은 우주에서 식물이 유일하다. 우리가 태어나서 먹은 당은 모두 식물의 잎에서 처음 만들어진다. 뇌에 포도당을 계속 공급하지 못하면 우리는 죽는다. 식물은 이파리를 만들고 나면 당을 안으로 보내서 뿌리를 더 만들기 시작하고, 그렇게 자란 뿌리는 물을 더 많이 끌어올려서 새로운 이파리를 키운다. 새 이파리는 당을 더 많이 만들어 내려 보내고, 이 작업을 계속 진행한다.

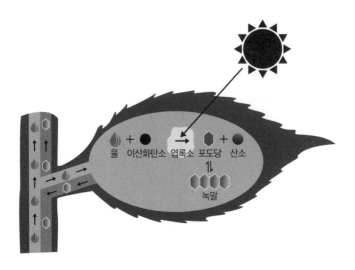

광합성을 통해 당을 만드는 이파리

#과학자의 첫 이파리   #팽나무 연구

과학자가 되고 피운 나의 첫 이파리는 아주 특별한 발견이었다. 팽나무에 관한 것으로 나의 박사학위 논문이 되었다. 팽나무는 북아메리카 자생식물로, 흔하고 평범한 외양을 지닌 나무다.

유럽에서 들어온 질병과 병충해의 피해에 대응하기 위해 많은 도시에서 팽나무를 심었다. 팽나무를 죽일 수 있는 병은 거의 없다. 서리가 일찍 내려도, 가뭄이 늦게 찾아와도 이파리 하나도 잃지 않고 버텨낼 수 있다. 팽나무에는 크랜베리 비슷한 열매가 맺히는데 열매의 겉껍질 바로 밑에 단단한 속껍질이 있어 열매를 눌러보면 돌멩이만큼 딱딱하다.

팽나무와 팽나무 열매

팽나무 한 그루는 평생 몇백만 개의 씨를 생산하기 때문에 고고학 발굴에서도 팽나무 씨가 많이 발견된다. 나는 화석이 된 씨들을 분석해서 미국 중서부 빙하기 사이사이의 여름 평균기온을 추측해낼 수 있기를 기대하고 연구에 돌입했다. 먼저 팽나무의 열매가 무엇으로 만들어졌는지 알아내기 위해 다음과 같은 실험을 시작했다.

이름	호프 자런		실험 날짜	1994년
실험 제목	팽나무 열매 관찰			
준비물	추운 기온(미네소타)의 팽나무 열매, 더운 기온(사우스다코타)의 팽나무 열매, 현미경, 산(acid) 액체			
실험 과정	관찰 1. 추운 지역과 더운 지역의 팽나무 열매를 현미경으로 관찰 결과 1. 350배 확대한 결과 팽나무 씨는 벌집 모양으로 이루어짐 관찰 2. 팽나무 씨를 산에 녹여 관찰 결과 2. 벌집 모양의 표면을 메우고 있던 물질이 녹아 하얀 격자무늬 창살만 남음 관찰 3. 하얀 격자무늬 창살을 진공 상태에 넣어 150도로 가열 결과 3. 이산화탄소 발생			
결론	하얀 격자무늬 창살 속에 어떤 유기물이 들어 있음을 유추			

나는 팽나무 씨에 어떤 유기물이 들어 있음을 발견했고, 팽나무 씨를 이루고 있는 가장 기본 요소인 하얀 격자무늬 창살이 무엇으로 만들어졌는지 알아내야 했다. 엑스레이 회절(엑스선을 결정체에 쪼이면 내부에 규칙적으로 배열된 원자에 의해 엑스선이 산란하여 상을 만드는 현상. 결정의 구조를 알아내는 방법 가운데 하나)을 이용하면 알아낼 수 있을 거라고 생각하고, 엑스레이 회절 실험실 출입과 엑스레이 사용을 허가받았다.

이 실험에는 아주 오랜 시간이 걸릴 수 있어 밤에 기계를 사용하기로 했는데 걱정이 들었다. 엑스레이 회절 실험실에서 일하고 있는 박사 후 과정 연구원이 여성 과학자에게는 위협적인 태도를 취했기 때문이다. 나는 호신용으로 커다란 렌치까지 챙기고 엑스레이 회절 실험을 진행했다.

실험 결과 나는 엄청난 사실을 알게 되었다. 팽나무 씨 안에 포함되어 그것을 강화하는 물질이 오팔이라는 사실이다. 이 실험 결과는 그 순간 우주에서 유일하게 나만 알고 있는 진실이었다. 바로 이날을 위해 일하고 기다려왔다. 나는 이 실험을 통해 무언가를 증명했고, 진정한 연구가 어떤 느낌인지 알게 됐다. 좋은 과학자가 될 수 있을 것 같았다. 그러나 동시에 평범한 여성처럼 될 기회를 이제 공식적으로 놓쳤다는 생각이 들어 외로워졌다.

나는 이제 팽나무 씨 안에서 오팔이 형성되는 조건에 영향을 준 온도를 역산해내는 방법을 찾아야 했다. 팽나무 씨껍질의 뼈대는 오팔이었지만, 내용물은 아라고나이트라는 탄산염 광물이었다. 순수한 아라고나이트 침전물을 얻는 것은 쉽게 할 수 있었지만 나무에도 적용시킬 수 있는지 증명해야 했다. 지도교수는 이 아이디어를 국립과학재단에 제출했고, 연구자금을 받게 되었다.

나는 연구를 위해 미국 중서부로 떠나 본격적인 팽나무 연구를 시작했다. 야심차게 시작된 연구는 그해 여름 팽나무가 꽃을 피우거나 열매를 맺지 않았기 때문에 실패했다. 절망했지만 실험을 계속할 수 있는 방법이 없었다. 나의 첫 이파리는 제대로 성공하지 못했다. 하지만 세상의 모든 대담한 씨앗들처럼 나도 상황이 닥치면 그때그때 거기에 맞는 해결책을 찾으면서 성장할 것이다.

식물의 위기와 역경, 그리고 극복 ─────

#조지아 공대 조교수가 되다

여성 과학자는 남자 동료들보다 두 배는 더 능동적이고 전략적이어야만 한다. 그래서 나는 박사학위 3년 차부터 교수 자리에 지원해왔고, 26살에 조지아 공과대학교 채용 제의를 받아 조교수가 될 수 있었다.

조지아 공과대학교가 있는 애틀랜타는 미국 동남부에 위치해 겨울이라 해도 혹독한 추위가 없었다. 미국 남부는 식물에게 에덴동산이다. 여름은 엄청 덥지만 풍부한 비와 햇살이 보장되어 있고, 겨울은 춥다기보다 서늘하고 영하로 내려가는 일이 거의 없다. 숨이 막힐 정도로 높은 습도는 식물에게 감로수와 같아서 숨구멍을 열고 대기 중에 든 물을 들이마신다. 다른 어떤 곳과 달리 미국 남부 전역에서 식물이 번창한다.

나는 조지아 공과대학교에서 신입생들에게 지질학, 3학년에게는 지구화학을 가르쳤는데, 상상했던 것보다 훨씬 더 어마어마한 노동이었다. 한 시간 강의를 위해 여섯 시간을 준비해야 했다. 잠을 잘 자지 못했고, 체중이 많이 줄었으며, 극도로 예민하고 긴장해 있었다. 차를 주차한 기억이 없는 등 내 머릿속에서 지워지는 시간도 생겼다. 결국 나는 불안증이라는 병을 갖게 됐다.

그 시절 나를 버틸 수 있게 한 힘은 빌과 함께 새로운 실험을 만든다는 희망이었다. 혼자서 5개월을 버틴 후, 빌이 애틀랜타로 왔다. 오자마자 함께 실험실로 사용될 방을 방문했다. 실험실은 작고 누추했다.

먼 곳으로 옮겨온 빌에게 사과하고 싶을 정도였다. 하지만 빌은 개의 치 않았다. 뭐가 됐든 우리의 첫 실험실이었다.

나는 실험실에 '자런 실험실'이라는 이름을 붙였다. 내 이름을 딴 최초의 실험실을 꾸민 나와 빌은 공룡 화석에 탄소가 풍부하게 들어 있는 식물이 있는지 확인하기 위해 유기탄소 추출 실험을 시작했다. 그리고 학생들에게 토양에 대해 가르치기 위해 현장학습을 떠나기도 했다. 나는 빌과 함께 한 발씩 과학자의 길을 걸어가고 있었다.

#끝도 없이 뻗어나가는 덩굴

식물 중 유일하게 위보다 옆으로 더 많이 자라는 식물이다. 바로 덩굴이다. 덩굴은 다른 식물에 비해 약하다는 유일한 약점이 있다. 덩굴은 나무만큼 크게 자라길 원하지만, 빳빳함이 부족해 나무처럼 실현하기 어렵다. 그래서 덩굴은 순전히 악력과 뻔뻔스러움을 동원해 햇빛을 찾아간다. 게다가 덩굴은 말릴 수 없을 정도로 야심이 많다. 덩굴은 해가 쨍하게 나는 여름날 하루에 $30cm$ 이상 자랄 수 있다. 덩굴은 지구에서 가장 열심히 일하는 식물로, 하루도 쉬는 날이 없고 긴 겨울 휴가도 즐기지 않는다.

우리가 칡이라고 부르는 덩굴 식물은 어느 곳에서나 자라는데, 길이만으로는 숲에서 가장 큰 나무의 두 배를 넘기도 한다. 그리고 코네티컷에 해당하는 크기의 땅을 점령해 미국 남부 지방의 고속도로 수천 킬로미터를 수놓기도 한다.

나는 이때쯤 덩굴처럼 약했다. 내 삶은 모든 면에서 엉망진창이었다. 아침과 점심 식사는 영양음료 한두 캔으로 때우고, 샤워는 2주일에 한 번 하는 정도로 일에 몰두했지만 아무리 열심히 일을 해도 앞서 나갈 수 없었다. 공격적으로 손톱을 물어뜯으며 매일 시간을 보냈다. 잠깐 연애를 했을 때 만난 남자들조차 왜 내가 계속 일을 하는지 이해하지 못했다.

불안증은 더 심해졌다. 광기가 극에 달하면 죽음의 이면을 보게 되는데, 아무리 여러 번 경험을 해도 광기의 시작은 전혀 제어할 수 없고 예상치 않게 찾아왔다. 두근거림이 오래 지속되면서 피가 머리로 몰리며 내는 빠른 바람 소리 말고는 아무것도 들리지 않았다. 세상은 어안 렌즈로 보는 것처럼 가장자리가 반짝거리는 흐릿한 이미지로만 보였다. 온몸이 무기력해지면서 남의 몸처럼 비현실적으로 느껴지기 시작했다. 모든 것이 시끄럽고, 너무 밝고, 너무 내 머리에 가까이 있어서 그것들을 쫓아버리기 위해 비명을 질렀다. 머리카락과 치아 하나가 빠졌고, 피와 콧물이 흘렀다. 수면제를 먹고 잠을 자다 오늘이 며칠인가 하면서 깨어나면 사위는 잿빛 슬픔으로 가득 차 있었다. 그러나 나는 덩굴처럼 뻗어 나가려고 노력했다. 두려움이 슬픔을 정복하고, 무덤에서 기어 나와 피해 상황을 점검하고, 해야 할 일을 했다.

식물이 광합성을 할 때 땀을 흘린다는 것을 알고 있는가? 이를 '증산 작용'이라고 하는데, 나와 빌은 이와 관련해 연구를 진행하고 있었다. 그리고 식물이 땀 흘리는 비율을 측정하는 방법을 개발했다. 줄기

안의 물과 땀 흘리는 현상이 일어나는 잎 안의 물의 화학 성분을 비교하는 것이었다. 그 결과 봄에서 여름으로 접어들어 온도가 높아짐에도 증발산율은 올라가지 않고, 오히려 낮아진다는 사실을 발견했다. 나는 그 현상이 이해되지 않아 문제를 이해하기 위해 땀을 더 많이 흘렸다.

그러다 옥수수가 조직 1g을 만드는 데 물 1 *l* 를 필요로 한다는 사실을 기억했다. 옥수수는 공기를 당으로 만들고, 당을 이파리로 만드는 생화학적 장치를 식히기 위해 물을 땀처럼 배출한다. 나무들이 땀을 덜 흘리는 것은 식물이 자라는 시기가 끝났고, 시스템이 평형 상태에 도달했기 때문이라는 사실을 깨달았다. 날씨는 점점 더 더워졌지만 나무들은 이미 겨울 준비를 시작했다. 나무들은 세상의 온도에 따라 수동적으로 행동하고 있는 것이 아니었다. 그들은 이파리를 만드는 목적에 집중했다.

#연구자금 확보에 실패하다

학계에서 활동하는 과학자는 3년 예산의 복종을 받는다. 3년마다 연방정부로부터 새 계약을 따내야 하는 것이다. 계약에서 보장하는 연구자금으로 실험실에 고용한 사람들의 월급을 주고, 실험에 필요한 자료와 장비를 사고, 연구를 수행하는 데 필요한 출장 경비로 써야 한다.

정부 기관인 미국국립과학재단은 내가 하는 연구의 자금을 대주는 중요한 자금원으로 2013년 예산은 73억 달러였다. 국립과학재단의 예산은 농무부, NASA, 국토안보부, 국방부 등 다른 곳에 비해 턱없이 낮다. 거의 3~6배 차이가 난다. 생물학부터 지질학, 화학, 수학, 물리학, 심리학, 사회학, 공학, 컴퓨터과학까지 모두 이 73억 달러에 의지한다.

나는 국립과학재단의 순고생물학(고생물을 생물학의 입장에서 연구) 범주에 들어가는데, 2013년 미국 전체에서 진행된 모든 순고생물학 연구에 책정된 예산은 600만 달러였다. 국립과학재단은 순고생물학자들과 매년 30~40개의 계약을 하는데, 각 계약의 평균 연구기금은 16만 5천 달러다. 16만 5천 달러도 큰돈이지만, 빌의 월급을 포함해 3년간 생활하기엔 부족한 금액이었다.

나는 연구자금을 확보할 수 있는 계약이 계속 성사되지 않아 좌절감이 들었다. 계약이 승인되기 위해서는 엄격한 동료 평가를 통과해야 하는데, 과학자들이 평가를 가장해 개인적인 분풀이를 하기도 했다. 나는 나보다 수십 년 먼저 연구의 신빙성을 인정받은 동료 학자들을 설득할 수 있을 거라고 믿었다. 하지만 교수가 되고 나서 반복적으로 '학문적 냉소'라는 벽에 부딪혔다.

내가 능력이 있다는 것을 다른 학자들에게 증명하려면 수많은 학회 참석과 서신 교환 그리고 엄청난 양의 지적 자기반성을 해야 한다. 그러나 내게는 시간이 그리 많지 않았다. 실험실을 시작할 때 대학에서 받은 돈이 떨어지고, 빌의 월급을 줄 돈도 바닥났기 때문이다.

나는 어렸을 때부터 진짜 과학자가 되는 것이 소원이었는데, 그 목적에 가까워지자 모든 것을 잃을 위험에 빠지게 됐다. 나는 점점 더 많은 시간을 일에 할애했다. 그러나 그 방법 역시 그다지 효율적이지 않았고, 상황을 해결하는 데 도움이 되지도 않았다. 실험실을 잃을지도 모른다는 생각은 나에게 공포 그 자체였다. 잠을 잘 수 없었다. 쓸데없는 생각이 꼬리에 꼬리를 물고 지옥 같은 날이 계속됐다.

6개월이 지나고 상황은 조금 나아질 수 있었다. 존스홉킨스대학교에서 나와 빌이 일할 수 있는 자리를 찾은 것이다. 존스홉킨스대학교가 있는 볼티모어는 가장 나무가 없는 지역으로 꼽힌다. 원래는 습한 기후 때문에 빽빽한 삼림이 있던 곳이지만, 이제는 주민 다섯 명당 나무가 한 그루밖에 되지 않는다. 우주에서 내려다보면 볼티모어시의 30%만이 초록이고 나머지는 모두 아스팔트다.

조지아주를 떠나는 것은 달콤하면서 동시에 씁쓸한 경험이었다. 빌과 나 모두가 성장한 곳이었기 때문이다. 그러나 태초의 식물처럼 우리도 퍼져나갈 새로운 곳이 필요했다. 우리는 황폐한 돌 위를 집으로 삼기로 결정했다. 그렇게 우리는 볼티모어로 이사하고, 두 번째 실험실을 꾸리게 되었다.

식물에게 겨울은 어떤 의미일까? 식물에게 겨울은 최악의 조건일 것이다. 보통은 겨울에 식물이 죽는다고 생각한다. 하지만 많은 종의 나무가 죽지 않고 살아 있다. 긴 겨울에 살아남으려면 얼어 죽지 않아야 한다. 나무는 긴 겨울을 대비하기 위해 경화 과정을 거친다.

경화 과정: 나무의 일부분을 화학물질로 가득 채우고, 또 다른 부분은 완전히 순수한 상태로 유지하는 과정

나무들은 날씨가 따듯하든 춥든 상관없이 경화 과정을 시작한다. 기온의 변화가 아니라 24시간의 순환주기 중 빛이 존재하는 시간이 감소하는 것을 감지해 월동 준비에 들어간다. 언제 겨울이 올지 알려주는 태양은 신뢰할 수 있기 때문에 억겁의 세월 동안 나무들은 경화 과정에 의존해 겨울을 날 수 있었다. 식물들은 세상이 급속도로 변화할 때 항상 신뢰할 수 있는 한 가지 요소를 찾아내는 게 중요하다는 사실을 알고 있는 셈이다.

#여성 과학자의 겨울 **#성차별에서 살아남는 법**

실험실을 옮기며 내 세상이 변할 때 나도 신뢰할 수 있는 한 가지 요소를 찾아낼 수 있었다. 나와 빌은 존스홉킨스대학교 지질학과 지하실에 있는 커다란 방을 웅장한 실험실로 바꾸기 시작했다. 우리는 생물학, 생태학, 지질학 등 전국 규모의 학회에 참석해 이름을 알리고 새로

운 실험실을 홍보했다.

덴버에서 열린 미국지질학회에서 내가 제일 좋아하는 학문적 삼촌 에드를 오랜만에 만났다. 에드는 기나긴 세월 동안 해수면이 어떻게 오르내렸는지 밝혀낸 과학자였다. 일흔이 훨씬 넘은 에드는 은퇴를 앞두고 있다고 말하며 실험실을 정리할 것이라고 말했다. 그리고 우리에게 실험실 장비를 주겠다고 말했다. 장비는 오래되고 낡았지만, 우리에게는 너무나 필요한 것이었다.

그다음 주 나와 빌은 에드의 실험실이 있는 오하이오주로 향했다. 에드는 우리를 실험실로 데리고 들어가 그곳 모두에게 소개했다. 에드는 나를 처음 만난 순간부터 특별한 사람이라는 것을 알았으며, 자신이 본 학생 중에 가장 열심히 공부하는 학생이라고 말했다. 같이 토질 현장 탐사를 갔을 때는 해가 떠 있는 동안 텐트를 치고 거두는 시간을 낭비하기 싫어 차에서 잠을 잤다는 일화도 이야기했다. 나는 부끄러워 고개를 숙이고 얼른 그 이야기가 끝나기를 기다렸다.

에드의 말이 끝나고 고개를 들었을 때 나는 다시 몸이 움츠러들었다. 모두의 얼굴에 '저 여자가? 그럴 리가! 뭔가 실수가 있겠지'라는 표정이 들어차 있었다. 나에게는 익숙한 경험이었다. 전 세계 공공기관 및 사립기구에서 과학계 내 성차별의 역학을 연구하는데, 그 상황은 생각한 것보다 훨씬 복잡하고 다양한 요소로 이루어져 있다고 한다. 내 경험에 따르면 '지금 네가 절대 진짜 너일 리가 없다'는 말을 끊임없이 듣고, 그 경험이 축적되어 나를 짓누르는 무거운 짐이 되는 것이 바로 성차별이다.

이러한 경험은 북극 숲을 연구할 때 다시 겪게 되었다. 빌과 나는 알래스카 북쪽 해안에서 더 북쪽으로 1,100km 정도 되는 곳에서 여름을 보내고 있었다. 캐나다 액슬하이버그 섬이었다. 이곳의 여름은 해가 절대 지지 않는다. 오늘이 며칠이고 지금이 몇 시인지를 확인하는 습관을 버리게 되어 깰 때까지 자고 피곤해질 때까지 일했다.

그러다 겨울이 되면 3개월 동안 밤이 계속된다. 나는 이곳의 숲이 매년 석 달 동안 계속되는 암흑과 석 달 동안 계속되는 여름의 태양을 견딘다는 사실이 놀라웠다. 현대 식물들은 이렇게 극단적인 빛의 환경 속에서 살게 되면 스트레스를 받아 일반적으로 1년을 넘기지 못하고 죽는다. 하지만 4,500만 년 전 북극에서는 수천 킬로미터의 낙엽수림이 이 극단적인 조도의 차이에도 크게 융성한 것이다. 어둠 속에서 살 수 있는 나무를 발견하는 것은 물속에서 살 수 있는 인간을 발견한 것이나 마찬가지다. 나는 과거의 나무와 현재의 나무가 무엇 때문에 다른지 연구하는 데 돌입했다.

빌과 나 그리고 펜실베이니아 고생물학과 소속의 과학자 10명은 네 명씩 짝을 지어 화석화된 나무들의 표본을 발굴했다. 나는 고생물학과 과학자들과 거리를 유지하며 일을 진행했다. 내가 그들과 동등한 학자로서 이 현장에 참여하고 있다는 사실을 그들은 절대 받아들이지 않을 것을 알았기 때문이다. 연구자금을 댄 기관에서 나를 인정했다는 사실은 상관이 없다. 그들의 눈에 나는 괴상한 사람을 달고 와서 20kg 정도의 짐도 들지 못하는 지저분한 작은 여자아이에 불과했다. 나는 그 이미지를 없애려고 노력하지 않았다. 그들이 나를 신경 쓰지 않을 정도로 무시하기를 바랐다.

빌과 나는 고생물학과 과학자들과는 근본적으로 다른 접근법을 가지고 작업을 진행했다. 화석보다 오래 안정적으로 유지했던 숲 전체를 알려고 했다. 이 형태의 생태계는 수백만 년의 세월 동안 이루어진 것으로, 엄청난 양의 탄소와 물이 극지방에서 소비되면서 이파리와 목재를 만들었고, 1년에 한 번씩 땅에 떨어져 식물 조직을 대량 남겼다.

이름	호프 자런 & 빌	실험 날짜	1999년
실험 제목	액슬하이버그 섬의 숲 생태계 연구		
실험 주제	식물이 극단적 환경에서 생태계를 유지할 수 있는가?		
실험 과정	1. 죽은 나무 그루터기 몇 개를 수직으로 파내기 2. 보존된 목재와 이파리, 나뭇가지들을 1cm마다 표본 채취 3. 30m에 해당하는 기간의 표본 채취		
결론	고대 극지방의 생태계는 회복 탄력성이 높다고 규정		

그 결과 숲이 견뎌내는 데 성공한 큰 기후변화를 식별해냈다. 이 관찰 결과를 기초로 우리는 이 고대 극지방의 생태계가 안정적이라기보다는 회복 탄력성이 높다고 규정하는 것이 적합하다고 주장했다.

식물의 결실 ——————

꽃은 단순한 구조를 가지고 있는데, 꽃잎이 암과 수 기관을 연단처럼 둘러싸고 있는 구조다. 바깥쪽에는 수컷 기능을 하는 요소가 자리 잡아 긴 수술이 뻗어 나오고, 그 끝에 꽃가루가 묻어 있다. 가운데 아래쪽으로 자리 잡은 부분이 암컷 기능을 하는 씨방이다. 수정할 수 있는 유일한 부분은 같은 종의 식물이 생산해낸 꽃가루 한 톨뿐이다.

같은 꽃에서 나온 꽃가루에 의해 수정되는 자가수정의 가능성이 좀 더 높다. 자가수정으로 씨가 맺히고 새로운 개체가 탄생할 수 있지만, 새로운 유전자를 획득하지는 못한다. 어떤 종이 계속 대를 잇고 진화하기 위해서는 주기적으로 타가수정이 일어나야 한다. 이를 위해 꽃가

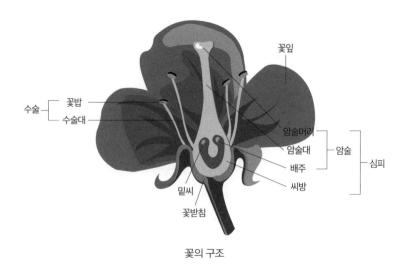

꽃의 구조

루는 $30\,cm$, $3\,m$, $3\,km$ 떨어진 곳에 있는 씨방에 도착해야 한다.

#또 다른 시작 #인생의 동반자

서른두 살이 되던 해, 나는 하루아침에 인생이 변하는 놀라운 경험을 했다. 어느 모임에서 클린트를 만난 것이다. 클린트는 내가 본 남자 중에 가장 아름다운 사람이었다. 클린트에게 저녁 식사를 하자고 데이트 신청을 했고, 그는 수락했다. 저녁 식사를 하는 내내 나는 아무것도 먹을 수 없었다. 뭔가 훌륭하고 대단한 일이 일어나고 있었다. 우리는 몇 시간 내내 이야기를 했다. 우리는 둘 다 같은 대학교에 다녔고, 같은 시기에 같은 공부를 했던 사실과 여러 번 같은 방에서 같은 세미나를 들은 사실을 알게 됐다. 어떻게 지금까지 서로 못 만났을까 궁금했고, 그동안 잃어버린 시간을 이제라도 보충하는 것이 당연했다.

클린트는 상냥하고 안정되고 사랑을 베푸는 성격을 지녔다. 아무도 발견하지 못한 보물 같았다. 나는 이 보물을 절대 놓아주지 않겠다고 결심했다. 작은 상자 안에 오랫동안 단단히 들어가 있었던 사랑이 한번 뚜껑을 열자 한꺼번에 쏟아져 나왔다. 우리는 그렇게 사랑에 빠졌고 결혼했다. 그리고 1년 후 임신을 하게 되었다.

임신은 내 평생 가장 힘든 일이었다. 불안증을 앓고 있던 나는 임산부가 되자 약을 먹지 못했고 괴로움에 하루하루를 보냈다. 임신 초기 나는 잠에서 깨어나 심하게 구토를 하곤 했는데, 너무 심한 구토로 목욕탕 바닥에 쓰러지며 헛구역질과 울기를 반복했다. 괴로움을 이기지 못해 차라리 기절이라도 해보려고 벽이나 바닥에 머리를 부딪치곤 했다.

하지만 늘 변함없는 남편은 미친 듯이 전화를 해서 나를 찾다가 화장실에 있는 나를 발견해 안아 씻기고 의사를 불렀다. 이런 일이 반복됐다. 임신 7개월이 되자 다행히 향정신성 의약품을 사용할 수 있게 되어 나는 약을 먹었고, 서서히 안정을 찾아갔다. 다시 출근했지만 체력이 안 돼 강의는 할 수 없었다. 나는 병가를 냈다.

100년의 역사를 자랑하는 존스홉킨스대학교에서 여자로서는 처음이자 유일하게 종신 교수직을 받기 직전이었던 나는 임신을 포함해 어떤 육체적 약점도 보이면 안 된다는 사실을 본능적으로 감지했다. 강의는 하지 못했지만, 실험실에는 가야 한다고 생각했다. 실험실에 가서 화학물질을 다룰 수는 없지만, 웅웅대며 돌아가는 기계 옆에 앉아 있으면 기계들이 격려를 하는 것처럼 느껴져 마음을 위로받았다.

하루는 실험실에 가던 중 잠시 의자에 앉아 쉬고 있을 때 학과장이 걸어왔다. 나는 자동으로 일어났는데, 너무 빨리 일어섰는지 현기증이 나 앉아서 무릎에 머리를 대고 엎드렸다. 학과장은 이런 나를 바라보다 자신의 사무실로 들어갔다. 그리고 다음 날 저녁, 나는 남편으로부터 실험실 출입이 금지됐다는 말을 듣게 됐다. 임신했다는 이유만으로 실험실 출입을 금지당한 것이다. 나는 실망과 좌절감을 느꼈다. 남편은 나의 깊은 절망에 공감해주었다.

임신이라는 혼란스러운 시간을 지나 나는 아들을 낳았다. 나의 삶에 새로운 패턴이 서서히 자리를 잡아가기 시작했다. 클린트가 아들을 안고 있는 사이, 나는 논문을 편집하고 질량분석계에 원거리로 접속하는 등의 일을 했다. 우리 부부는 논문, 육아, 가정이라는 세 가지 일을 한꺼번에 해내는 연습을 했다.

나는 어떤 문제를 해결하지 못한 이유가 그게 해결 불가능해서가 아니라 해결책이 관습에서 벗어나야 할 필요가 있었기 때문이라는 사실을 깨달았다. 그래서 나는 아들의 어머니가 아닌 아버지가 되기로 결심했다.

#단풍나무의 자손을 위한 삶

어린나무는 극도로 힘든 삶을 산다. 특히 어린 단풍나무는 몇 년 동안 주변의 영양분을 모두 싹쓸이한 어른 단풍나무의 그늘에서 햇빛을 확보하기 위해 투쟁해야 한다. 그러나 다 자란 단풍나무가 부모의 사랑으로 자손에게 제공하는 것이 있다. 매일 밤 땅속 깊은 속에서부터 물을 길어 올려 어린나무들에게 나눠주는 것이다. 어린 나무들이 필요로 하는 게 물뿐만은 아니지만 조금이나마 도움이 된다. 어떤 부모도 자식들의 삶을 완벽하게 만들어 줄 수는 없다. 그러나 최선을 다해 자식을 돕는다.

#유년기 시절을 기억하는 나무

10년 사이에 나와 빌은 나무가 자신의 유년기를 기억한다는 사실을 발견하게 되었다. 모든 가문비나무는 가을마다 첫서리가 내릴 것에 대비해 성장을 멈추는 버드 세트를 실행한다. 그런데 유전적으로 동일하고 묘목 시절부터 같은 숲에서 자란 수백 그루의 나무 중 찬 기후에서 배아 시절을 보낸 나무들은 어김없이 다른 나무보다 2~3주 먼저 버드 세트를 시작했다. 동일한 환경에서 성장했지만, 씨앗이었을 때 겪은 차가운 기후를 기억한다는 것이다.

식물 조직 대부분은 대체 가능하고 융통성이 있다. 필요하면 뿌리가 줄기가 되고, 그 반대 현상도 일어나기도 한다. 하나의 배아를 조각내도 같은 식물을 여러 개 얻을 수 있다. 유전자가 동일한 두 묘목 중 하나는 몇 년에 걸쳐 영양분을 주지 않고, 또 다른 하나는 풍부하게 영양을 공급하면 가문비나무가 어떻게 유년기를 기억하는지 알 수 있을 거라 생각했다. 우리는 실험을 시작하기 위해 100개의 가문비나무 씨를 이용했다.

이름	호프 자런 & 빌	실험 날짜	2005년
실험 제목	가문비나무 씨 연구		
실험 주제	가문비나무는 어떻게 유년기 시절을 기억하는가?		
실험 과정	1. 100개의 가문비나무 씨를 멸균수에 몇 시간 불리기 2. 각 씨앗의 껍질을 벗겨 배아를 배양용 젤라틴에 묻히기 3. 섭씨 25도가 유지되는 어두운 배양실에 두기 4. 20일 후 건강한 배아를 조각내 많은 양의 비료와 성장호르몬이 들어간 젤라틴에 이식하기 5. 작은 아기 나무들을 계란판을 변형한 묘목용 화분에 심기		

매년 지구의 땅 위에 떨어진 수백만 개의 씨앗 중 5%도 안 되는 숫자만이 싹을 틔우고, 그중에서 5%만이 1년을 버틴다. 이 과정에서 나

가문비나무와 열매

는 식물의 사고방식을 배우고 식물로부터 측정한 값이 200년 후 과학자들에게 지식을 전달할 수 있을 거라는 믿음을 갖는다.

그날 나는 100그루의 작은 나무를 줄을 맞춰 심었다. 우리는 이 묘목들을 온실로 옮길 것이고, 거기서 3년 동안 편한 삶을 살게 하다가 좀 더 큰 세상이 필요할 때마다 더 큰 화분으로 옮겨 심을 예정이다. 살아남은 나무들은 숲에 옮겨 심어 실험을 시작하게 될 것이다. 내 앞에 있는 지금 이 작은 묘목 중 하나가 30년 후에 씨를 맺어 오늘 우리가 묻는 질문에 대답을 할지도 모른다.

아들이 태어난 후 몇 년 동안 나는 과학자로 일하는 게 쉽게 느껴졌다. 기존 과학계에서 나를 받아들이는 방식이 달라졌기 때문이다. 나는 과학재단뿐만 아니라 정부 에너지성, 국립보건원 등에서 연구 계약을 따냈고, 사립 기관들로부터 연구를 지원받았다. 식물 발달에 관한 아이디어를 발표하면서 미국 지질학회의 젊은과학자상을 수상했고, 지질물리학 연맹의 매클웨인 메달을 수상했다.

2008년 우리는 하와이로 이사했다. 하와이대학교에서 빌에게 한 해 동안 8.6개월에 해당하는 보수를 영원히 지급하겠다고 약속했기 때문이다. 나는 아름다운 날씨와 짙은 녹음이 있는 하와이에서 가족과 행복한 나날을 보내며 연구를 이어나갔다.

지난 20년 동안 나와 빌은 학위를 세 개 땄고, 직장을 여섯 번 옮겼으며, 4개국에서 살았고, 16개국을 여행했고, 병원에 입원하기를 다섯 번, 중고차 여덟 대를 갈아치우면서 적어도 4만 km를 운전했고, 약 6만 5천 개에 달하는 탄소 안정적 동위원소를 측정했다. 그 측정값을 실은 논문을 70여 편 써서 40개의 저널에 발표했다.

내가 과학을 잘할 수 있었던 이유는 남의 말을 듣는 데 능숙하지 않았기 때문이다. 나는 여자이기 때문에 하고 싶은 일을 할 수 없다는 말을 들었고, 여자이기 때문에 할 수 있는 일이었다는 말도 들었다. 너무 많은 일을 하려 한다는 말을 들었고, 내가 해낸 일은 아무것도 아니라는 말도 들었다. 너무 예민하다는 경고를 받은 적도 있고, 비정하고 무감각하다는 비난도 들었다. 그러나 그런 말을 한 사람들은 모두 현재를 이해하지 못하고 미래를 보지 못했다.

과학은 일이다. 나는 죽은 침엽수 이파리를 하나하나 찾아서 등에 지고 숲을 건너는 개미다. 우리는 우리 손주들의 손주들이 경외감을 느낄 무엇인가를 건설하고 있다. 과학계를 이루는 작지만 살아있는 부품으로써 나는 어둠 속에 홀로 앉아 수없이 많은 밤을 지새웠다. 오랜 세월 탐색하며 빚어진 소중한 비밀을 가슴에 품은 사람은 누구나 그렇듯, 나도 누구에겐가 이 이야기를 하고 싶은 염원을 품고 있다.

생각해봅시다

＊ 나의 삶과 가장 닮은 식물은 무엇이라 생각하는가?

＊ 식물의 성장 과정 중 내 인생은 지금 어느 단계라고 생각하는가?

＊ 호프 자런의 삶에서 제일 인상 깊었던 모습은 무엇인가?

호프 자런의 연표

연도	나이	내용
1969년	1세	북유럽계 미국 이민 가정에서 출생.
1989년	19세	고등학교를 1년 일찍 졸업. 미네소타대학교 진학.
1992년	22세	풀브라이트상 수상(노르웨이 지질 연구).
1994년	24세	미네소타대학교 졸업 후 버클리대학교 조교수로 임명.
1996년	26세	버클리대학교 토양과학 분야의 박사학위 취득. 조지아 공과대학 부교수 재직.
1999년	29세	존스홉킨스대학교 부교수 재직.
2001년	32세	결혼. 미국 지질협회 젊은과학자상 수상.
2002년	33세	출산.
2003년	34세	풀브라이트상 수상(덴마크 환경과학 연구).
2005년	35세	제임스 매클웨인 메달 수상.
2008년	38세	하와이대학교 교수 재직.
2010년	40세	풀브라이트상 수상(북극 연구).
2016년	46세	《랩걸》 출간. 오슬로대학교 교수 재직.
2018년	48세	호주 의학연구 메달 수상. 노르웨이 과학문학 아카데미상 수상.

Chapter 11

레이첼 카슨

침묵의 봄

생태계를 파괴하는 인간을 향한 끔찍한 경고

《종의 기원》보다 더 많은 사람들에게 영향을 준 책.
자연에 대한 감수성과 생생한 필력을 통해
저자는 단순히 관찰자에 머물지 않고 세상을 바꾸는 책을 썼다.

– 김상욱(포항공대 생명과학과 교수)

현명한 자연과학자는 때로 예언가의 역할까지 수행한다.
레이첼 카슨이 그런 사람이다. '시대를 앞서간 환경주의자'였다.

–〈오마이뉴스〉

환경오염으로 인한 기상이변과 자연재해가 날로 늘어가고 있다. 지구 온난화 때문에 전 세계적으로 극심한 가뭄과 폭염이 이어지고 있고, 최근 반복되는 홍수 등도 환경오염으로 인해 발생한다는 게 전문가들의 의견이다. 반박의 여지없이 인류가 탄생한 이후 지구 환경은 계속 파괴되어 왔다. 인간은 지구를 어떻게 망가뜨리고 있는가? 지금으로부터 약 60년 전, 그 민낯을 전 세계에 낱낱이 공개한 사람이 있다.

《침묵의 봄》의 저자이자 20세기 최고의 해양생물학자, 〈타임〉 선정 '20세기를 변화시킨 100인' 중 한 명으로 손꼽히는 레이첼 카슨은 이렇게 말한다. "제 힘에 취해서 인류는 자신은 물론 이 세상을 파괴하는 실험으로 한 발씩 더 나아가고 있다."

레이첼 카슨은 1941년 《바닷바람을 맞으며》를 시작으로 1955년 핵폐기물 해양 투척에 대한 위험을 알리는 《바다의 가장자리》, 1962년 무분별한 살충제 사용으로 파괴되는 야생 생물계의 모습을 적나라하게 공개한 《침묵의 봄》을 발표하며 환경문제에 대한 대중적 인식을 이끌어냈다. 뿐만 아니라 정부의 정책 변화와 현대적인 환경운동을 가속화하는 데도 일조했다. 그중에서도《침묵의 봄》은 레이첼 카슨의 대표작이자 '환경학 최고의 고전'으로 손꼽힌다.

《침묵의 봄》은 1962년 여름 잡지 〈뉴요커〉에 연재하던 내용을 하나의 책으로 묶어 발표한 것이다. 하지만 출간 발표와 동시에 레이첼 카슨은 화학업계의 거센 반발에 부딪쳐야 했다. 농약 제조업체들은 "레이첼 카슨의 잘못된 주장이 문명을 중세 암흑시대로 되돌려놓고 있다"는 비난을 퍼붓기도 했다.

1962년 9월, 많은 논란과 함께 출간된《침묵의 봄》은 2주 만에 6만 5천 부가 판매되는 기록을 세웠다.《침묵의 봄》이 촉발한 환경오염 논쟁은 미국의 국가환경정책법을 제정하게 만들었을 뿐 아니라 DDT 사용 금지, 나아가 지구의 날(4월 22일) 제정까지 이끌어냈다. 1970년 닉슨 행정부가 설립한 미국 환경보호청 역시 레이첼 카슨의 영향을 받았다.《침묵의 봄》은 이후 전 세계적인 환경운동의 확산으로 1992년 리우회담까지 이어지는 성과를 냈다.

환경은 여전히 가장 뜨거운 문제 중 하나이고, 앞으로 더 치열하게 고민해야 할 문제 중 하나다. 살충제는 여전히 우리 삶에 가까이 있고, 레이첼 카슨이《침묵의 봄》에서 지적했던 '환경을 파괴시키는 인간의 무지한 행동'은 오늘도 계속되고 있다.

사라진 마을 ————————

#사라진 새들의 울음소리

모든 생물체가 환경과 조화를 이루며 살아가던 마을이 있었다. 풍요로운 곡식이 자라고, 계절에 따라 동물들의 울음소리가 들리는 마을이었다. 길가에 핀 나무들은 여행객의 눈을 즐겁게 해주었고, 나무 열매와 씨앗을 먹고 사는 수많은 새들이 몰려들었다.

하지만 어느 날 낯선 병이 이 지역을 덮쳤고, 이후 모든 것이 변하기 시작한다. 닭은 물론이고 소와 양까지 시름시름 앓다가 죽었다. 심지어는 사람까지 말이다. 아침이면 울던 울새, 검정지빠귀, 산비둘기, 어치, 굴뚝새 등 수많은 새의 울음소리는 더 이상 들리지 않았다. 마을에는 침묵만이 감돌았다.

대체 이 마을에 무슨 일이 일어난 것일까? 활기 넘치는 봄의 소리로 뒤덮이던 마을에서 새의 울음소리가 사라진 이유는 무엇일까? 이게

레이첼 카슨 《침묵의 봄》

어느 한 마을의 문제라고 생각하는가? 전 세계 곳곳에서 비슷한 문제가 발생하고 있다. 새 소리 넘치던 마을은 점점 사라지고 있다. 왜 이렇게 된 걸까?

살충제는 어떻게 우리 삶에 들어왔나? ──────

#새로운 화학물질 **#해충 박멸** **#제2차 세계대전의 산물**

지구상에 현존하는 생명체가 만들어지기까지 수억 년의 시간이 걸렸다. 그 기간 동안 생물들은 진화하고 분화하면서 주변 환경에 적응하고 균형을 이루며 살아왔다. 하지만 20세기에 들어서면서 균형이 깨지고 만다. 인간이라는 종∰이 자신이 속한 세계의 본성을 변화시킬 만한 놀라운 위력을 획득했기 때문이다. 세계의 본성을 변화시킨 것은 무엇일까? 바로 위험하고 치명적인 유독물질이다.

인간이 본격적으로 화학물질을 사용하게 된 건 농업이 본격화되고, 대규모 농지에 작물 재배를 시작하면서부터다. 특히 단일 작물로 농사를 짓게 되면서 특정 곤충의 개체수가 폭발적으로 증가했다. 1940년대 이후 해충이라 불리는 곤충, 잡초, 설치류들을 없애기 위해 약 200여 종의 화학물질이 제조됐다. 그렇게 제조된 화학물질은 다시 수천 개의 제품으로 만들어져 판매되고 있다. 미국에서만 매년 500여 종의 화학물질이 만들어지는데, 이는 인간과 동물이 매년 500여 종의 새로운 화학물질에 적응해야 한다는 사실을 뜻한다.

문제는 이런 화학물질들이 해충만 죽이지 않는다는 데 있다. 익충을 비롯해 새, 물고기까지 무차별적으로 죽어가게 만든다. 나뭇잎은 치명적인 유독물질로 뒤덮였고, 모든 생명은 화학물질의 위험 속에 살아가고 있다. 인간이 화학물질을 사용한 지 20년 정도 지난 이후부터 살충제는 생물계와 무생물계를 가리지 않고 어디에나 스며들기 시작했다. 강과 하천은 물론 지하수에서도 살충제 성분이 발견되기 시작했다.

지구 생명체를 위협하는 화학물질은 어떻게 처음 만들어지게 됐을까? 합성 화학 살충제가 탄생할 수 있었던 건 제2차 세계대전 때문이다. 화학전에 사용할 약제를 개발하는 과정에서 몇 종류의 물질이 곤충에 치명적이라고 알려진 것이다. 구성 분자를 조작하거나 배열을 바꾸는 등 인위적 과정을 거쳐 전쟁 전 사용하던 무기화합물 살충제와는 전혀 다른 살충제가 만들어졌다.

상당수의 제초제와 살충제의 기본 요소로 사용되는 물질 중 가장 문제가 되는 것은 비소다. 비소는 독성이 강한 광물이자 여러 금속의 원석에 널리 포함되어 있다. 비소 혼합물은 로마시대 보르자 가문부터 오늘날에 이르기까지 가장 좋은 독살 수단으로 사용되는 물질이다.

#살충제의 두 그룹　**#DDT의 화려한 등장**

살충제는 크게 두 그룹으로 나뉜다. 하나는 DDT로 대표되는 염화탄화수소 계열이고, 하나는 말라티온과 파라티온으로 대표되는 유기인산 계열이다.

모든 화학물질에는 한 가지 공통점이 있는데 바로 '탄소 원자'를 기

　　　　　　　　레이첼 카슨 《침묵의 봄》

본으로 한다는 점이다. 탄소는 여러 개가 모여 사슬 모양이나 고리 모양 등 다양한 배열을 만들어내거나 다른 원소와 쉽게 결합하는 성질을 지녔다. 즉, 교묘한 조작만으로도 믿을 수 없을 만큼 놀라운 위력을 지닌 유독물질이 만들어진다는 것을 의미한다. 그중에서도 DDT는 1874년 독일 화학자에 의해 처음 합성됐다. DDT가 살충제로서의 효능이 발견된 건 그로부터 65년이 지난 1939년이다.

살충제

염화탄화수소 (DDT)	유기인산 (말라티온, 파라티온)

- **DDT** 염화탄화수소 계열의 살충제, 농약. 강력한 살충 효과와 제초 효과. 곤충의 신경세포에 작용해 나트륨이 세포막을 이동하는 것을 막아버림으로써 살충 효과를 낸다.
- **말라티온** 유기인계 농약의 일종으로 진드기, 멸구, 번개 매미 등의 방제에 사용. 가축의 외부 기생충 구제용, 저장 곡물의 방충용 등에도 사용.
- **파라티온** 유기인계 농약의 일종으로 제2차 세계대전 직전 독일에서 개발되어 전후에 농약으로 널리 사용. 살충력이 강하고 적용 범위가 넓으나 독성이 강한 것이 특징.

　DDT는 전쟁 중 수천만 명의 군인, 피난민, 포로들의 몸에서 이를 박멸하는 데 처음 사용하기 시작됐다. 이후 DDT는 질병을 옮기고 한밤중에 식량을 축내는 해충을 박멸하기 위한 수단으로 인정받았다. 이 물질을 발견한 스위스의 화학자 파울 뮐러는 1948년에 노벨생리·의학상을 수상하기도 했다.

　DDT가 발견되고 상용화됐을 때만 해도 사람 몸에 직접 DDT를 뿌렸고, 아주 효과 좋은 농약이자 살충제로 인식되어 대량 사용됐다. 몇몇 사람은 인체에 무해함을 알리기 위해 직접 DDT를 먹는 모습을 보여주기도 했다. 당시만 해도 즉각적으로 이상 징후가 발생하지 않았기 때문에 아무 문제가 없다고 생각했다.

　하지만 당시 사람들의 생각은 틀렸다. DDT를 비롯한 살충제의 독성 물질은 소화기관이나 폐를 통해 천천히 흡수되는데 이 물질은 부신, 고환, 갑상선 등 체내의 지방과 결합해 점점 높은 농도로 축적된다. 그리고 몸속의 지방이 분해되는 순간 치명적인 성분도 온몸에 퍼져나가게 된다.

　대부분의 사람들 몸속에는 건강에 해로운 화학물질이 축적되고 있고, 인생을 시작하는 바로 그 순간부터 화학물질과 함께 살아가고 있다. 화학물질 남용은 궁극적으로 환경과 자연에 어떤 결과를 초래했을까?

☑ Insight Point

☐ 농업화 이후 1940년대부터 해충을 없애기 위해 200여 종의 화학물질을 제조

☐ 미국에서만 매년 500여 종의 화학물질이 등장, 사용

☐ 살충제는 제2차 세계대전의 산물로 생화학 무기를 만들기 위해 곤충으로 실험하다가 발견

화학물질에 몸살 앓는 생태계 ─────

`#수질 오염` `#지하수의 광범위한 오염` `#수생생물의 죽음`

시냇물을 비롯해 우리가 마시는 물에서도 화학물질이 발견된다. 수질 오염에서 가장 문제가 되는 것은 지하수의 광범위한 오염이다. 살충제로 인한 수질 오염은 단순한 문제가 아니다. 물의 오염에서 끝나는 게 아니라 많은 생명체에도 직접적인 문제를 일으키기 때문이다.

실제로 미국 한 과수원 지대의 식수를 실험실로 가져가 물고기를 넣어 두었더니 불과 4시간 만에 물고기들이 모두 죽는 결과가 발생했다. 살충제가 뿌려진 물은 정수 처리를 했음에도 불구하고 물고기에게 치명적이었다. 우리는 이런 오염을 눈으로 직접 확인하지 못한다. 수백 마리, 혹은 수천 마리의 물고기가 떼죽음을 당한 뒤에야 물속에 유독물질이 존재한다고 깨달을 뿐이다.

살충제를 만들던 공장 근처의 가축, 농작물이 피해를 입는 사건도 있었다. 심지어 사람까지 질병에 걸렸다. 긴 조사 끝에 찾아낸 원인은 농장 근처 우물에서 발견된 화학성 유독물질이었다.

오염된 물이 어떻게 수많은 생명을 파괴하는지 그 과정을 보여주는 사례가 있다. 샌프란시스코 북쪽으로 90마일 떨어진 산간지대에 한 호수가 있다. 이 호수는 낚시꾼들에게 인기가 좋았다. 하지만 한 가지 치명적인 단점이 있었다. 각다귀가 아주 많다는 것이었다. 각다귀는 모기와 비슷하지만 피를 빨지도 않고 인간에게 무해한 곤충이다. 그러나 호수를 찾는 관광객이나 낚시꾼들의 생각은 달랐다. 각다귀가 너무 많아 성가시다고 생각했다. 결국 각다귀 방제를 위해 사람들이 투입됐다. 호수를 면밀히 조사해 필요한 살충제의 양을 추정했고, 첫 번째 살포 당시 농도는 7,000만분의 1, 두 번째 살포 당시엔 5,000만분의 1의 농도로 조절했다.

결과는 어땠을까? 방제는 성공적이었고 각다귀는 거의 사라졌다. 그런데 다른 문제가 발생한 건 이듬해 겨울부터다. 호수의 논병아리가 100여 마리나 죽어버린 것이다. 논병아리의 지방조직을 분석해보니, 그 속에서 1,600ppm이라는 엄청난 양의 화학물질이 검출됐다. ppm은 1백만분의 1을 나타내는 단위로, 물 1l에 1mg의 오염물질이 포함됐음을 의미한다.

당시 호수에 투입된 살충제의 농도는 0.02ppm 정도였는데 왜 이토록 높은 수치의 화학물질이 검출됐을까? 호수의 생물들을 분석하자 윤곽이 드러나기 시작했다. 가장 작은 유기체에 합류된 화학물질이 포식자에게 잡아먹히는 과정을 통해 점점 더 많은 양의 독극물로 축적된 것이다.

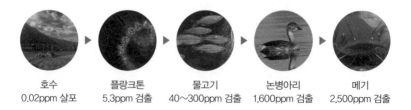

호수	플랑크톤	물고기	논병아리	메기
0.02ppm 살포	5.3ppm 검출	40~300ppm 검출	1,600ppm 검출	2,500ppm 검출

레이첼 카슨 《침묵의 봄》

호수에 투입된 살충제의 최대 농도는 0.02ppm이었다. 하지만 물속에 떠다니는 플랑크톤에서는 5ppm의 살충제가 검출됐다. 다른 생물들은 어땠을까? 물풀을 먹는 물고기에게서는 40~300ppm의 살충제가, 육식성 물고기인 메기에서는 농도가 2,500ppm까지 올라갔다. 연쇄적인 중독이 발생한 것이다. 물은 모든 먹이사슬을 지탱하는 요소라 피해는 더 심각했다. 이런 일이 이 호수에서만 발생했을까? 아니다. 1954년 캐나다 뉴브런즈윅 미러미시강에서도 비슷한 일이 발생했다.

미러미시강은 북미 대륙에서 회귀하는 연어들을 볼 수 있는 곳이었다. 그러던 어느 날 새끼 연어들을 비롯해 물고기들이 이미 죽거나 죽기 직전의 모습으로 발견된다. 1950년대 초 가문비나무벌레를 박멸하기 위해 뿌린 살충제가 문제가 된 것이다. 강에는 죽은 연어와 송어들이 떠올랐고, 길과 숲에는 죽어가는 새들이 가득했다. 살충제를 뿌리기 이전에는 연어와 송어의 먹이가 되는 수중생물이 풍부했지만 모두 죽어버렸다. 어린 연어들의 먹이가 사라져버린 것이다. 그 결과 미러미시강의 연어 개체수는 급감했으며 그곳에 서식하는 다른 물고기 역시 마찬가지였다.

물고기에 가해지는 살충제의 위협은 또 있었다. 살충제는 물고기의 눈에 불투명한 흰 막을 만들어 시력 상실을 유발하기도 했다. 그렇다면 원래 목적이었던 가문비나무벌레 박멸에는 성공했을까? 결과는 실패였다. 줄어들 것이라는 기대와 달리 해충의 수는 살충제의 영향을 별로 받지 않았다.

#토양 오염 **#생태계 네트워크 파괴**

살충제가 영향을 끼친 또 다른 영역이 있다. 살충제는 수질과 수생 생물, 나아가 토양에도 침투해 문제를 일으켰다. 대륙의 표면을 덮고 있는 토양은 인간을 비롯해 지상 모든 생물의 생존을 결정하는 주요한 자원이다. 토양이 없다면 어떻게 될까? 식물은 자라지 못하게 되고, 식물이 없으면 동물 역시 살아남기 힘들다. 토양은 인간을 비롯해 생명체들과 유기적 관계로 이어진 것이다. 숲, 과수원, 밭에 살충제를 뿌리게 되면 토양을 구성하고 유지하는 다양한 생물들에게 어떤 영향을 미치게 될까?

살충제가 토양에 미치는 영향은 아주 서서히 나타난다. 토양에 뿌려지는 살충제의 독성은 짧게는 몇 달, 길게는 몇 년까지도 지속된다. 시기를 가늠할 수 없을 정도로 영구적인 토양 오염을 초래하는 존재도 있다. 상당수의 제초제와 살충제의 기본 요소로 사용되는 '비소'다. 땅에 뿌려진 살충제는 잡초와 벌레뿐 아니라 땅속 박테리아까지 죽인다. 박테리아가 죽으면 작물이 잘 자라지 않는다. 악순환이 이어지는 것이다. 심지어 어떤 살충제는 콩, 밀, 보리, 호밀 등 민감한 작물에 영향을 줘 뿌리 발달을 저해하거나 씨앗의 생장을 막는 경우도 있다.

자연 그대로의 환경은 다양한 생물들이 벌이는 상호작용의 표현이다. 여기에 인위적 프로그램이 개입되면 어떨까? 잘 짜여 있던 생태계 네트워크에 문제가 발생하게 된다. 원래 제거 대상이 아니었던 식물까지 사라지게 만드는 비극적 결말을 초래하는 경우가 많다. 몇 가지 이야기를 통해 구체적으로 살펴보자.

레이첼 카슨 《침묵의 봄》

미국 서부 지역 사람들에게 넓은 지역에서 자라는 세이지(산쑥의 일종)는 눈엣가시였다. 그래서 세이지를 없애고 대신 초지를 만들었다. 세이지가 사라지자 어떤 문제가 발생했을까?

세이지로 덮인 언덕

세이지를 먹고 살던 세이지 뇌조를 비롯해 산양, 뮬사슴(노새사슴)까지 함께 사라지기 시작했다. 목초지를 만들어주면 가축들이 더 많은 혜택을 누릴 수 있으리라 생각했던 사람들의 예상과는 정반대의 일이 벌어진 것이다. 식물처럼 동물 역시 환경에 맞춰 자라는 습성이 있다는 점을 간과한 것이다.

심지어 세이지가 자라는 땅에 뿌려진 제초제는 연쇄적인 문제를 발생시켰다. 녹지 역시 사라졌고, 초원을 가로질러 자라던 버드나무까지 죽게 만들었다. 버드나무가 사라지자 숲속에 살고 있던 북미산 큰 사슴인 무스 역시 사라졌다. 또 버드나무를 잘라 댐을 만들어 사는 비버 역시 사라졌다.

세이지와 함께 사라진 동물들

이처럼 잘못 뿌린 살충제는 생태계에 엄청난 변화를 일으키게 된다. 토양은 물론 야생동물의 서식지까지 영구적으로 파괴하는 결과를 초래하는 것이다. 우리가 마구 없애버리는 식물들은 사실 건강한 토양을 유지하는 데 필수적인 기능을 담당하는 경우가 많다. 이렇게 화학물질로 인해 환경오염이 시작되면 지역에 사는 생물뿐 아니라 철새 등 이주하는 동물에게도 치명적인 문제를 일으킨다.

레이첼 카슨 《침묵의 봄》

살충제를 뿌리는 지역이 넓어질수록 피해는 더 심각해진다. 1954년 가을, 미국에서는 왜콩풍뎅이 방제를 위해 비행기로 살충제를 살포했다. 당시 살포한 살충제는 DDT의 50배나 되는 독성을 지닌 물질이었다. 왜콩풍뎅이 애벌레는 새들에게 매력적인 먹이인데, 화학약품에 중독된 왜콩풍뎅이 애벌레를 먹은 지빠귀, 찌르레기, 구관조, 꿩 등이 눈에 띄게 감소했다. 얼룩다람쥐 역시 자취를 감췄는데 종종 발견되는 얼룩다람쥐 사체에서는 독극물 중독의 특징이 나타났다.

뿐만 아니라 살충제를 살포한 지역에서 고양이를 키우는 농장을 찾아보기 힘들어졌다. 고양이의 90%가 살충제 살포 후 희생됐기 때문이다. 그럼 곤충과 야생동물, 반려동물만의 문제였을까? 소, 양과 같은 가축 역시 살충제 중독으로 희생됐다.

새의 노랫소리가 더 이상 들리지 않는 지역은 점점 더 늘어나고 있다. 네덜란드느릅나무병의 방제를 위해 뿌린 살충제 때문에 울새와 찌르레기, 박새, 홍관조까지 모두 사라진 지역도 있다. 이 새들은 살충제와 직접 접촉한 게 아니다. 지렁이를 잡아먹음으로써 간접적으로 살충제에 중독된 것이다. 실제로 땅에서 먹이를 구하는 새 중 20종 이상이 대량 죽었다는 보고도 전해졌다. 지렁이와 개미, 애벌레 등 토양생물이 살충제에 중독되어 있었기 때문이다. 포유류 역시 영향을 받았다. 너구리와 주머니쥐, 뒤쥐, 두더지 역시 지렁이를 잡아먹으며 생활하는데, 이들에게 축적된 독극물이 올빼미 같은 육식 조류로 옮겨가는 경우도 있다.

인간을 성가시게 하거나 불편하게 만드는 생물을 박멸하는 습성이 더 널리 퍼지고 있다. 그런데 여기서 우리가 한 가지 간과한 것이 있다. 화학약품 때문에 자연의 조절능력이 사라지고 있다는 점이다. 이런 상황에서 인간은 살충제로부터 자유로울 수 있을까?

☑ Insight Point

☐ 화학물질에 의한 수질 오염

    — 물고기, 새 등 동물에게 연쇄적 피해

☐ 화학물질에 의한 토양 오염

    — 땅속 박테리아와 콩, 밀, 보리, 호밀 등 작물에 영향

    — 생태계 네트워크 파괴

인간은 살충제로부터 자유로운가? ————

#죽음의 비 #인간까지 습격한 살충제

농지와 숲, 물 위에 뿌려진 화학물질은 인간의 건강까지 위협하고 있다. '죽음의 비'가 지구 표면에 마구 뿌려지고 있는 것이다. 살충제 공중살포 범위는 점차 확대되었고, 비행기로 숲과 경작지뿐 아니라 마을과 도시에도 대규모로 살충제를 살포하기 시작했다. 대표적인 예가 매미나방 퇴치 사업이다.

매미나방은 애벌레로 지내는 몇 주 동안 떡갈나무를 비롯해 몇몇 활엽수 잎을 갉아먹는 특성을 지녔다. 매미나방은 병충해로 지정됐고,

미국 농무부는 매미나방을 퇴치하기 위해 계획을 수립했다. 하지만 미국 농무부는 살충제를 살포하면서 이미 발표된 기초 자료를 보지 않았고, 보고도 무시했다. 무분별하게 대규모 약제 살포를 실시했을 때 얼마나 막대한 피해가 발생하는지, 살충제 피해에 대해 문제를 제기하는 환경보호론자들의 이야기도 묵살했다. 결과는 어땠을까?

매미나방 퇴치 과정에서 낙농 제품과 농산물의 오염이 발생했다. 우유와 채소, 과일 등을 비롯해 양봉업자들도 막대한 피해를 입었다. 그렇게 오염된 음식을 먹은 인간도 마찬가지였다. 살충제에 노출된 적 없는 일반인의 조직에서 상당량의 살충제 성분이 검출된 것은 바로 음식 때문이었다.

살충제는 편안한 모습으로 소비자를 찾아오고 있다. 아이들의 손이 쉽게 닿는 곳에서 전혀 위협적으로 보이지 않는 용기에 담겨 판매되고 있다. 하지만 실험실의 동물과 달리 인간이 어떤 화학약품을 섭취하는지, 얼마나 많이 섭취하는지 우리는 알 수 없다. 꼼꼼하게 분석할 수도 없다. 살충제는 씻어도 잘 없어지지 않으며, 유일한 해결책은 양상추나 양배추처럼 겉잎을 떼어내고 먹는 것이다. 조리를 한다고 해서 살충제 성분이 파괴되지는 않기 때문이다. 쉽게 살충제를 구매하고 사용하지만, 우리 인간은 그 위험성에 대해 깊이 생각하지 않는다.

#인간이 치러야 할 대가 **#살충제가 인간에게 미치는 영향**

미국의 세균학자이자 실험병리학자인 르네 뒤보스 박사는 이렇게 말했다. "인간은 천성적으로 명확하게 드러나는 질병에만 신경을 쓰기 마련이다. 하지만 인간에게 가장 위험한 적은 눈에 잘 띄지 않은 채 슬그머니 나타나는 병이다."

눈에 잘 띄지 않은 채 곳곳에 만연한 화학물질로부터 인간은 자유로울 수 있을까? 살충제를 비롯한 화학물질이 인간의 몸에 미치는 영향은 어마어마하다. 하지만 그 문제를 인식하는 건 우리 몸의 변화를 느끼게 되면서부터다.

가장 대표적인 기관은 간이다. 간은 인간의 신체기관 중 가장 독특한데, 생리적 작용을 지배하기 때문에 경미한 손상에도 심각한 문제가 발생한다. 만약 간이 제 기능을 하지 못해서 외부에서 들어온 유독물질을 제거하지 못하면 몸 전체가 무너진다. 살충제는 간에 심각한 위협을 초래했고, 우리 몸의 방어선을 점점 취약하게 만들었다.

살충제를 비롯한 화학물질은 신경계에도 손상을 끼친다. 신경계 손상은 증상이 즉시 나타나지 않기 때문에 유독물질에 노출되고 한참 시간이 흘러야 결과가 나타난다. 신경 마비, 기억력 감퇴, 불면증, 악몽과 같은 문제들이다. 신경계 손상을 입게 되면 정신병과도 필연적으로 연결될 수밖에 없다.

실제로 살충제의 효율성을 연구하던 과학자, 온실 노동자, 농장 노동자 등을 조사해보니 기억력 감퇴, 정신분열, 우울증 등의 징후가 나타났다. 화학약품을 사용하기 전에는 모두 건강한 이들이었다. 정신착란, 환상, 조증으로 고생하는 경우도 있다. 그런데 더 슬픈 건 살충제의 위협이 여기서 끝나지 않는다는 것이다.

#염색체 영향 #유전자 변이 #암과의 전쟁

현대적인 살충제가 등장한 이후 백혈병 발병률은 서서히 증가하고 있다. 암 발생률 역시 높아지고 있다. 미국 인구동태통계국에서 조사한 바에 따르면, 1900년 전체 사망 원인의 4%에 불과하던 림프계와 혈액 생성 조직에서 발생하는 악성 질환이 1958년에는 15%까지 증가했다. 비소 증기에 노출된 이들은 피부암을 앓았고, 우라늄 광산에서 일하는 사람들은 폐질환, 폐암에 걸릴 확률이 높았다.

DDT는 간에 종양을 일으키는 물질로 의심받고 있으며, 제초제에 많이 사용되는 아미노트라이아졸은 실험 결과 동물에게 갑상선암을 일으키는 것으로 밝혀졌다. 특히 비소는 가축과 야생동물, 인간의 기능에도 장애를 일으켰다. 장염, 소화기 궤양, 간경화를 일으키고 뇌와 간에도 종양을 만들기 시작한 것이다. 남성보다 여성이, 성인보다 어린이가, 실내에 오래 머무는 사람일수록 이런 질병의 발병률이 높았다. 문제는 여기서 끝나지 않았다.

1961년 미국 인구동태통계국에서는 전국적 기형아 출산율을 조사했다. 이 조사는 선천적 기형이 발생하는 환경조건을 파악하기 위해 실시한 것이었다. 대표적인 원인은 방사능의 영향 때문이었지만, 상당수의 화학물질이 방사능과 유사한 결과를 만들어낸다는 사실을 알아냈다. 살충제를 비롯한 화학물질이 인간 염색체에 해를 끼치고 정상적인 세포 분열을 방해해 돌연변이를 일으킨다는 것이다.

염색체 변이로 나타나는 질병

다운증후군: 염색체가 정상인 46개보다 하나 더 많은 경우 생기는 병

터너증후군: 성염색체 하나가 없어 2차 성징이 제대로 나타나지 않는 병

클라인펠터증후군: 성염색체 중 하나가 중복되어 생기는 병

그중 몇 가지 질병과 이상 증세는 염색체 수가 정상과 다르기 때문에 발생하는데 대표적으로 다운증후군, 터너증후군, 클라인펠터증후군을 들 수 있다. 유전물질로 인한 질병은 다음 세대에까지 영향을 끼친다.

☑ Insight Point

☐ 살충제를 비롯한 화학물질에 노출되면 뇌, 간, 폐 등에 암 발생률 증가

☐ 신경계가 손상되면 신경 마비, 기억력 감퇴, 불면증, 악몽, 정신분열, 우울증, 정신착란 등 발생

☐ 염색체에 돌연변이가 발생하면 다운증후군, 터너증후군, 클라인펠터증후군, 만성백혈병 유발

자연의 반격, 인간의 선택은? ————

`#곤충의 막강한 저항력`　`#내성`　`#생물적 방제의 중요성`

곤충을 박멸하기 위해 만들어낸 살충제는 해충뿐 아니라 동식물, 나

아가 인간까지도 파괴하고 있다. 그렇다면 최초의 목적이었던 '해충 박멸'에는 얼마나 성공했을까? 화학 방제를 통해 없애려던 해충의 수가 오히려 놀라울 정도로 증가했다. 해충은 화학물질에 대해 막강한 저항력을 갖게 됐고, 화학물질의 위험으로부터 조금씩 벗어나고 있다. 새로운 화학물질은 계속 만들어지고 살충제 사용에 대한 열망도 증가했지만, 문제 해결에는 아무 진전이나 도움도 되지 않았다.

1960년 응용곤충학자의 98%는 화학살충제 관련 연구에 몰두했는데, 이는 당시 화학회사들이 살충제 연구와 관련해 많은 대학에 연구비를 퍼부었기 때문이다. 그렇게 살충제가 만들어지고, 인간은 자연에 마구잡이로 사용했다. 즉각적인 결과를 원하는 이들이 장기적인 손익을 계산하지 않고 '단순비용'만 계산해 오류를 일으킨 것이다.

우리는 불편한 진실과 마주해야 한다. 화학물질을 대규모로 살포하면 주변 환경은 물론 이 환경에 의지하는 생물의 건강에도 심각한 손상을 준다. 장기적 관점에서 볼 때 금전적 비용이 더 많이 발생하게 된다. 살충제를 살포하는 데 수고와 비용을 투자하지 않았다면 오히려 지금보다 자연이 더 나은 상태였을지도 모른다. 그렇게 훼손된 자연을 회복하기 위해 다시 비용이 필요하지도 않을 것이다.

살충제와 같은 화학물질을 사용하지 않고 해충을 억제할 수 있는 방법은 없을까? 미국의 한 지역에서는 가문비나무벌레를 억제하기 위해 기생충을 활용했다. 자연을 보호하면서도 해충을 없애는 방법을 찾은 것이다. 기생충은 가문비나무벌레의 '자연방제' 역할을 했는데, 살충제를 사용했을 때보다 더 효과적인 결과가 나타났다. 화학방제를 대신

할 수 있는 대안은 무궁무진하다.

첫 번째 방법은 천적을 이용한 생물적 방제다. 무당벌레, 사마귀 등은 해충을 씹어 먹거나 체액을 빨아먹는 방식으로 해충을 제거한다. 기생벌과 기생파리 등은 해충의 몸에서 천적의 애벌레를 자라게 하는 방식으로 해충을 없앤다. 실제로 전 세계 40여 개국에서 천적을 수입하는 방식을 통해 해충을 박멸했고, 성공 사례가 자주 보고되고 있다. 두 번째로 곤충이 만드는 여러 물질을 모방해 해충에 대응하는 무기로 사용하는 방법이 있다. 혹은 초음파를 이용해 모기 유충을 죽이는 방식처럼 소리로 특정 개체를 직접 박멸하는 방법을 사용할 수도 있다.

☑ Insight Point

☐ 해충이 살충제, 화학물질에 대한 내성을 갖게 됨

☐ 화학방제 때문에 오히려 해충의 개체수가 늘어나는 문제

☐ 화학물질을 사용하지 않고 효과적으로 방제하는 방법

: 천적 활용, 곤충이 만드는 물질을 모방해 해충에 대응, 초음파나 소리를 이용해 특정 개체를 직접 박멸하는 방법 등

1945년 살충제에 내성을 지닌 곤충은 12종 정도였다. 1960년대 이르면서 무려 137여 종의 주요 곤충이 화학물질에 내성을 보이기 시작했다. 이것은 무엇을 의미할까? 화학물질의 무분별한 사용이 적절한 대안이 되지 못함을 의미한다.

레이첼 카슨 《침묵의 봄》

'자연을 통제한다'는 건 인간의 오만한 생각이다. 자연은 인간의 편의를 위해 존재하지 않는다. 우리는 원시적 수준의 과학이 끔찍한 무기가 되어가고 있다는 사실, 곤충을 향해 겨눈 무기가 지구 전체를 향하고 있다는 사실을 깨달아야 한다. 자연의 반격 앞에서 우리는 어떤 선택을 할 것인가? 그 선택에 따라 우리의 미래 역시 달라질 것이다.

생각해봅시다

✽ 1960년대 쓰인 이 책이 아직도 유의미하게 읽히는 이유는 무엇일까?

✽ 과거에 살충제, 제초제 등이 환경오염에 가장 큰 위협이 되는 물질이었다면 오늘날 환경을 오염시키는 주범은 뭐라고 생각하는가?

✽ 환경을 지키기 위해 당신은 어떤 노력을 하고 있는가?

✽ 환경을 위해 국가적 차원에서 가장 빨리 바뀌어야 할 정책은 무엇이라고 생각하는가?

Chapter 12

팀 마샬

지리의 힘

우리 삶의 모든 것은 지리로부터 시작되었다

지정학에 관한 한 상상할 수 있는 최고의 책 중 하나.
다루는 사안이 복잡한데도
쉽사리 손에서 뗄 수 없다는 점이 놀라울 뿐이다.

– 〈이브닝스탠다드〉

한층 복잡하면서도 서로 연결된 지금의 세계에서
이 책은 지리와 지경학, 지정학에 대한
간결한 개론서이자 입문서로서 손색이 없다.

– 〈뉴스위크〉

여러분은 지리를 어떻게 생각하는가? 지리가 당신의 인생을 좌우한다면, 나아가 세계 경제와 세계사에 영향을 끼친다면 믿겠는가? 여기 우리 삶의 모든 것이 지리에서 시작되었고, 지리를 알지 못하면 세상을 제대로 이해할 수 없는 시대가 되었다고 주장하는 인물이 있다. 《지리의 힘》의 저자, 팀 마샬이다.

팀 마샬은 30년 이상 외교 전문가이자 국제문제 전문기자로 활동했다. 크로아티아, 보스니아, 마케도니아, 코소보, 아프가니스탄, 이라크, 레바논, 시리아 등 40곳이 넘는 국가를 다녔고, 각 지역에서 발생한 갈등과 분쟁을 취재했다.

그는 12개의 전쟁을 종군하면서 산맥, 하천 등의 물리적 지형뿐 아니라 기후, 인구, 천연자원을 포함한 지리적 요인이 정치와 군사전략, 언어, 종교, 교역, 문화 등의 국제적 현안에 영향을 끼친다는 사실을 발견하고 지정학에 관심을 가졌다.

팀 마샬은 과거, 현재, 미래를 주시하면서 2015년 자신이 직접 겪은 경험을 더해 《지리의 힘》을 출간했다. 그는 책에서 지리가 세계사를 결정하는 데 가장 중요한 요소 중 하나라는 주장을 굳건히 했다. 《지리의 힘》은 출간되자마자 미국, 독일, 영국에서 베스트셀러에 등극했고, 국내에서도 대형서점 국제관계 분야에서 1위를 차지했다.

전 세계적으로 100만 부 넘게 판매된 《지리의 힘》의 원제는 'Prisoners of Geography', 번역하면 '지리의 포로들'이다. 팀 마샬은 왜 이런 표현을 썼을까? 우리는 이 책을 통해 지리가 우리 삶에 어떤 영향을 끼치고, 어떻게 세계경제를 좌우하는지 이해하게 된다. 미처 깨닫지 못했던 놀라운 지리의 세계로 여러분을 초대한다.

역사상 가장 축복받은 땅, 미국 ─────

#지리라는 복권에 당첨된   #침략 불가의 땅

만약 당신이 복권에 당첨돼 살고 싶은 나라에 땅을 사려고 마음을 먹었다면, 어느 나라의 땅을 사겠는가? 부동산 중개인이 가장 먼저 소개할 곳은 바로 미국일 것이다. 지구상 수많은 국가 중 왜 하필 미국일까? 미국은 흔치 않은 지리적 위치를 확보해 침략과 정복이 거의 불가능한 나라로, 세계 어느 곳보다 안전하기 때문이다. 지리적으로 축복받은 이 나라의 광활한 국토는 크게 세 부분으로 나뉜다.

먼저 애팔래치아산맥 방향으로 향하는 동부 연안의 평원 지대는 항해가 가능한 강들 덕에 수원이 풍부하고 토양이 비옥하다. 좀 더 서쪽으로 가면 로키산맥 방향으로 뻗어가는 대평원이 나오는데, 이 지역 안에 거대한 미시시피 유역이 펼쳐져 있다. 이 강은 플로리다반도와 멕시코만으로 흘러간다. 로키산맥을 넘으면 사막이 나오고 시에라네

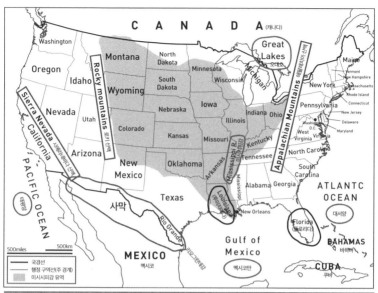

	동부 연안 평원 지대	중앙 대평원	서부 좁은 연안 평지
바다	대서양	미시피시강 → 멕시코만	태평양
산맥	애팔래치아산맥	로키산맥	시에라네바다산맥
그 외	항해가 가능한 강이 있어 수원이 풍부하고 토양이 비옥	북쪽에는 오대호와 캐나다 순상지	남서쪽에는 사막

미국의 지형과 지리 구분

바다산맥과 좁은 연안 평지가 나온다. 그 뒤로 드넓은 태평양이 펼쳐져 있다. 북쪽에는 거대한 호수군을 이루고 있는 오대호가 있고, 오대호 위로는 인간이 정착하기 어려운 세계에서 가장 넓은 선캄브리아대 암석 지구인 캐나다 순상지가 있다. 남서쪽은 사막이 차지하고 있다. 이렇게 미국은 대서양부터 태평양에 이르는 거대한 땅을 지배하고 있다. 유사 이래 가장 강력한 세력이 될 수밖에 없는 이유다.

미국은 방어 부대가 뒤로 물러날 수 있는 전략적 깊이가 있기 때문에 다른 나라에서 무력으로 침범하기 어려운 존재가 된다. 게다가 한쪽 연안에서 반대쪽 연안까지 4,828km, 서울에서 부산까지 거리의 약 10배나 되는 대륙을 짧은 시간 안에 통합했기 때문에 더 강력한 세력을 얻을 수 있었다. 그 비결은 무엇이었을까?

#전략적 영토 구입과 확장   **#신의 한 수**

17세기 미국 땅에 처음 발을 들인 유럽인들은 동부 연안에 정착했다. 이곳은 천연 항만과 비옥한 토지를 갖추고 있어 그들의 모국과 달리 자유로운 삶을 누릴 수 있었다. 이와 같은 미 대륙의 지리적 특성은 수많은 유럽인을 끌어들였다. 결국 1732년 조지아주를 마지막으로 대서양 연안 동부 지역에 있는 초기 13개의 식민지주(뉴햄프셔주, 매사추세츠주, 로드아일랜드주, 코네티컷주, 뉴욕주, 뉴저지주, 펜실베이니아주, 메릴랜드주, 델라웨어주, 버지니아주, 노스캐롤라이나주, 사우스캐롤라이나주, 조지아주)가 성립되었다.

13개의 식민지주는 이후 독립전쟁을 일으켜 동쪽으로는 대서양부터, 서쪽으로는 애팔래치아산맥에 이르는 지역을 하나로 묶었다. 새로운 국가의 탄생이었다. 하지만 한계가 있었다. 애팔래치아산맥이 서쪽 영토로 가는 길을 가로막았다. 1800년대 초, 신생국가의 지도자는 현재 자신이 남쪽 바다 혹은 태평양에서 1,600km나 떨어져 있다는 생각을 하지 못한 채 미시시피까지 돌파하기 시작했다.

미국의 영토 확장 과정

당시 막 걸음마를 뗀 미국은 안전한 나라가 아니었다. 애팔래치아산 맥 서쪽의 오하이오강까지 진출했지만, 뉴올리언스로 내려가는 서쪽 하구가 프랑스 지배하에 있었기 때문이다. 뉴올리언스는 멕시코만에 서 현재 미국의 심장부라 할 만큼 광활한 서부 지역과 교역할 수 있는 주요 지역이었다. 프랑스는 골치 아픈 주인이었으나 미국은 놀랍게도 전쟁 한 번 치르지 않고 뉴올리언스를 차지해 영토를 두 배로 늘릴 수 있었다.

미국은 이때 어떤 방법을 썼을까? 바로 '구매'였다. 미국은 뉴올리 언스가 있는 루이지애나 지역 전체의 지배권을 1천5백만 달러를 주고 사들였다. 당시 프랑스의 나폴레옹은 이곳이 쓸데없는 땅이라 생각했 고, 군비가 필요했기 때문에 미국에 루이지애나 땅을 넘긴 것이다. 미국이 사들인 땅의 면적은 오늘날 스페인, 이탈리아, 프랑스, 영국, 그리고 독일을 합친 넓이와 맞먹는 것으로, 이를 통해 미국은 지리적으로 전략적 깊이를 확보함과 동시에 방대하고 비옥한 토지, 사업을 펼치기에 적합한 대서양 항구들을 얻게 되었다. 또 동부 해안을 새 영토와 연결해주는 동서 루트를 확보했고, 북에서 남으로 흐르는 물줄기는 인구 밀도가 낮은 지역들을 서로 묶어주면서 단일한 통합체를 만들어냈다. 미국에게 루이지애나 지역 구입은 '신의 한 수'였다.

#텍사스를 둘러싼 영토 분쟁   **#미대륙의 완성**

이제 미국은 스페인만 내보내면 대륙의 강대국이 될 수 있는 상황이 되었다. 당시 스페인은 나폴레옹과 전쟁을 치르느라 이미 지칠 대로 지쳐 있었기 때문에 어렵지 않게 내쫓을 수 있었다. 미국에게는 천운이었다.

미국이 세미놀족을 스페인령인 플로리다까지 밀어내자 스페인은 머지않아 정착민이 밀려오리라는 것을 감지했다. 그래서 1819년 플로리다뿐 아니라 현재 캘리포니아와 오리건의 경계인 극서부 지역까지 모두 미국에 넘겼다. 그리하여 미국은 태평양까지 이르게 되었다. 그런데 계획에 없던 문제가 발생했다. 스페인의 지배를 받던 멕시코의 독립이었다.

1821년 독립한 멕시코는 캘리포니아 북부 끝까지 지배하고 있었고, 오늘날 텍사스를 포함한 동쪽 지역으로 영향력을 확대했다. 미국과 멕시코는 뉴올리언스에서 불과 320여 *km* 떨어진 곳에서 마주 보게 되었고, 두 국가 사이에 영토 분쟁이 시작됐다. 미국은 멕시코가 지배하고 있던 땅을 차지하기 위해 기존 미국인들과 새 이주민들을 멕시코 접경 지대에 정착하도록 장려했고, 인구를 늘리기 위해 언어와 관습을 근절시키는 등 동화와 진흥책을 실시했다.

1830년대 중반이 되자 텍사스에는 멕시코를 힘으로 밀어붙일 수 있을 만큼 많은 수의 백인 정착민이 자리를 잡았다. 스페인어를 쓰는 멕시코인 인구는 수천 명을 조금 넘긴 반면, 신교도 정착민의 수는 2만 명에 육박했다. 텍사스는 미국의 돈과 무기, 사상의 수혜를 받자 독립을 선언했고, 1835년부터 이듬해까지 텍사스 혁명을 일으켰다.

결국 텍사스는 독립을 쟁취한 후 1845년 미국에 귀속되었고, 1846년부터 2년간 벌어진 멕시코와의 전쟁에서 미국과 힘을 합쳐 싸워 남쪽의 이웃 멕시코를 제압했다. 이렇게 텍사스를 얻음으로써 캘리포니아, 뉴멕시코 그리고 현재의 애리조나 지역, 네바다, 유타, 콜로라도 일부가 포함된 미국의 대륙 경계가 형성됐다.

#막강한 해군력 #경쟁자 없는 초강대국

주변국과의 영토 전쟁에서 승리한 미국이 다음으로 눈길을 둔 곳은 어디였을까? 미국은 건너편에 있는 나라들에 안정적으로 접근할 권리를 확보하기 위해 과감히 바다로 진출했다.

먼저 1867년 미국은 러시아에게 720만 달러를 주고 알래스카를 구입했다. 지금 생각하면 말도 안 되는 헐값이지만, 당시 수많은 사람들은 이 거래를 성사시킨 국무장관 윌리엄 슈어드를 손가락질했다. '눈만 한 보따리를 산 꼴'이라고 비아냥대며 미친 짓이라고 조롱했다. 하지만 그로부터 29년 후 상황은 완전히 달라졌다. 알래스카의 가치가 갑자기 올라갔다. 알래스카에서 금광이 발견된 것이다. 알래스카의 행운은 여기서 끝나지 않았다. 수십 년이 더 흐른 뒤, 알래스카에서 거대한 유전까지 발견됐다.

미국은 대양 해군을 육성하는 데 심혈을 기울였고, 다른 나라 해안에 안전하게 접근할 수 있는 길을 도모하기 시작했다. 그런데 그 길을 스페인이라는 벽이 가로막고 있었다. 미 본토에서는 스페인을 쫓아냈지만 쿠바와 푸에르토리코 그리고 현재의 도미니카공화국 일부를 여전히 스페인이 지배하고 있었기 때문이다.

플로리다에서 살짝 벗어난 곳에 위치한 쿠바는 미국에게 중요한 나라였다. 쿠바를 지배하면 플로리다 해협과 멕시코만의 유카탄 해협으로의 접근은 물론 향후 지배까지도 가능해지기 때문이었다. 뉴올리언스 항의 출구이자 입구이기도 했다. 미국은 스페인과의 전쟁을 선포했고 승리를 통해 쿠바, 푸에르토리코, 괌은 물론 필리핀에 대한 지배권까지 손에 넣었다. 이렇게 카리브해에 성큼 다가간 미국은 여기서 그치지 않고 하와이의 퍼시픽 아일랜드를 합병하며 전 세계를 향해 무력시위 이상을 보여주었다.

1907년 12월, 미국에서 대서양 부대의 전함 16척이 출발했다. 이들의 항해는 하나의 강렬한 외교적 시그널이었다. 전함들은 수개월에 걸쳐 브라질, 칠레, 멕시코, 뉴질랜드, 오스트레일리아, 필리핀, 일본, 중국, 이탈리아 그리고 이집트까지 전 세계 20여 항구를 방문했다. 전 세

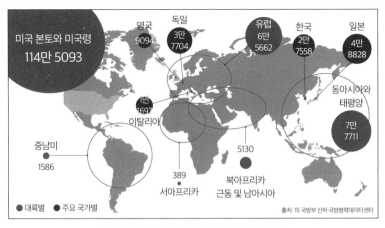

미국 본토와 미국령
114만 5093

영국
9094

독일
3만
7704

유럽
6만
5662

한국
2만
7558

일본
4만
8828

동아시아와
태평양

1만
1697
이탈리아

중남미
1586

389
서아프리카

5130

북아프리카
근동 및 남아시아

7만
7711

● 대륙별   ● 주요 국가별

출처: 미 국방부 산하 국방병력데이터센터

해외 주둔 미군 현황(단위: 명, 2015년 6월 기준)

계 바다로 뻗어 나갈 수 있게 된 미국은 되도록 바깥 세계와의 분쟁이
나 동맹을 피하면서 자신들의 해상을 관리했다.

그러나 제2차 세계대전으로 모든 상황이 달라졌다. 미국은 세계 최
강의 경제 대국, 최강의 군사 대국으로서 일본과의 전쟁에서 한 치의
영토도 양보할 생각이 없었다. 세계의 해상 항로를 통제할 필요를 느낀
것이다. 이때 미국은 어떻게 했을까? 미국은 19세기 영국이 해군력을
행사하고 수호하기 위해 건설한 전진기지를 가져야겠다고 생각했다.

1940년 가을, 기회가 찾아왔다. 독일에게 공습을 당한 영국은 더 많
은 군함이 절실했다. 이때 미국은 50척 정도의 군함이 있었다. 서로의
이해관계가 맞았던 미국과 영국은 협상을 통해 기지와 구축함을 맞바
꿨다. 그렇게 서반구의 영국 해군 기지 대부분이 미국의 손에 넘어갔
다. 미국은 일본과의 전쟁에서 승리한 후 일본이 어느 정도 소유권을

가진 태평양과 괌 전역에 항구와 활주로, 튼튼한 격납고, 연료저장고, 특수부대 훈련장을 건설했다. 심지어 동중국해에서 일본의 오키나와 섬까지 직접 기지를 설치했다.

미국은 해상뿐 아니라 육지에서도 확실하게 자리 잡았다. 1949년 워싱턴 정부는 북대서양조약기구 '나토NATO'의 창설을 주도해 독일에 잔류하는 서방 군사력의 지휘권을 넘겨받았다. 나토의 민간인 수장은 1년은 벨기에가, 다음 해엔 영국이 맡게 되지만 군사령관은 늘 미국인이 맡는다. 지금까지도 나토의 가장 큰 화력 부대는 미국이다. 나토의 창립 멤버인 아이슬란드, 노르웨이, 영국, 이탈리아가 자국의 기지에 대한 미국의 권한과 접근을 보장해줌으로써 미국은 태평양뿐 아니라 북대서양과 지중해의 패권까지 거머쥐게 되었다.

☑ Insight Point

☐ 동부 연안에서 자리 잡은 후 전략적인 영토 구입 및 분쟁을 통해
  대서양부터 태평양까지 지배하며 초강대국으로 떠오른 미국

☐ 프랑스에서 루이지애나, 스페인에서 캘리포니아 및 극서부 지역,
  멕시코로에서 텍사스, 러시아에서 알래스카를 확보하며 막대한 영토 구축

☐ 막강한 해군력으로 전 세계에 군대 기지를 설치하며 세계 패권을 차지한 미국

세계 최강 미국의 대항마로 떠오른 중국 ─────

2006년 10월, 미국과 중국 사이를 달군 엄청난 사건이 벌어진다. 미국의 1천 피트 급 항공모함 키티호크호가 이끄는 초대형 항공모함 대대가 일본 남부와 대만 사이에 있는 동중국해를 통과하는 순간이었다. 미 항공모함 군단 사이에서 중국 해군 잠수함이 아무 경고도 없이 불쑥 솟아오른 것이다. 미국은 중국 잠수함이 쥐도 새도 모르게 움직일 수 있다는 사실에 감탄하면서도 정작 자신들이 이 사실을 눈치 채지 못했다는 점에 화가 났다.

중국의 행동은 엄연한 도발이었다. 미국은 즉시 항의했다. 이에 중국은 다음과 같이 답했다. "이런! 우리 앞바다라서 별생각 없이 그랬는데, 그게 당신네 함대 한복판이었다니 엄청난 우연의 일치네요!" 그동안 변변한 해군력을 갖추지 못했다고 알려진 중국이 어느새 대양 해군력을 구축해 미국을 위협한 것이었다.

현재의 경제발전 속도를 감안하면 중국이 미 해군에 필적할 만한 날이 얼마 남지 않은 것도 사실이다. 심지어 중국은 대양 해군력과 해양 항로를 구축하기 위해 유례없는 전략을 펼치며 국제적 영유권 분쟁을 일으키고 있다. 중국이 선택한 전략은 무엇일까?

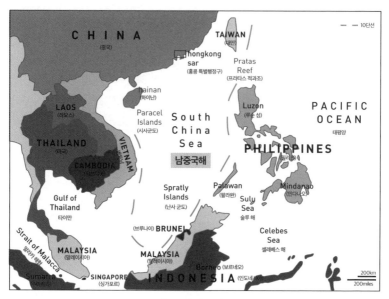

남중국해와 10단선

    중국과 태평양 사이에는 베이징 당국이 '제1열도선'이라 칭하는 다도해가 펼쳐져 있다. 여기에는 베트남, 인도네시아, 필리핀, 대만 해안선으로부터 근접한 지역에 10개의 가상 기준선을 그어놓은 10단선이 있다. 중국은 10단선을 자국의 영토로 표시하겠다고 주장하며, 자존심을 걸고 이 항로에 대한 통제권을 행사하려고 한다. 왜 중국은 이웃 국가들과의 관계에 균열을 내면서까지 자국의 영토로 표시하려는 걸까?

    지정학적으로 제1열도선을 통과하지 않고는 전 세계에서 가장 중요한 남중국해의 대양 항로에 진출할 수 없기 때문이다. 평상시에 이 통로는 여러 지역으로 개방되어 있지만 전시에는 어렵지 않게 봉쇄할 수 있다. 이는 곧 중국이 봉쇄될 수 있다는 의미이다. 그리고 중국은 태평양을 향하든 인도양을 향하든 남중국해를 지나야 한다. 이런 이유로 중국은 남중국해의 거의 전 지역은 물론 그 아래를 묻혀 있을 것으로 여겨지는 에너지 공급로의 소유권도 주장하고 있다.

중국이 영유권 다툼에서 유리한 고지를 점하기 위해 사용한 방법은 무엇일까? 중국은 준설과 간척사업을 병행하면서 분쟁 대상인 일련의 암초들과 산호섬을 인공섬으로 만들었다. 예를 들어 '파이어리 크로스 리프'는 이름 그대로 단순한 암초였다. 그런데 중국이 항만과 활주로를 건설해 난사군도의 섬으로 만들어버린 것이다. 중국은 전투기를 착륙시킬 수 있게 되었고, 현재의 영공을 넘어서는 항공통제권까지 확보할 수 있었다. 2015년 미국은 중국의 이러한 행동을 주권 행위로 볼 수 없고, 국제항공 및 해상운송의 규제 대상이라고 말했다. 하지만 중국은 무슨 수를 써서라도 이 항로를 지키려고 한다.

또 중국에게는 중요한 바다가 있다. 가스전이 발견된 동중국해다. 중국 정부는 이 지역 대부분을 방공식별구역으로 선포해 동중국해를 통과해 비행하려는 자는 그 누구든 사전 통보할 것을 요구하고 있다. 이제 중국은 인접한 바다뿐 아니라 태평양과 인도양을 아우르는 대양 강국이 되어 미국을 넘어서려 하고 있다.

#지리의 보호를 받는 중국 **#만리장성과 대운하**

여기서 한 가지 궁금증이 생길 수 있다. 4천 년이라는 유구한 역사를 가진 중국이 훨씬 늦게 탄생한 미국보다 해양강국으로의 발전이 늦

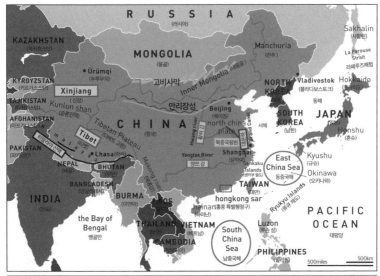

	동쪽	서쪽	남쪽	북쪽
천연 장벽	러시아 국경선에는 거대한 황무지	인도 국경선에는 히말라야산맥	미얀마&라오스 국경선에는 정글 지대	몽골 국경선에는 고비 사막

중국의 지형과 지리 구분

었던 이유는 무엇일까? 중국은 4천 년 동안 드넓은 영토를 평정하는데 힘썼기 때문이다. 중국의 지리적인 특성을 보면, 효과적인 방어와 교역이 가능하면서 지리의 보호를 받는 강대국의 형태다.

중국 문명은 중국식으로 '중원'이라 언급되는 북중국평원에서 시작됐다. 43만 2천km^2에 달하는 평원은 주요한 황허강, 양쯔강 두 개의 강이 흐르는 넓고 비옥한 평지로, 중국의 심장부라 할 수 있다. 기원전 1500년 무렵, 여기서 가장 초기의 고대국가 형태인 왕조가 탄생했으며 훗날 한족이 되는 민족이 시작됐다. 북중국평원은 정착과 농경 생활에 적합한 지형이다 보니 초기 한족 왕조들은 자신들을 에워싸고 있는 이 민족의 위협을 느꼈다. 특히 용맹한 유목민 전사들을 보유한 몽골은 두려운 존재였다.

그리하여 중국은 내부를 평정하고 확장한 다음, 바깥 세계로 움직인다는 전략을 세웠다. 중국과 몽골 사이에는 고비 사막이 있었지만 만리장성이라는 인공구조물을 건설해 영토를 방어했다. 만리장성이 처음 축조되기 시작한 건 기원전 200년대였다. 현재 우리가 인정하는 중국이라는 형태가 형성되기 시작한 것도 이 시기부터였다. 하지만 오늘날의 국경선이 확정되기까지 무려 2천 년이 더 걸렸다.

서기 605년부터 609년 사이 수세기에 걸친 공사 끝에 인간이 만든 가장 긴 수로 '대운하'가 황허와 양쯔강을 이었다. 황허와 양쯔강 사이에 있던 기존의 천연 지류들을 연결해 배가 다닐 수 있는 수로로 만든 것이다. 대운하 덕분에 남쪽에서 북쪽으로의 물자 공급이 가능해지면서 남북을 통합할 수 있었다.

#포기할 수 없는 땅 #신장과 티베트

영토 확장에 힘쓰는 중국이 절대 포기할 수 없는 지역 두 곳이 있다. 바로 신장과 티베트다. 넓이 166만㎢의 신장 지역은 러시아, 몽골, 카자흐스탄, 키르기스스탄, 타지키스탄, 아프가니스탄, 파키스탄, 인도까지 무려 8개의 나라와 국경을 맞대고 있어 언제든 공격을 받을 수 있는 곳이다. 하지만 중국 심장부에서 멀리 떨어져 있어 신장 지역만 지배한다면 8개의 나라로부터 중국 심장부를 보호할 수 있게 된다. 게다가 신장 지역에는 다량의 원유가 매장되어 있고 중국 핵무기 실험장도 있어 중국에게는 전략적으로 중요한 곳이다.

티베트 역시 인도의 공격에서 중국의 심장부를 보호할 수 있는 땅이기 때문에 중요한 지역이다. 중국과 인도는 히말라야산맥을 가운데 두고 팽팽히 맞서고 있는데, 실질적인 국경은 티베트와 인도이기 때문에 중국은 티베트를 통제하려고 하는 것이다. 만약 인도가 티베트 고원의 통제권을 얻으면 중국의 심장부로 밀고 들어갈 수 있는 전초 기지를 확보하게 된다. 게다가 중국의 주요 강인 황허, 양쯔, 메콩강의 수원을 끊어버릴 수 있다. 티베트는 중국의 급수탑이나 마찬가지다. 미국에 버금가는 물을 사용하지만 인구는 다섯 배나 많은 중국으로서는 티베트를 포기할 수 없다.

중국이 신장과 티베트를 합병하기 위해 사용한 전략은 무엇일까? 신장과 티베트에 철도와 도로 건설 등 전폭적 투자를 통해 근대화를 이루게 도왔다. 그리고 한족 노동자와 한족 정착민을 신장과 티베트에 이주시켜 지역을 장악하기 시작했다. 신장 지구의 수도인 우루무치에서 136km 떨어진 스허쯔 시에는 총 65만 명의 주민이 사는데 이 중 62만 명이 한족이다. 신장 전체로 보면 한족의 비중이 40%에 달한다. 티베트에서도 티베트인은 찾아볼 수 없게 된 것이다.

이에 티베트인들의 고난을 알리려는 승려들의 분신과 자유 티베트 운동이 이어지고 있지만 중국의 탄압은 계속되고 있다. 신장과 티베트는 중국의 부당한 점령을 규탄하며 한족 정착 정책에 대해 항의하고

있지만, 인권 문제를 외면한 채 지정학적 안보만을 생각하는 중국은
신장과 티베트를 포기할 의사가 전혀 없다.

#막대한 자금력으로 전 세계를 주무르는 중국

중국은 대륙과 해양을 넘어 중앙아메리카와 아프리카까지 영향력
을 행사하며 전 세계로 뻗어 나가려고 한다. 중앙아메리카는 지리적
측면에서 보면 살아나가는 데 유리하지 않은 곳이지만, 지금까지 지리
적 조건의 수혜를 입은 나라가 있다. 바로 파나마다.

1914년 대서양과 태평양을 잇는 $80km$의 파나마 운하가 개통됐다.
덕분에 대서양에서 태평양까지 가는 선박들은 무려 $12,874km$의 이동
을 절약했으며 운하 지역의 경제도 성장했다. 파나마 운하는 미군과
파나마 해군이 관리하는 중립적 국제 수로인데 중국에게는 이곳이 문
제였다. 초강대국이 되고 싶은 중국은 자국의 상품과 해군이 편하게
드나들 수 있되 지속적으로 열려 있는 해상로가 필요했다. 파나마 운
하는 중립적인 통로라고 하지만, 따지고 보면 결국 미국의 호의에 기
대고 있는 지역이었다.

그래서 중국은 5백억 달러를 투자해 니카라과에 운하를 직접 건설
하기로 결심했다. 니카라과 대운하는 파나마 운하보다 더 길고 폭이
더 넓을 뿐만 아니라 수심도 깊어 큰 유조선과 컨테이너 운반선도 운
항할 수 있다. 중국은 느리지만 확고하게 미국의 자리를 대신해 이 지
역에서 주요 교역국의 지위를 차지하려 한다. 중국의 라틴아메리카 투
자에 있어 핵심인 것이다.

중국은 건설 사업에 투자하는 것만큼이나 라틴아메리카 정부에게 막대한 양의 돈을 빌려주는 일에 신경 쓰고 있다. 뿐만 아니다. 라틴아메리카 국가들이 미국은 물론 미국 시장에 대한 의존도를 조금씩 줄이도록 돕는 중이다. 중국은 미국과 자연스러운 친밀감을 형성하지 못하고 있는 라틴아메리카 국가들을 이용해 무기를 팔거나 기증을 하고 있으며 군사 교류까지 제안하고 있다. 그 결과 브라질 시장에서 중국이 미국을 대신해 최대 교역 상대국의 지위를 차지하게 되었다.

중국은 아프리카 대륙 구석구석까지 개입하고 있다. 라이베리아에서는 철광석을 찾아 나서고, 잠비아에서 구리를 캐고, 콩고민주공화국에서는 구리와 코발트를 캐가고 있다. 또 케냐 몸바사 항만 개발 사업을 지원했으며 케냐의 석유 자산을 겨냥해 몸바사와 수도 나이로비를 잇는 140억 달러짜리 철도 공사를 진행하고 있다. 이 외에도 나이로비와 남수단을 연결하거나 우간다와 르완다를 가로지르는 계획 또한 추진 중이다.

중국의 관심은 니제르에도 확장되어 니제르 중심부에 있는 테네레 유전 지대의 소규모 유전에 투자도 진행 중이다. 지난 10년간 중국은 앙골라에도 80억 달러가 넘는 액수를 투자했다. 그 규모는 해마다 늘어나고 있다. 중국은 전 세계의 나라에 개입하며 미국을 뛰어넘어 세계 최강국이 되고자 한다. 과연 중국은 미국을 위협할 만한 초강대국이 될 수 있을까?

□ 미국을 대적할 만한 해양강국을 꿈꾸며 남중국해와 동중국해 분쟁을

　　초래한 중국

□ 국경을 접하는 국가들의 공격을 막기 위해 중국이 절대 포기할 수 없는 지역은

　　신장과 티베트

□ 중앙아메리카 및 아프리카 등지에 막대한 자금력을 행사하며

　　미국을 견제하는 중국

가장 넓은 영토를 가졌지만
지리의 공격을 받은 러시아 ─────

　#국토 면적 1위　　#지리의 축복과 저주를 동시에 받은 땅

　전 세계적으로 가장 넓은 땅을 가진 나라는 러시아다. 러시아의 면적은 무려 1천 7백 9만km^2에 달한다. 미국이나 중국의 2배, 인도의 5배, 영국의 15배, 우리나라의 120배에 해당하는 크기다. 게다가 표준시간대가 무려 11개나 된다. 21세기인 지금도 러시아를 기차로 횡단하려면 약 일주일은 잡아야 한다.

　유럽과 아시아에 걸쳐 있는 러시아는 우랄산맥을 기준으로 서쪽에는 유러피언 러시아가, 동쪽에는 시베리아로 베링해와 태평양까지 뻗어 있다. 러시아는 어떻게 가장 넓은 땅을 차지할 수 있었을까?

9세기, 한창 제국을 확장해나가던 몽골인들은 러시아 남부와 동부 지역을 끊임없이 괴롭혔다. 13세기 무렵이 되자 이들의 공세는 정점에 치달았고, 결국 러시아는 모스크바 북동쪽과 그 주변에 터를 잡았다. 모스크바 대공국으로 알려진 초기 러시아는 방어력이 취약했다. 산지는 물론 사막도 없고 변변한 하천도 드물었다. 사방이 허허벌판인 데다 동남쪽의 평원 지대를 넘어서면 바로 몽골인의 땅이었다.

　　러시아 영토에는 천연 방어 지역이 거의 없었기 때문에 침입자는 마음만 먹으면 언제든 진격해올 수 있었다. 그러나 러시아는 조심스레 땅을 확장해갔다. 러시아는 동쪽의 우랄산맥 지대와 남쪽의 카스피해, 그리고 북으로는 북극권 한계선까지 잠식해갔다. 카스피해에 대한 접근 권한을 획득하자 러시아는 흑해까지 손을 뻗었고, 몽골 제국을 부분적으로 차단하기 위해 캅카스산맥을 활용했다. 17세기에도 러시아의 확장은 이어졌다. 러시아는 우랄산맥 쪽으로 밀어붙이고 시베리아 쪽으로 파고들어 마침내 동쪽 태평양 연안의 모든 땅을 차지했다. 현재 우리가 알고 있는 러시아 영토가 확립된 것이다.

　　18세기에 들어서면서 보다 안전해지고 강력해진 러시아는 우크라이나를 점령하고 카르파티아산맥까지 이르러 현재 발트해 국가들인 리투아니아, 라트비아, 에스토니아까지 손에 넣었다. 러시아의 심장이라 할 수 있는 모스크바를 에워싸는 거대한 고리가 완성된 것이다. 북극에서 시작하는 이 고리는 발트해 지역으로 내려와 우크라이나를 지나고 카르파티아산맥, 흑해, 캅카스산맥과 카스피해, 우랄산맥을 두루 돌아 다시 북극권 한계선까지 뻗어 올라간다.

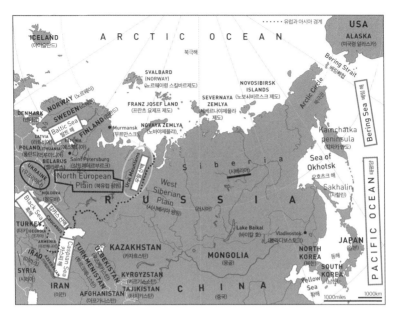

러시아의 지형

유럽의 강대국 러시아를 지켜주는 건 지리였다. 이런 러시아에게 전략적으로 중요한 의미를 가진 곳이 있었으니, 바로 러시아 서쪽에 자리 잡고 있는 V자 모양의 북유럽 평원이다. 북유럽 평원은 프랑스에서부터 우랄산맥까지 남북으로 장장 1천 6백*km*나 뻗어 있어 자연스럽게 유럽과 아시아를 가른다.

북쪽 발트해부터 남쪽 카르파티아산맥까지 내달리고 있는 북유럽 평원은 프랑스, 벨기에, 네덜란드, 독일의 북서 지역을 아우르는 한편 폴란드 국토의 거의 전부를 차지한다. V자 모양의 좁은 통로는 다른 나라들의 모스크바 진격을 저지한다. 혹여 진격했다 하더라도 V가 넓

우리 삶의 모든 것은 지리로부터 시작되었다   381

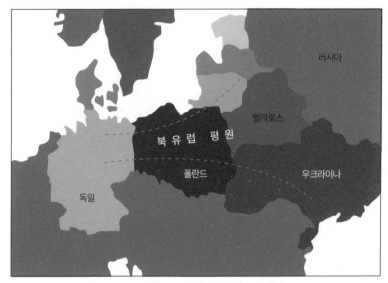

V자 모양의 북유럽 평원

어지기 시작하는 지점부터 러시아 국경까지 거리는 장장 3천 2백*km*가 넘는다. 모스크바와 그 너머는 평지다. 러시아는 이러한 전략적 깊이 덕분에 이 방향으로부터 정복당해본 적이 없다. 모스크바로 접근해 온다 해도 적국은 길어질 대로 길어진 보급로를 감당하기 어려울 것이다.

#러시아의 유일한 아킬레스건　#부동항의 부재

가장 넓은 땅을 가진 러시아도 지리적 아킬레스건을 갖고 있다. 대양으로 바로 접근할 수 있는 '부동항(1년 내내 해면이 얼지 않는 항구)의 부재'였다. 러시아의 북극해 항구는 1년에 몇 달씩 얼어붙는다. 태평양과 맞닿아 있는 가장 큰 항구인 블라디보스토크조차 1년에 4개월은 얼음에 갇힌다. 게다가 한국과 일본의 영향권 안에 있는 동해에 에워싸여 있다. 이는 교역을 중단시키고, 러시아 함대의 작전 행사를 방해한다.

러시아는 겨울에도 얼지 않는 항구를 통해 세계 주요 교역로에 자유롭게 접근하고 싶었다. 그래서 우크라이나 크림반도에 있는 세바스토폴 항을 손에 넣고 싶어 했다. 크림반도의 세바스토폴은 러시아에게 단 하나밖에 없는 진정한 부동항이기 때문이다.

러시아에게 중요한 세바스토폴 항

크림반도는 18세기 러시아가 우크라이나를 손에 넣은 후 2백 년 동안 러시아의 지배 아래 있었다. 그러던 중 1954년에 러시아는 크림반도를 우크라이나 소비에트 공화국에 양도했다. 당시 소련은 소련 국민이 크림반도에 항구적으로 거주하는 한 그곳을 모스크바의 통제권 밑에 둘 수 있을 거라 생각했다. 그러나 지금 우크라이나는 더 이상 소비에트의 일부가 아니며 러시아와 친하지도 않다.

2014년 우크라이나가 유럽연합과 협정을 맺으려 하자 러시아는 우크라이나를 압박했고, 결국 크림반도를 합병하면서 우크라이나는 러시아의 실질적인 영토가 되었다. 러시아는 드디어 부동항을 얻었다. 하지만 러시아는 지리의 공격에 패배했다. 러시아가 흑해를 나서 지중해로 진출하려면 보스포루스 해협을 관리하는 터키의 간섭을 받을 수밖에 없기 때문이다. 러시아 군함들은 그 해협을 항해할 수 있지만, 제한된 인원만 가능하며 분쟁 시에는 항해할 수 없다. 마찬가지로 대서양이나 인도양에 도달하려면 다른 나라의 허락을 받아야 한다. 러시아는 전시 상황이 되면 바다로 빠져나오기 힘든 전략상의 제약을 가진 것이다. 이에 러시아는 유일한 부동항인 크림반도의 세바스토폴 항에 흑해 함대를 구축하고 해군 기지를 건설해 방위력을 높이고 있다.

#러시아의 강력한 무기이자 지리적 축복　　**#가스와 석유**

우크라이나가 러시아에 크림반도를 내줄 때 아무도 도와주지 않았다. 유럽연합은 러시아에 제한적인 제재만 가할 뿐이었다. 그럴 수밖에 없는 이유가 있었다. 독일을 포함한 여러 유럽 국가들이 겨울용 난방 연료를 러시아에 의존하고 있기 때문이다. 유럽의 동과 서를 가로지르는 가스 파이프라인을 열거나 닫는 권한이 러시아 크렘린에 있다.

미국에 이어 제2의 천연가스 생산국인 러시아는 가장 강력한 무기인 가스와 석유를 국익 증진을 위한 권력으로 사용한다. 러시아와 사이가 좋으면 좋을수록 연료비를 절약할 수 있다. 유럽 내의 가스와 원유 수요의 평균 25%를 러시아가 공급한다. 라트리아, 슬로바키아, 핀란드, 에스토니아는 가스 수요의 100%를 의존하고 체코공화국, 불가리아, 리투아니아는 80%, 그리스, 오스트리아, 헝가리는 60%를 의존한다. 독일은 50%를 러시아로부터 공급받고 있다. 천연자원이라는 지리적 특성을 이용해 러시아는 주변 유럽 국가들을 견제하며 세력을 키우고 있다.

☑ Insight Point

☐ 러시아가 유럽의 공격을 피해 전 세계에서 가장 넓은 땅을
차지할 수 있었던 것은 V자 모양의 북유럽 평원 덕분

☐ '부동항의 부재'라는 지리적 아킬레스건을 극복하기 위해
러시아는 크림반도를 합병

☐ 가스와 석유라는 강력한 무기로 유럽 국가를 좌지우지하는 러시아

인류 역사상 끊임없는 정복욕을 불태운 유럽 ─────

근대 세계의 형성은 좋든 나쁘든 유럽에서 시작되었다. 유럽은 계몽주의를 탄생시켰고, 이는 산업혁명의 모태가 되어 현재 우리가 일상에서 누리는 모든 것을 가능하게 했다. 왜 이 모든 것이 유럽에서 시작되었을까? 답은 지리에 있다.

적합한 강수량과 생육에 좋은 토양으로 대규모 경작이 가능해지자

유럽을 둘러싼 천연 울타리

유럽의 인구는 늘었고, 풍부한 수확량을 바탕으로 교역의 중심지로 떠올라 도시가 형성되었다. 그러자 사람들은 식량 생산을 뛰어넘어 사상이나 기술을 발전시키는 데 관심을 갖게 됐다. 유럽은 지구상의 어떤 지역과 비교해도 상대적으로 축복받은 곳임이 틀림없다.

유럽에는 유독 많은 민족국가가 존재하는데 이 또한 지리 때문이다. 유럽 전체를 놓고 볼 때 눈에 띄게 많은 산맥과 강, 계곡이 천연 울타리를 만든 것이다. 프랑스는 피레네산맥, 알프스산맥, 라인강, 대서양 같은 천연 울타리로 인해 형성되었다. 유럽의 주요 강은 베오그라드에서 다뉴브강으로 흘러 들어가는 사바강을 제외하면 서로 만나지 않는다. 대다수의 강이 연결되어 있지 않은 탓에 천연 국경 역할을 했다.

하지만 유럽의 모든 나라가 똑같이 발전한 것은 아니다. 유럽 내에서 특별히 지리적 축복을 받은 곳이 있다. 바로 서유럽이다. 그에 반해 남유럽은 지리의 차별을 받았다고 할 수 있다. 서유럽과 남유럽의 지리적 특성을 비교해보자.

	서유럽의 프랑스	남유럽의 스페인
지형	북유럽 평원의 평탄한 지형	피레네산맥으로 가파르고 좁은 지형
토질	비옥한 토질	메마른 토질
강	서로 연결된 강 (대서양으로 이르는 센강, 지중해로 이르는 론강)	길이가 짧은 하천

서유럽과 남유럽의 지리적 차이는 경제적 차이를 가져왔다. 유럽 북쪽은 남쪽보다 일찍 산업화를 이루어 훨씬 부유했고, 서유럽 국가 상당수가 유럽의 심장부를 이루게 되었다. 반면 남유럽은 농업에 적합한 연안 평야가 적고 자연재해의 피해를 많이 받아 발전하기 어려웠다. 자연스럽게 경제적 위기로 이어질 수밖에 없었다.

#잔인한 침략 **#잉크로 그린 국경선**

지리의 영향으로 수많은 민족국가를 세운 유럽은 옛날부터 충돌과 전쟁이 끊이지 않았다. 땅과 자원을 차지하기 위해 이웃 나라들끼리 전쟁을 자주 벌였다. 이는 유럽 내에만 국한하지 않았고, 다른 대륙을 침략하는 동안에도 전쟁은 계속되어 아프리카와 중동 국가에 지정학적 피해를 주었다.

15세기 아프리카에 처음 발을 디딘 유럽인들은 원주민들을 노예로 삼고 그곳에서 나오는 소금, 고무 등의 천연자원을 차지했다. 대제국의 수도로 돌아온 유럽인들은 아프리카의 대략적인 등고선이 그려진 지도를 펼쳐놓고 그 위에 제멋대로 선을 그려 넣기 시작했다. 선을 그린 다음에는 제멋대로 지명을 적어놓고 이곳을 '국가'라고 불렀다. 아프리카 원주민들의 민족, 종교, 문화 등을 무시하고 유럽인들이 인위적으로 나눈 국경선 때문에 아프리카에서는 여전히 민족 갈등과 내전이 이어지고 있다.

중동 또한 유럽 국가들의 침략으로 피해를 받았다. 오스만 제국의 일부였던 중동에는 국경선이나 독립 국가들이 없었다. 오스만 제국

팀 마셜 《지리의 힘》

이 붕괴하자 1916년 영국과 프랑스는 중동의 지도 위에 선을 그었다. 그 선의 북쪽은 프랑스 통치하에, 남쪽은 영국의 지배 밑에 두기로 협정을 맺었다. 그로 인해 시리아, 레바논, 요르단, 이라크, 사우디아라비아, 쿠웨이트, 팔레스타인 등의 나라가 생겨났다.

중동에는 이슬람이라는 종교에서 갈라져 나온 여러 분파가 존재하는데, 다양한 분파를 고려하지 않고 국가가 만들어지는 바람에 분쟁이 끊이지 않는다. 오늘날 목격하는 내전들은 서로 다른 민족을 한 국가 안에 억지로 단일민족으로 묶었기 때문에 발생한다.

아프리카와 중동의 이야기를 보면 생각나는 것이 있지 않은가? 바로 우리나라의 38선이다. 38선은 미국과 소련이 호시탐탐 영향력과 주도권을 노리던 초기 냉전 시대의 축소판이었다.

1945년 미국 정부는 8월 10일 일본 항복에 정신이 팔려 한반도에 대한 명확한 전략을 수립하지 않았다. 그런데 한반도 북쪽에서 소련군의 이동이 포착됐다. 백악관은 한밤중에 회의를 열었다. 〈내셔널지오그래픽〉에서 발간한 지도만을 지참한 두 명의 하급 관리가 북위 38도선을 손으로 찍어 임의로 남북을 나누었다. 반쯤 내려온 소련군의 남하를 중단시킬 지점으로 미국이 북위 38도선을 찍은 것이다. 이 자리에는 한국인이나 한국 전문가가 한 사람도 없었다. 결국 거래가 성사되어 한국은 북위 38도선을 따라 분단됐다. 손가락 하나로 가른 인위적인 선은 대한민국을 전 세계에서 유일한 분단 국가로 만들었다.

유럽 내에서 기후와 교역로 그리고 천연 국경선의 수혜를 가장 많이 누리는 나라는 어디일까? 프랑스다. 그런데 유럽 대륙의 막강 국가 프랑스를 두려움에 떨게 하는 나라가 등장했으니 바로 독일이었다.

1806년 신성로마제국이 와해된 뒤 1815년 39개 소규모 주들의 연합체가 '독일 연방'이라는 이름으로 모였다. 이는 북독일 연방의 결성으로 이어졌고, 독일의 승전부대가 파리를 점령하면서 1871년 마침내 독일의 통일이 이루어졌다. 그리하여 프랑스는 지리적으로 자신보다 몸집이 크고 인구는 같지만 산업화에서 훨씬 앞서 더 높은 성장을 자랑하는 이웃을 곁에 두게 된 것이다. 게다가 독일이 통일하면서 프랑스의 방어선에서 가장 취약한 지점이었던 북유럽 평원이라는 틈을 메우기가 더 어려워졌다.

프랑스는 전쟁 대신 외교를 통해 독일의 위협을 중화하려 했지만 독일의 일격에 당하고 말았다. 하지만 독일은 독일대로 프랑스가 북유럽 평원을 건너 침공하지 않을까 두려움에 떨었고, 독일이 낼 수 있는 해결책은 프랑스를 선제공격하는 것뿐이었다.

유럽은 프랑스와 독일이 더 이상 서로에게 주먹을 날리지 못하게 하고, 제2차 세계대전으로 만신창이가 된 유럽인들을 서로 믿게 하려고 유럽연합을 설립했다. 유럽연합의 28개 회원국 가운데 19개국의 주도로 마침내 단일 통화 체제인 유로화가 출범했다. 하지만 2008년 세계 금융위기가 터져 부유한 나라들이 가난한 나라들에 지원해야 할 상황에 처하면서 부자 국가들 사이에서 격렬한 반발이 일어났다. 유로존

위기와 더불어 한층 확대된 경제 문제는 유럽연합의 균열을 만들어내고 있다.

유럽연합의 회원국인 영국은 유럽에 남아 있으면서도 여전히 유럽 바깥에 있다. 영국은 경제적 이민과 난민들의 범죄로 어려움을 겪고 있다. 하지만 유럽 인권보호조약 때문에 이들을 강제로 추방할 수 없다. 영국에 오기를 희망하는 이민자와 난민이 많아질수록 영국 내에서는 반유럽연합 정서가 커지고 있다. 다른 유럽연합 국가들이 영국으로 더 많은 이민자를 보내려고 한다고 믿는 것이다.

최근 유럽이 경기 침체를 겪자 이민자들에 대한 편견은 더욱 깊어지고 있다. 결국 영국은 2016년에 찬반 국민투표를 거쳐 2020년 1월 유럽연합을 탈퇴했다. 유럽연합의 도움으로 70여 년 동안 평화를 유지하고 있지만, 유럽의 미래는 아무도 알 수 없는 지경에 이르렀다.

☑ Insight Point

☐ 지리적 축복으로 유럽의 심장부가 될 수 있었던 서유럽
   vs. 지리적 차별을 받아 경제적으로 위기에 놓인 남유럽

☐ 유럽 국가들의 경쟁적인 침략과 무책임하게 그은 국경선으로 인해
   지금도 내전을 겪는 아프리카와 중동 국가들

☐ 프랑스와 독일의 갈등으로 형성된 유럽연합

전 세계가 주목하는 얼음덩어리, 북극 ——————

#21세기의 전쟁터 북극

현재 세계가 주목하는 땅은 어디일까? 지구 북쪽 끝에 자리한 북극이다. 북극권 국가들은 현재 북극을 차지하기 위해 서로 경쟁하고 북극에 대한 권리를 주장하고 있다. 얼음밖에 없는 북극이 왜 영토 분쟁의 뜨거운 감자가 된 것일까?

극한의 지역인 북극은 긴 겨울 영하 45도 아래로 떨어지며 매서운 칼바람에 쓸려 만들어진 널따란 암반 지역, 웅장한 피오르, 극지 사막, 그리고 하천이 이루고 있다. 최근 온난화로 인해 북극의 얼음이 녹으며 캐나다 다도해의 북서항로를 통한 운항이 여름 몇 주간 가능하게 되었고, 유럽에서 중국으로 갈 때 걸리는 시간이 일주일 정도로 단축됐다. 2014년에는 쇄빙선의 도움 없이 화물선이 처음으로 단독 운항에 성공했다.

북극 루트는 40%나 단축됐으며 파나마 운하보다 더 깊은 수심을 이용해 화물선에 더 많은 화물을 적재할 수 있었다. 게다가 수만 달러의 연료비를 절약하고 1천3백 톤의 온실가스 배출량을 줄이는 일도 가능해졌다. 2040년경에 이르면 이 뱃길이 연간 2개월 정도 열릴 것으로 예상하는데 그러면 북극을 통한 무역의 세계가 새롭게 바뀔 것이다.

또 다른 긍정적인 면도 있다. 북극에 숨겨져 있어 이제껏 드러나지 않았던 천연가스와 유전에 대한 접근이 가능해진 것이다. 2009년 미국 지질조사국은 북극 지방에 천연가스 약 47조 3천억m^3, 천연 액화가스

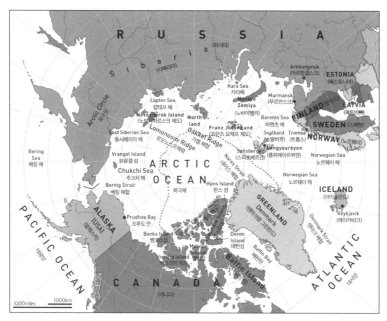

북극을 둘러싼 국가들

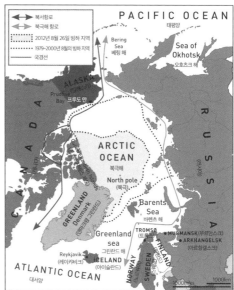

북극해 항로와 북서항로

우리 삶의 모든 것은 지리로부터 시작되었다

440억 배럴, 원유는 900억 배럴이 매장되어 있을 것이라고 추측했다.

이러한 요인들 때문에 북극에 대한 세계의 관심은 날로 높아졌다. 북극이사회인 캐나다, 러시아, 미국, 노르웨이, 덴마크, 아이슬란드, 핀란드, 스웨덴은 북극 지역의 소유권을 주장하며 북극의 항로와 자원을 두고 논쟁을 벌이고 있다. 러시아는 티타늄으로 제작한 러시아 국기를 북극 해저 4,261m 아래에 꽂아 야욕을 드러냈으며, 핵 추진 쇄빙선뿐만 아니라 3미터짜리 얼음이 부서져도 무게를 견뎌낼 수 있는 부양식 해상 원자력발전소 건설도 생각하고 있다.

국가 차원을 넘어서 미국, 네덜란드, 러시아의 거대 에너지 기업까지 이 지역 개발권을 따내기 위해 노력하고 있고, 탐사를 위한 시추 작업도 개시하고 있다. 다른 나라에 대한 공포 때문이든 탐욕 때문이든 북극을 둘러싼 싸움은 시작됐다. 북극은 국가들 간의 또 다른 전쟁터로 바뀔 수 있다. 북극권 국가들과 거대 에너지 기업들은 얼음이 녹는 변화를 어떤 방식으로 처리할지, 또 북극 지방의 환경과 주민들에게 얼마만큼 관심을 쏟아야 할지 먼저 결정해야 한다. 영토 분쟁과 자원 분쟁을 두고 모두에게 독이 되는 결정을 내리지 않도록 주의해야 한다.

☑ Insight Point

☐ 전 세계의 주목을 받는 인기 항로로 떠오르는 북극

☐ 숨겨진 천연자원 발굴 덕분에 새로운 세계 분쟁지로 떠오르는 북극

생각해봅시다

✽ 이 책의 이야기를 듣고 지리에 대한 생각이 어떻게 달라졌나?

✽ 우리가 세계 지리에 관심을 가져야 하는 가장 큰 이유는 무엇일까?

✽ 앞으로도 지리가 우리 삶에 영향을 끼칠 거라 생각한다면 어떤 영향일까?

✽ 대한민국의 지리적 한계를 극복할 방법은 무엇일까?

참고문헌

- 유발 하라리(2017). 호모 데우스. 김명주 번역. 김영사.

- 장 지글러(2016). 왜 세계의 절반은 굶주리는가. 유영미 번역. 갈라파고스.

- 셸리 케이건(2012). 죽음이란 무엇인가. 박세연 번역. 엘도라도.

- 대니얼 카너먼(2018). 생각에 관한 생각. 이창신 번역. 김영사.

- 애덤 그랜트(2016). 오리지널스. 홍지수 번역. 한국경제신문.

- 빌 브라이슨(2020). 거의 모든 것의 역사(개역판). 이덕환 번역. 까치.

- 댄 애리얼리(2018). 댄 애리얼리 부의 감각. 이경식 번역. 청림출판.

- 헬레나 노르베리 호지(2015). 오래된 미래. 양희승 번역. 중앙북스.

- 미하이 칙센트미하이(2004). 몰입FLOW. 최인수 번역. 한울림.

- 호프 자런(2017). 랩걸. 김희정 번역. 알마.

- 레이첼 카슨(2011). 침묵의 봄(개정판). 김은령 번역. 에코리브르.

- 팀 마샬(2016). 지리의 힘. 김미선 번역. 사이.